WANDERBUCH
Nr. 21
des
LANDSTREICHER
MAX
UNTERWEGER

Reg.Nr. 6950011231
Winterquartier bei Bedarf:

Schloßarrest
72818 Trochtelfingen
Hohenzollern/Deutschland

Friedrich Ströbele
Max, der Landstreicher

Friedrich Ströbele

Max

der Landstreicher

Meine Erlebnisse als Vagabund
in Baden-Württemberg

Silberburg-Verlag

Dieses Buch ist den Menschen
am Rande unserer Gesellschaft gewidmet.

1 2 3 4 5   07 06 05 04 03

© 2003 by Silberburg-Verlag Titus Häussermann GmbH,
Schönbuchstraße 48, D-72074 Tübingen.
Alle Rechte vorbehalten.
Satz und Gestaltung: Wulf Wager, Altenriet.
Umschlag: Frank Butzer, Tübingen.
Druck: Gulde-Druck, Tübingen.
Printed in Germany.

ISBN 3-87407-546-X

Besuchen Sie uns im Internet und entdecken Sie
die Vielfalt unseres Verlagsprogramms:
www.silberburg.de

Inhalt

Vorwort

Meine Bekanntschaft mit Frieder Ströbele, dem Autor dieses Buches, begann vor vielen Jahren an einem Fasnetstag. Wie jedes Jahr statteten die Vertreter der schwäbisch-alemannischen Fastnachtsvereine dem Ministerpräsidenten in der Villa Reitzenstein in Stuttgart ihren Besuch ab. »Max, der Landstreicher« stand plötzlich vor meiner Zimmertür; genau so, wie wir Wohnsitzlose kennen: zerlumpt, zerzaust, ungepflegt, geschunden, wie eben die Menschen, zu denen man am liebsten auf Distanz geht. Zunächst hielt ich ihn für eine interessante Figur, die sich im Gewand des »Berbers« leichten Zutritt zu Faschingsveranstaltungen verschafft. Ich wusste bereits, dass er Rektor der Werdenbergschule in der malerischen Stadt Trochtelfingen war und überall im Land zur Fasnetszeit auftauchte und um Eintrag in sein Wanderbuch bat. Dass Max mit seinem übervollen Tagebuch ernsthaftere Absichten verfolgte und sich nur mit dem Fasnetsmantel tarnte, das erkannte ich erst im Laufe der Zeit.

Sein Besuch wiederholte sich Jahr für Jahr. Das Gespräch kam immer sehr schnell auf das Hauptthema, die Lage der Wohnsitzlosen in unserer Zeit. Max erzählte von den Erfahrungen, die er seit Jahrzehnten sammelte, wenn er sich in den Schulferien als Landstreicher unter die Obdachlosen mischte, von glücklichen und enttäuschenden Begegnungen. Er berichtete von den Barrieren in unserer Gesellschaft, aber auch von den ermutigenden Ansätzen, sie zu überwinden.

Meine Hochachtung vor dem Einsatz dieses »Anwalts der Berber« wuchs von Besuch zu Besuch. Zwischen uns beiden entstand eine Freundschaft, die bis heute andauert.

Das vorliegende Buch ist kein bequemes Buch. Es ist kein Buch, das nur unterhalten oder beruhigen will. Es ist nicht gedacht als abendliche Lektüre zum besseren Einschlafen. Es ist ein leidenschaftliches Buch, das seinen Leser wachrütteln will. Ein Buch, das die Augen auf eine Wirklichkeit lenken will, an der wir häufig lieber vorbeischauen, indem wir wegsehen. Es ist ein Plädoyer für die Menschen am Rande der Gesellschaft, für die Menschen, die zwar mitten unter uns sind, doch auf der Straße, unter Brücken und in Containern leben, ohne festen Wohnsitz, ohne bergende Familie, ohne Sicherheit und Anerkennung. Menschen mit Wünschen, Nöten und Hoffnungen in einer hoffnungslosen Situation. Frieder Ströbele ist zu diesen Menschen hingegangen. Er wollte sie nicht beobachten, nicht nur mit ihnen sprechen; er hat sie auch an sich herankommen lassen. Er hat mit ihnen gelebt und mit ihnen Kälte und Hunger, Enge und Einsamkeit geteilt. Und er hat die Abweisung dieser Menschen an den Schwellen zur etablierten Gesellschaft, an den Portalen der Hotels und in den Gängen der Kirchen und Ämter, erlebt und selbst erlitten. Mit rastlosem Eifer ging er den vielfältigen Spuren eines Lebens außerhalb der bürgerlichen Ordnung nach. Seine Erlebnisse mit den so genannten Privilegierten unserer Gesellschaft sind spannend und demaskierend zugleich.

Es gestaltete sich zu einem lebenslangen Auftrag für ihn, sich für die Wohnsitzlosen einzusetzen, um Verständnis für sie zu werben, Anwalt für sie zu sein und Hilfe zu mobilisieren. In zahlreichen Vorträgen, Interviews und Medienberichten hat »Max, der Landstreicher« anderen seine Beobachtungen, Erlebnisse und Empfindungen mitgeteilt. Nicht aus Sensationsgier, nicht um sich wichtig zu machen, sondern als Hilfeschrei eines Menschen, der die Schattenseiten der Wohlstandsgesellschaft am eigenen Leibe erfahren hat und sich mit ihren Ungerechtigkeiten nicht abfinden will.

Aus der Aufzeichnung all seiner Erfahrungen ist nicht etwa ein wissenschaftliches Buch mit distanzierten, kühlen Analysen entstanden, sondern ein Werk, das menschennah und mitfühlend vermittelt, was Not und Elend, Sorge und Sehnsucht bedeuten. So verharrt es nicht in Spekulationen, warum Menschen aus den geordneten Bahnen unserer Gesellschaft gleiten. Nein, es konfrontiert den Leser mit der alltäglichen Wirklichkeit der Menschen, die der Härte der Witterung, aber vor allem der Härte der Gesellschaft ausgesetzt sind. Der Leser wird nach der Lektüre den Bettler am Straßenrand oder den »Berber« auf der Parkbank mit anderen Augen sehen. Dann hat Max sein Ziel erreicht: Die Schilderung seiner lebenslangen Erfahrungen ist zu einer Liebeserklärung für die Menschen am Rande geworden. Er hat sie in den Mittelpunkt gerückt.

Dr. Lorenz Menz, Staatssekretär a. D.

Einleitung

Seit Jahrzehnten werde ich immer wieder gefragt: »Warum begeben Sie sich in die Gosse? Sie sind doch kein Abenteurer!«

»Sie wollten doch wohl nicht richtig aussteigen?«

Diese Neugier der Menschen, die mich in meinem »normalen« Leben kennen, ist durchaus verständlich, wenn man mich – Familienvater mit Frau, vier Kindern und zehn Enkeln, heute Rektor im Ruhestand, früher Stadtrat und stellvertretender Bürgermeister, Schöffe am Landgericht und Inhaber vieler anderer Ehrenämter – plötzlich im Berbermilieu in Stuttgart, als Landstreicher in einem Wirtshaus im Kanton Luzern, als Sandler in Salzburg oder als Clochard im Elsass trifft.

Es ist nicht leicht, Antworten auf solche Fragen zu geben. Diese liegen natürlich in meinem gesamten Leben mit all seinen Erfahrungen und Begegnungen seit meiner frühesten Kindheit begründet. Was ich mit Sicherheit sagen kann, ist, dass die Erlebnisse in der Zeit der nationalsozialistischen Herrschaft einen tiefen Gerechtigkeitssinn und einen großen Freiheitswillen in mir ausgelöst haben. Deshalb möchte ich meinem Buch auch ein ausführliches Kapitel über meinen Lebensweg in jungen Jahren voranstellen. Wer will, kann sich so einen Eindruck verschaffen, wie mein Leben verlaufen ist, bevor ich mir unsere Gesellschaft als selbst ernannter »Berber« angesehen habe.

Mit Hilfe der zwanzig Wanderbücher, die ich über die Jahrzehnte dieser Vagabundenzeit geführt habe, war es mir möglich, mich an fast jedes Erlebnis zu erinnern. In herausgegriffenen Episoden möchte ich davon berichten und die Leser anhand der faksimilierten Eintragungen an den Begegnungen – viele auch lustiger Art – teilhaben lassen. Weit mehr als hier wiedergegeben, habe ich erlebt. Und weit mehr Personen als die hier genannten waren mir wichtige »Wegbegleiter«.

Bedanken möchte ich mich bei Natalie Schmid, die sich als meine Lektorin durch viele hundert Seiten Aufzeichnungen gelesen hat.

Ein weiterer Dank gilt Professor Werner Mezger und meinen Studien- und Lehrerkollegen Ella und Erwin Werner, durch die der Silberburg-Verlag auf mein »Wanderbuch« aufmerksam wurde.

Zu guter Letzt möchte ich mich an dieser Stelle ganz besonders bei meiner Frau Käthe und bei meinen Kindern bedanken, die mich all die Jahre mit Verständnis für mein Anliegen begleitet haben.

Friedrich Ströbele

Wer ist Max?

Ausschnitte aus dem Leben des Friedrich Ströbele

Im Programm des Katholischen Bildungshauses Sankt Luzen in Hechingen war 1994 unter der Rubrik »kritisch nachgefragt« zum Referenten: »Max der Landstreicher« zu lesen:

Wer ist dieser Max? Ein Mensch unserer Tage, der sich nicht mit seiner heilen Welt zufrieden gibt, sondern seit über vierzig Jahren tageweise, unerkannt und für Nase und Augen absolut echt, im Milieu lebt, das Leben eines Landstreichers, eines Verachteten lebt, erkundet, leidvoll erfährt. Ziel dieses zeitweiligen »Ausstiegs« ist die Frage: Haben sich unsere Mitmenschen in den vergangenen fünfzig Jahren positiv verändert?

Und zur weiteren Erläuterung: Daneben wird unsere verwaltete Gesellschaft, unsere Super-Bürokratie auf den Arm genommen, man könnte auch sagen: »verarscht«. Selbst vor den höchsten Amts- und Würdenträgern hat er keine Scheu, dringt zu ihnen vor und führt sie in der Begegnung auf den Boden der Realität zurück.

Ziel seines meist bedrückenden Tuns ist aber auch die Information über das Leben der Randgruppen und die Werbung um Verständnis und Toleranz. Mit seinen Medien- und Referentenhonoraren finanziert er Einrichtungen für Obdachlose und hilfsbedürftige Jugendliche u. a. in Berlin, Wien und Reutlingen.

Ich wurde am 27. Januar 1927 geboren und bin zusammen mit drei Geschwistern in einer katholischen Familie aufgewachsen. Meine Mutter war eine tief gläubige Frau, deren Glauben uns Kinder prägte. Mein Vater war in den ersten Jahren nach 1933 sogar in der NSDAP und in der SA, wurde aber nach schwerwiegenden Differenzen aus der Partei ausgeschlossen. Dies hatte zur Folge, dass wir 1938 von Riedlingen nach Hechingen umziehen mussten. Im Gegensatz zu den meisten Menschen seiner Zeit kannte mein Vater den Inhalt von Hitlers »Mein Kampf« und erkannte die wirklichen Ziele des Nazi-Regimes. Zudem hatten wir in unserer Verwandtschaft viele Geistliche und Ordensleute und Beziehungen ins Ausland. Dies war damals kein Vorzug, sondern aus Sicht der Machthaber Grund genug, uns zu misstrauen.

Schon im Kindergartenalter hatte ich den Wunsch, der Kirche zu dienen und Ministrant zu werden. Letztendlich wurde ich es dann mit knapp fünf Jahren, kurz bevor ich in die Schule kam. Eines Morgens stand ich um fünf Uhr auf, zog mich leise an und wollte aus dem Haus schleichen, um zur Pfarrkirche in die 6-Uhr-Messe zu gehen. Ich hatte Pech, die Haustür war verschlossen und ich kam nicht an den riesigen Schlüssel ran, der neben der Haustür hing. Mir blieb nichts anderes übrig, als meine Mutter zu wecken und sie zu bitten, mir aufzuschließen. Sie ließ sich nach einigem Geflüster schließlich von der Ernsthaftigkeit meines Vorhabens überzeugen. Ohne dass der Vater etwas merkte, begleitete sie mich im Nachthemd zur Haustür und ich brach zu meinem Abenteuer auf. Innerhalb weniger Tage durfte ich, nach einem Gespräch mit dem Herrn Stadtpfarrer, dann als Ministrant anfangen. Meine Mutter paukte mit mir, mit großer Geduld, die lateinischen Messgebete. Das »Suscipiat« kostete mich einige Mühe, denn ich hatte bis dahin weder lesen noch schreiben gelernt. So begann meine bis heute andauernde, inzwischen siebzigjährige ehrenamtliche Tätigkeit für die Kirche.

∗ ∗ ∗

Das erste politische Ereignis, an das ich mich erinnern kann, war der Tod des Reichspräsidenten von Hindenburg im Jahr 1934. Ich wurde durch die lautstarke Unterhaltung einer Gruppe von Frauen, darunter auch meine Mutter, am Milchfuhrwerk vor dem Haus aufmerksam. Eine Frau schrie ganz hysterisch. Neugierig öffnete ich das Fenster und fragte:

»Was ist passiert?«

»Hindenburg ist tot!«

Ich sprang die Treppe hinunter auf die Straße und hörte erstaunt den erregten Diskussionen zu. Mir, einem Grundschüler der zweiten Klasse, war die Aufregung zunächst ein Rätsel, aber Mutter versuchte, mir das Geschehen zu erklären. Und aus den Gesprächen der Eltern beim Essen spürte ich die Sorge über die Zukunft heraus: »Jetzt kann Hitler machen, was er will, jetzt bremst ihn keiner mehr«.

Ein besonderes Ereignis durfte ich im Jahre 1937 erleben. In diesem Jahr war der letzte Bischofstag des »Bekennerbischofs« der Diözese Rottenburg, Johannes Baptista Sproll, in Buchau am Federsee. Ich durfte ihm als Vertreter der Pfarrei Sankt Georg in Riedlingen ein Geschenk überreichen. Ich war mächtig aufgeregt und

*Der erwartungsvolle Ministrant Friedrich Ströbele mit dem Be-
kennerbischof Johannes Baptista Sproll 1937 in Buchau*

stolz über die Begegnung und die Unterhaltung mit dem Bischof. Erst später wurde mir die Bedeutung dieses Ereignisses voll bewusst. Das Foto, das dabei gemacht wurde, hat inzwischen historischen Wert. Für mich ist es eine Kostbarkeit.

In unserer Nachbarschaft, in der Bahnhofstraße, wohnte eine vornehme, liebenswerte Frau. Ihr Mann war höherer Beamter. Die beiden hatten keine Kinder. Meine Mutter hatte ein gutes, freundschaftliches Verhältnis zu diesen Herrschaften. So kam es, dass mich die nette Nachbarin von Zeit zu Zeit nachmittags zu sich einlud. Mir machte die vornehme Atmosphäre in ihrem Haushalt Spaß, denn ich wurde wie ein richtiger Gast behandelt. Die »Tante« spielte mit mir, und ich erinnere mich noch ganz genau, am Schluss jeden Besuches gab es ein Butterbrot mit Marmelade und eine Tasse Milch. Eigentlich nichts Besonderes, aber bei anderen Leuten schmeckt es immer besser als zu Hause.

Eines Tages überraschte diese Dame meine Mutter mit einem Vorschlag: Sie müsse nächstens ihre Schwester in Rottweil besuchen, und ich könne doch mitfahren und einige Tage meiner Ferien dort verbringen. Ihre Schwester sei sehr kinderlieb, und sie würde mich dort dann wieder abholen. Das war so aufregend: Ich sollte richtig in die Ferien fahren, weit fort und dazu noch zu Leuten, die ich nicht kannte. Aber wenn meine Gastgeber so lieb waren wie unsere Nachbarin, dann konnte ich es schon wagen. Und ich sollte die ganze Reise mit der Eisenbahn fahren! Meine größte Fahrt war bis dahin die von Riedlingen nach Ehingen zu den Großeltern gewesen oder mit dem »Juden-Bähnle«, einer romantischen Schmalspurbahn, zu meiner Tante nach Buchau.

Nun, meine erste große Ferienreise wurde Wirklichkeit. Der Abschied von der Familie, besonders von der Mutter, fiel nicht leicht, doch die aufregende Bahnfahrt lenkte mich bald ab. Am Ziel angelangt, in der Bahnhofshalle der Stadt Rottweil, fielen mir zuerst die riesigen Bilder der Rottweiler Narrenfiguren auf, und vor dem Bahnhof warteten schon meine Gastgeber: Rechtsanwalt Dr. Lorenz Bock und seine Gemahlin. Ich war also in der Familie des 1947 zum ersten Staatspräsidenten des Landes Südwürttemberg-Hohenzollern gewählten Juristen gelandet.

Es waren schöne Tage, die wie im Flug vergingen. Herr Bock war meist beschäftigt; ich weiß nicht, ob er damals schon Berufsverbot hatte. Seine Frau zeigte mir jeden Tag ein anderes Stück der alten Reichsstadt Rottweil. An die Kirchen, die Türme und den historischen Gerichtsstuhl kann ich mich noch gut erinnern, auch an das gute Essen und mein eigenes Zimmer. Ihre eigenen Kinder waren bereits ausgezogen.

Ich schrieb nur zwei Briefe nach Hause, denn Heimweh hatte ich nicht. Die vielen Eindrücke beschäftigten mich zu stark. Es waren wunderbare Tage, und viel zu schnell musste ich wieder Abschied nehmen. Frau und Herr Bock vermissten mich nach den Ferien wohl auch, wie mir die Nachbarin später erzählte. Ich hatte Leben in ihr Haus gebracht, obwohl ich mich von meiner besten – und ruhigsten – Seite gezeigt hatte. Und ich war dankbar für alles, was mir zuteil wurde.

Meine Grundschulzeit endete an Ostern 1937. Da meine Eltern Schwierigkeiten hatten, das Schulgeld für das Gymnasium aufzubringen, besuchte ich nach der vierten Klasse weiterhin die Volksschule. Mein sehr gutes Zeugnis ließ dem damaligen Rektor der Volksschule und dem Direktor des Gymnasiums keine Ruhe, und so bearbeiteten sie meine Eltern in mehreren Gesprächen, mich doch noch auf das Gymnasium zu schicken. Mit der Zusage einer Schulgeldermäßigung wurde ich Ostern 1938 im Gymnasium aufgenommen. Da wir im Mai 1938 nach Hechingen umzogen, begann diese Schulzeit für mich dort praktisch ganz neu.

* * *

Einen Großteil meiner Freizeit verbrachte ich mit Lesen. In einer Erlengruppe am Steilhang zum Reichenbach hatte ich mir ein Baumhaus gebaut. Nicht auf »unserem« Grundstück, denn der Vermieter war äußerst kleinlich. Zum Glück lag direkt neben unserem ein Grundstück mit einer überwucherten Böschung, auf dem nur ein Transformatoren-Häuschen stand. Mein luftiges Lese-Domizil blieb verborgen. Über eine »Leinenfaden-Seilbahn« konnten mich meine jüngeren Brüder jedoch jederzeit benachrichtigen, wenn ich gebraucht wurde oder Gefahr im Verzug war. In dieser Zeit verschlang ich alle damals erhältlichen 84 Karl-May-Bände. Das Gelesene wurde dann mit Nachbarskindern im gegenüberliegenden »Wäldle« in die Tat umgesetzt.

Fasziniert war ich allerdings auch von den Büchern, die über frühchristliche Glaubenszeugen im Römischen

Reich berichteten oder über die Koreanischen Märtyrer. Ihr Eintreten für den christlichen Glauben beeindruckte mich tief, und ihr Vorbild gab mir wenige Jahre später auch den Mut und die Kraft, offen für meine Überzeugung einzutreten.

1936 waren alle bisherigen Jugendverbände verboten und aufgelöst worden. Ihre Stelle nahmen die Organisationen der »Hitlerjugend« ein. Das Angebot des Dienstes im Jungvolk, bei den Jungmädeln, in der Hitlerjugend (HJ) oder dem Bund deutscher Mädchen (BdM) war psychologisch so gut durchdacht, dass man es verstehen kann, dass viele Menschen dort mit Begeisterung mitgemacht haben. Die vormilitärische Ausbildung war oft getarnt als sportliche Ertüchtigung, die bei vielen Heranwachsenden zu einer wahren Kriegsbegeisterung führte.

Mein Bedarf an jugendlicher Gemeinschaft war durch eine aktive Ministrantengruppe gedeckt, und diese setzte sich darüber hinaus in einer Art katholischen Jugendgruppe fort, die bestand, bis wir Soldaten werden mussten.

* * *

Es war in der Nacht des 9. Novembers 1938. Ich war schon im Bett, da weckte mich mein Vater. Er hatte von der Oberstadt her Geschrei und Lärmen gehört. Miteinander stiegen wir die steilen Treppen des Maiwegs hinauf zur Goldschmiedstraße. Immer mehr Menschen liefen zusammen. Ich sah, wie Männer von der SA in die Synagoge stürmten und im Innern wüteten. Niemand schritt ein. Landjäger, und ich glaube auch Feuerwehrleute, sperrten ab und ließen keinen durch, der den Juden bei der Rettung des Inventars helfen wollte. Ich hatte Angst. Um mich herum waren nur stumme, sprachlose Menschen. Ich weiß nicht, was in ihnen vorging ...

Schon im Sommer zuvor war ich gedrängt worden, der Hitlerjugend, der HJ, beizutreten. Den Stammführer und den Kassier kannte ich aus der Schule. Doch ich wollte nicht. Und da brachte mich mein Vater auf eine Idee, für die ich ihm zeit meines Lebens dankbar bin.

Er war im Ersten Weltkrieg Pilot im Richthofen-Geschwader gewesen, kannte Göring und Udet und hatte zuletzt beim Flugtag in Riedlingen-Neufra 1934 mit Udet noch Kunstflug vorgeführt. Er schlug mir vor, in die »Flieger-HJ« einzutreten. Er sagte, dort gehe es nur ums Fliegen, um Werkstattdienst mit handwerklicher Ausbildung zum Segelflugzeugbau, und man habe keinen politischen Unterricht. Und so nahm ich am Werkstatt- und Flugdienst der Fliegergruppe teil, ohne eingetragenes Mitglied der HJ zu sein. Ich besaß auch keinen HJ-Ausweis und zahlte trotz mehrfacher Mahnungen nie den vorgeschriebenen Beitrag. Werkstattbuch und Flugbuch waren mir wichtiger. Wegen meiner guten Leistungen wurde mir dies wohl nachgesehen.

Die Kenntnisse, die ich beim abendlichen Werkstattdienst und in vielen Lehrgängen in ganz Deutschland in der Holz- und Metallbearbeitung gewann, sollten mir in meinem späteren Leben noch oft von Nutzen sein. Zudem hatte ich so die Möglichkeit, nebenher für meine kleinen Brüder Spielzeug zu bauen, das es damals nur teuer zu kaufen gab.

Doch so problemlos, wie es sich jetzt anhört, war die Geschichte mit der Fliegerei nicht: Jeden Sonntag war Flugtag. Die Segelflugzeuge lagerten zerlegt in den Hallen in Bisingen, an der heutigen B 27. Ab 6 Uhr morgens wurde aufgebaut. Dann musste man die Maschinen über den Behelfsflugplatz der Luftwaffe, der Richtung Grosselfingen lag, schieben. Und dort begann die Schulung mit dem Gummiseilstart des offenen Schulgleiters 38.

So weit war alles schön und gut. Aber ich musste auch meinen Sonntagsgottesdienst besuchen, und die früheste Messe begann ebenfalls um 6 Uhr. Wenn sie um 6.30 Uhr vorbei war, raste ich mit dem Fahrrad bis fast nach Grosselfingen. Und dort bekam ich wegen des Zuspätkommens und wegen Fehlens beim Flugzeugaufbau zuerst von der ganzen Mannschaft den Hosenboden voll. Und das Sonntag für Sonntag! Obwohl die Frühmesse nie als Entschuldigung für mein Zuspätkommen anerkannt wurde, behielt ich dieses »Ritual« bei. Meine Mutter war richtig stolz auf mich, während sich mein Vater mehr über die Fliegerei freute. Mit guter fliegerischer Leistung schaffte ich es letztendlich doch, mich auch bei meinem Fluglehrer durchzusetzen.

Trotz meiner Zugehörigkeit zur »Flieger-HJ« wurde ich eines Tages für den nächsten Sonntagvormittag zum Dienst bei der Schlossbergschule zitiert. Da ich aber wie immer zuerst den Sonntagsgottesdienst besuchte, kam ich zu spät zum Dienst. Die Oberleitung hatte an diesem Tag ein bekannter SA-Führer. Er zog die übliche Schau ab und brüllte mich an:

»Du Katholikensau hältst wohl deine Kirche für wichtiger als den Dienst für Führer, Volk und Vaterland!«

Dann ließ er mich fast eine Stunde auf dem Bauch über den Schulhof kriechen, während ringsum gruppenweise der Sport-, Marsch- und Spieldienst ablief. Es war das einzige Mal, dass mir so etwas widerfuhr, aber ich kann es bis heute nicht vergessen. Dieser Mensch, der auch mit seinem SA-Trupp im August 1938 das Rottenburger Palais des »Volksfeindes« Bischof Johannes Baptista Sproll stürmte, gehörte zu den typischen Fortunisten und wurde nach dem Krieg ein erfolgreicher Unternehmer.

✳ ✳ ✳

Meine Freude an Tieren und meine Erlebnisse und Erfahrungen mit der Natur waren auch in der Schule von Nutzen. Mein Biologielehrer wusste schon, an wen er sich wenden musste, wenn er Anschauungsmaterial für den Unterricht brauchte, beispielsweise ein Elstern-Nest mit Schutzdach, bestimmte Vogeleier, eine Eidechse oder eine Blindschleiche. Einmal durfte ich meinen zahmen Raben Jakob in den Unterricht mitbringen.

Der beste Ort, solches Anschauungsmaterial zu finden, war der Judenfriedhof. Seit es keine Israelitische Gemeinde mehr gab, wurde er von den Menschen gemieden. Mit seinen vorsätzlich umgestürzten Grabmalen war er für die meisten ein unheimlicher Ort. Ich dagegen fand ihn faszinierend und romantisch. Ich hatte eine natürliche Ehrfurcht vor Friedhöfen und ich bewegte mich pietätvoll zwischen den Grabsteinen. Soweit die Inschriften auf Deutsch und noch zu lesen waren, sog ich sie in mich auf: Es waren die Namen aller hier bekannten Fabrikanten zu lesen. Sie hatten der Bevölkerung Arbeit und Brot gegeben und wesentlich zur Entwicklung Hechingens beigetragen.

Die jüdischen Hechinger Namen schienen alle anderen Hechinger Familiennamen überlebt zu haben. Denn die nichtjüdischen Gräber wurden ja nach ein paar Jahrzehnten aufgelassen, und die Namen waren somit der Vergessenheit preisgegeben.

Es war eine ganz neue Erkenntnis für mich: Die aus der Stadt vertriebenen jüdischen Bürger waren echte Hechinger Bürger gewesen, die seit Generationen hier zu Hause waren und die sich um die Stadt verdient gemacht hatten. Manche waren berühmt, wie der sozialdemokratische Reichstagsabgeordnete Rechtsanwalt Dr. Paul Levi. Er hatte zusammen mit Rosa Luxemburg und Karl Liebknecht den Spartakusbund gegründet und später die DKP. Albert Einstein war öfter bei ihm und anderen Freunden in Hechingen zu Gast.

Die Natur legte sich wie ein schützendes Tuch über die schrecklichen Wunden der Zeit, als wolle sie sie verbergen. Auf einigen wenigen Grabplatten lagen Kieselsteine, so, als wären sie absichtlich darauf gelegt worden. Ich wusste damals nicht warum und wozu. Aber sie motivierten mich bei jedem Besuch, an diesen Stellen ein weiteres Steinchen dazuzulegen. Erst viel später wurde mir bewusst, dass ich eine uralte jüdische Tradition vollzogen hatte und mit meinem Tun intuitiv eine lebendige Verbindung zur Gegenwart herstellte.

Anfang der vierziger Jahre kam mir der Name »Bock-Meyer« zu Ohren. Wie über diesen Mann gesprochen wurde, machte mich neugierig, denn ich merkte, dass dieses Thema eigentlich tabu war. Mit meinem Karl-May-Fährtensucher-Instinkt versuchte ich, alle möglichen Informationen über ihn zu bekommen. Und ich plante! Selbst meine Eltern weihte ich nicht in mein geheimes Vorhaben ein. Zu Hause gab ich an, mit Freunden auf den Martinsberg wandern zu wollen. Stattdessen schlenderte ich alleine quer durch die Stadt zum Feilbach und weiter zum Fasanenwald. Durch das Dickicht arbeitete ich mich zum anderen Ende des Waldes durch und hatte einen herrlichen Blick auf das etwas tiefer liegende Dörflein Weilheim. Ich hatte mein Ziel ziemlich gut angepeilt; nur etwa dreißig Meter von mir entfernt stand eine Holzhütte am Waldrand. Sie sah aus wie eine ehemalige Jagdhütte. Meine Spannung wuchs mit jedem Schritt, den ich mich vorsichtig dem »Anwesen« näherte. Zuerst entdeckte ich eine Ziege, die neugierig um eine Ecke der Hütte lugte. Sie war mit einem Strick angepflockt. Wenige Meter vor der Hütte hielt ich inne und machte mir Gedanken, ob mein Unternehmen richtig war. Durfte ich den Menschen in der Hütte stören? Ich wusste ja gar nicht, ob überhaupt jemand drin war. Doch dann fasste ich Mut und schob mich bis an die Einfassung des terrassenartigen Vorbaus.

Ich rief: »Hallo, ist da jemand?«

Ein Hund schlug kurz an, es raschelte im Wald, auf der anderen Seite der Hütte. Mein Herz schlug bis zum Hals. Und dann erschien er: ein bärtiger alter Mann, der Hund an seiner Seite.

»Grüß Gott«, grüßte ich vorsichtig und er fragte: »Was führt dich zu mir?«

Ich zuckte mit den Schultern und zögerte, bis ich antwortete: »Ich wollte Sie sehen«.

Es entwickelte sich eine eher karge, vorsichtige Unterhaltung. Er wollte wissen, wer ich war, kannte aber unsere Familie nicht. Das war nichts Ungewöhnliches, wir waren ja »Zugezogene«. Ich traute mich nicht, ihn auszufragen. Es war auch nicht nötig, sein Aussehen sagte viel aus und regte meine Phantasie an. Während unseres kurzen Gespräches hatte ich den Eindruck, dass ihm der unerwartete Besuch nicht unangenehm war, sondern – im Gegenteil – gut tat. Vielleicht war er für ihn sogar ein großes Geschenk: Ein Mensch sprach ihn an – das muss für einen so intellektuellen und sensiblen Menschen doch wichtig gewesen sein, gerade nach der schlimmen Behandlung, die er bei seinem ersten Aufenthalt im KZ 1938/39 erleben musste.

Ich verabschiedete mich bald von ihm. Wieder zu Hause, »beichtete« ich meiner Mutter das Abenteuer. Später hat sie erfahren, dass »Bock-Meyer« der letzte in Hechingen lebende Jude war.

Mein Besuch bei »Bock-Meyer« blieb ein Geheimnis, über das außerhalb der Familie nicht gesprochen wurde. Solche »Beziehungen« konnten sowohl für »Bock-Meyer« als auch für uns gefährlich werden. Zum Abschied hatte er mich ermuntert, wiederzukommen, aber als ich mich im Spätsommer 1942 wieder zur Hütte schlich, war sie verschlossen und von ihm keine Spur zu entdecken.

Viele Jahre später erfuhr ich von einer Freundin die ganze Lebensgeschichte von Landgerichtsrat Dr. Moritz

Meyer, wie er in Wirklichkeit hieß. Geboren wurde er am 16. Oktober 1872 in Neuwied am Rhein. Er war schon immer ein Sonderling gewesen und blieb zeitlebens Junggeselle. Er hatte in Frankfurt am Main und London studiert und war ein exzellenter Richter, zuerst in Wetzlar, dann in Hechingen. Um für sein Hobby, die Naturheilkunde, mehr Zeit zu haben, ließ er sich frühzeitig pensionieren. Anfang der zwanziger Jahre hatte er sich ein ökologisches Holzhaus gebaut, das mit Stroh gedeckt war und ihm den Namen »Doktor Strohdach« einbrachte. Und wegen der Ziegenböcke, Geißen und dem anderen Kleinvieh, das er hielt, kam er zum Übernamen »Bock-Meyer«. Er hatte am Fasanenwald ein kleines Sanatorium einrichten lassen. Seine Kurgäste kamen von weit her und er holte sie oft mit seinem Ziegengespann vom Bahnhof ab. Er starb am 4. Juli 1942 im KZ Mauthausen.

Durch Dr. Meyer kam auch sein Neffe Dr. med. Friedrich Wolf nach Hechingen. Er war der Sohn von Moritz Meyers Schwester aus Neuwied. Von 1921 bis 1927 lebte er als Arzt mit homöopathischer Praxis in Hechingen und war Schriftsteller und Leiter der Laienschauspieltruppe »Südwest«, die seine Theaterstücke aufführte. 1933, nach der Machtübernahme Hitlers, wurden seine Stücke verboten. Seine beiden Söhne wurden ebenfalls hier geboren: Markus, der spätere DDR-Geheimdienstchef, und Konrad, der bedeutende Filmemacher.

Fast täglich ging an unserem Garten eine schlanke, aufrecht schreitende Frau vorbei. Wie alle Menschen, die mir begegneten, grüßte ich auch sie immer freundlich. Das erste Mal war sie sichtlich erstaunt und grüßte ebenso freundlich zurück. Bald kannten wir uns und wechselten auch einige Worte miteinander. Als ich von Nachbarn wissen wollte, wer diese Frau war, erhielt ich nur die abfällige Auskunft:

»Das ist eine Kommunistin.«

Von den meisten Leuten in unserer Stadt wurde sie übersehen oder abweisend behandelt. Nach der dem Volk vorgegebenen Meinung war ein »Kommunist« etwas ganz Verabscheuungswürdiges. Mir klingt es heute noch in den Ohren: »Eine Kommunistin«, und ich sehe in der Erinnerung eine freundliche, stolze Frau. Sie hieß Annemarie Mössmer. Sie wuchs in Stuttgart auf und ging nach der Schulzeit in die Fabrik. Friedrich Wolf entdeckte sie, ließ ihr in Stuttgart Schauspielunterricht geben und machte sie zur Hauptdarstellerin seiner Spieltruppe »Südwest«. So kam sie nach Hechingen und heiratete dort den Fabrikarbeiter Franz Mössmer. Diese »Hechinger Fabrikler« lebten bewusst als Proletarier, die den Menschen der unteren Klasse zu Bildung und Gerechtigkeit verhelfen wollten. Franz Mössmer wurde wegen seiner politischen Überzeugung in der Nazizeit fünf Mal ins KZ geschickt. Später, nach der Gründung der Bundesrepublik wurden die Mössmers als »Altkommunisten« abgestempelt und erfuhren so nicht die ihnen zustehende Anerkennung und Rehabilitation.

Kaplan Vogelbacher war ein guter Seelsorger, ein ruhiger, freundlicher, fast introvertiert wirkender Priester. Er war oft Gast in unserer Familie.

Eines Tages war ich mit ihm unterwegs vom Pfarrhaus in Richtung Zollerstraße. Wir gingen auf dem breiten

Gehweg und unterhielten uns angeregt. Auf dem Adolf-Hitler-Platz, dem heutigen Obertorplatz, genau auf Höhe der Treppe zum Gasthaus Lisel kam uns der stellvertretende Ortsgruppenleiter entgegen. Wir nahmen ihn bei unserer Unterhaltung gar nicht wahr. Er hatte wohl erwartet, dass wir ihm aus dem Weg gingen, womöglich auf die Straße auswichen. Plötzlich stand er vor uns, holte mit der Hand aus und schlug Kaplan Vogelbacher mitten ins Gesicht. Er musste sich dabei schon strecken, denn der Kaplan war ein groß gewachsener Mann. Ich war entsetzt. Mein Freund bewahrte eine stoische Ruhe, würdigte ihn keines Blickes, nahm mich bei der Hand und wir gingen weiter, als wäre nichts geschehen. In meinem langen Leben gibt es kaum ein Ereignis, das mich tiefer getroffen hätte.

Einige Monate bevor ich Soldat wurde, trat Kaplan Stohrer seine Stelle in Hechingen an. Unsere Ministranten-Jugendgruppe traf sich regelmäßig bei ihm im Pfarrhaus, und bald war er unser Freund. Eines Tages vertraute er mir an, dass er von der Gestapo überwacht wurde. In seiner früheren Vikarstelle in Mannheim hatte er sich offen gegen das »Dritte Reich« geäußert, weshalb er versetzt worden war. Er war ein überzeugter Gegner der Nazis und durchschaute ihre Methoden; er erkannte die auf ihn angesetzten Spitzel. Diese reisten in bestimmten Zeitabständen von auswärts an und nahmen im damaligen Hotel Rad am Kirchplatz, gegenüber vom Pfarrhaus, Quartier.

Eines Nachmittags, als ich gerade beim Kaplan auf dem Zimmer war, rief er: »Komm schnell her, da sind sie«, und zeigte mir, ohne den Vorhang zurückzuziehen, drei Männer, die eben gemeinsam aus der Tür des Hotels schritten. Diese Gestalten konnte man sich leicht in SS-Uniformen vorstellen. Sie trennten sich und marschierten in verschiedene Richtungen. Unser Kaplan spürte schon, wann sie wieder aufkreuzen würden. Unauffällig und scheinbar harmlos erkundigten sie sich bei den Bürgern nach dem Privatleben unseres Freundes, nach dem Inhalt seiner Predigten und vieles mehr.

Stohrer war ein sachlicher, humorvoller und sehr intelligenter Mann. Aber es war ihm anzumerken, dass er »gejagt« wurde. Er setzte sich meist so, dass er den ganzen Raum im Blick hatte und auch aus dem Fenster schauen konnte. Selten erlebte ich ihn entspannt. Wir genossen mit ihm sehr interessante Gruppenstunden, und seine Hoffnung, sein Mut, aber auch sein Stolz und seine Selbstsicherheit sprangen auf uns über.

Auch Kaplan Stohrer musste in den Krieg ziehen. Er wurde zu einem Strafbataillon eingezogen, einem so genannten Todeskommando. Hier waren neunzig Prozent und mehr Verluste zu erwarten. Wie durch ein Wunder überlebte er zwar den Krieg, kam aber in russische Gefangenschaft und vegetierte unter unmenschlichen Bedingungen dahin. Er hielt sich mit Brennnesseln am Leben, die er durch den Stacheldraht hindurch rupfte. Als er 1947 aus der Gefangenschaft kam, wog der frühere Zweizentnermann gerade noch 42 Kilogramm. Er kam nach Hechingen. Man ließ mich ins Pfarrhaus rufen. Wir erkannten uns zuerst nicht, aber dann lagen wir uns in den Armen und weinten vor Freude.

Obwohl alles Menschenmögliche unternommen wurde, um seine Gesundheit wiederherzustellen, war der Lebenswille dieses vorher physisch und psychisch so starken Menschen gebrochen. Nach drei Monaten erhielt ich die Nachricht von seinem Tod.

✳ ✳ ✳

Nach meinem einjährigen Einsatz als Luftwaffenhelfer bei der 8,8-cm-Flak in Stuttgart – nebenher besuchten meine Kameraden und ich stundenweise das Johannes-Keppler-Gymnasium in Bad Cannstatt –, musste ich vier Wochen zum Reichsarbeitsdienst (RAD) nach Leutkirch im Allgäu. Von dort aus ging es mit der Bahn über Berlin zum Flugplatz Stolpmünde in der Nähe von Danzig zur Grundausbildung und Flugschulung als Offiziersanwärter der Luftwaffe. Als der Treibstoff für die Flugzeuge verbraucht war und wir keinen Nachschub bekamen, drohte uns der Erdeinsatz gegen die Russen. Ich meldete mich freiwillig zur Fallschirmjägertruppe und wurde, zusammen mit einigen Kameraden, zuerst ins Emsland und dann nach Holland verlegt.

Dort lernte ich in unserer Einheit drei Deutschamerikaner kennen. Ihre Eltern hatten sie nach Deutschland geschickt, um hier das Gymnasium zu besuchen und das Abitur zu machen. Dann war der Krieg ausgebrochen, sie konnten nicht mehr zurück in die USA und erlitten nun das Schicksal aller jungen Deutschen: Sie mussten bald zum Militär. Ihre politische Einstellung unterschied sich natürlich sehr von der der meisten jungen Deutschen in jener Zeit. Sie wollten keine Heldentaten für das »deutsche Vaterland« vollbringen oder gar ihr Leben aufs Spiel setzen. Ihr einziges Ziel war, bei der erstbesten Gelegenheit zu den Briten oder Amerikanern überzulaufen, um wieder in ihre Heimat zu kommen. Im Laufe der Zeit war zwischen uns ein Vertrauensverhältnis entstanden, und sie waren bei ihrem Vorhaben auf Hilfe angewiesen. Unsere Vorgesetzten spürten wohl, dass sich mancher unserer Kameraden in der Schlussphase des Krieges so seine Gedanken machte. Deshalb war der Befehl ausgegeben worden, jeden Überläufer zu erschießen.

Meine Einheit war ein Teil der 6. Fallschirmjägerdivision und bestand aus meist blutjungen Menschen. Unser erster Einsatz im Frühjahr 1945 war, im Rahmen der Ardennenoffensive vom Boden aus gegen die Luftlandung der Engländer bei Bocholt vorzugehen. Nach kurzer Feindberührung wurden wir zurückverlegt in den kleinen Ort Ramsdorf. Mitten durch den Ort führte das Flüsschen Aa. Jenseits, hinter dem Dorf, waren über hundert britische Panzer aufgefahren, die wir mit unseren leichten Waffen aufhalten sollten. Meine Gruppe musste sich in den Flussdamm eingraben, neben der einzigen Brücke. Solange wir uns eingruben und unsere schweren Maschinengewehre, MG 42, in Stellung brachten, wurden die letzten panzerbrechenden Waffen, wie 8,8-cm-Flakgeschütze, wohl unbemerkt vom Feind abgezogen. Dieser hatte sein Augenmerk auf uns gerichtet, hielt uns für eine Verstärkung der Abwehrfront und sah in uns ein Hindernis für den geplanten Panzervorstoß. Bald darauf begann ein 60-minütiger Dauerbeschuss aus Panzerkanonen, über das Dorf hinweg auf unsere Stellungen. Mich wunderte, woher die Panzer unsere Stellungen kannten, ohne uns zu sehen. Doch dann entdeckte ich im Dach der etwa 150 Meter entfernten Kirche den Beobachtungsposten der Briten, der das Panzerfeuer leitete. Der Herr Pfarrer möge mir verzeihen, denn ich deckte mit meinen MG-Salven einen Teil des Daches ab. Daraufhin schwiegen die Panzerkanonen für eine Weile. Die Feuerpause nutzte ich um festzustellen, wer noch am Leben war. Einige Kameraden waren gleich bei ihrem ersten Einsatz gefallen. Unsere drei Amerikaner nutzten diese Feuerpause, wie abgesprochen, zur Flucht über das Flüsschen in die Freiheit. Die Nachbar-Gruppenführer waren vorher informiert worden, so dass niemand auf sie schoss. Um Befehlsgehorsam vorzutäuschen, schossen wir einige Salven in die Luft. Am frühen Morgen setzten wir uns ebenfalls ab, bevor der Panzerverband sich in Bewegung setzte. Dass am selben Morgen der Wehrmachtsbericht im Rundfunk verkündete, dass Teile der 6. Fallschirmjägerdivision in heldenhaftem Kampf einen großen britischen Panzerverband einen Tag lang aufgehalten hatten, war keine Genugtuung für mich. Aber ich war stolz, dass ich drei jungen Menschen geholfen hatte, nach jahrelangem Zwangsaufenthalt in Nazi-Deutschland den gefährlichen Weg in die Freiheit zu wagen.

Vierzehn Tage vor Kriegsende wurde ich verwundet und eine Werkstattkompanie der 15. Panzergrenadierdivision nahm mich auf.

Wir waren auf dem Rückzug, noch vor Bremen, als ich in einem gemeinsamen Unterschlupf mit einer SS-Einheit die Todesnachricht Hitlers hörte. Hier erlebte ich den totalen Zusammenbruch der Weltanschauung dieser »armen SS-Teufel«. Sie waren plötzlich im wahrsten Sinn des Wortes »führerlos«. »Tausend Jahre« ihres Lebens schwanden urplötzlich dahin. Alle hoch gesteckten Träume von der Weltherrschaft der »arischen Rasse« und ihres Herrenmenschentums brachen zusammen. Da halfen keine blonden Haare und blauen Augen mehr. Was für arme Schweine, dachte ich damals fast ein wenig mitleidsvoll und verließ den vom flackernden Kerzenlicht gespensterhaft beleuchteten Raum. Während die Zurückgebliebenen heftig diskutierten, ob der Treue-Eid auf den Führer nun automatisch auch auf Admiral Dönitz übergehe, wich von mir ein Alpdruck. Ich war der festen Meinung, dass dies das Ende des »Dritten Reiches« und damit auch das Ende der Verfolgung gläubiger Christen im Reich sei. Und die weichende Angst machte einer tiefen Dankbarkeit für Gottes Wegbegleitung in all den letzten Jahren Platz.

* * *

Ende Mai 1945 kamen wir in englische Gefangenschaft, zwischen Bremen und Hamburg. Dass ich dort den katholischen Divisionspfarrer Richard Schell aus Bisingen, nahe meiner Heimatstadt, kennen lernte, der mir bis auf den heutigen Tag treuer Wegbegleiter wurde, konnte mir das Heimweh nur wenig erleichtern.

Die Sehnsucht nach zu Hause, nach den Eltern und Geschwistern, von denen mich seit elf Monaten kein Lebenszeichen mehr erreicht hatte, mag meine Lügen in der Gefangenschaft entschuldigen: Zuerst einmal verwandelte ich mich mit Hilfe von Hauptmann Diehl vom Fallschirmjäger-Oberfähnrich in einen Panzergrenadier. Dies hatte den folgenden Grund: Die Engländer brachten damals die gefangenen Fallschirmjäger nach England oder in die USA, was ich unbedingt vermeiden wollte. Auch gab ich bei der Aufnahme meiner Personalien nicht meine Eltern als nächste Verwandte an, sondern meinen Vetter in Stuttgart-Obertürkheim, Stadtpfarrer Josef Uhlmann. Er wohnte in der amerikanischen Besatzungszone. Dadurch wurde ich früher entlassen. In die französische Besatzungszone, wo meine Eltern lebten, wurde man später entlassen, denn die Franzosen nahmen die Heimkehrer zuerst gleich wieder gefangen und brachten sie nach Frankreich. Einer meiner Schulkameraden kam dort um, ein anderer wurde gezwungen, der Fremdenlegion beizutreten.

Ich hatte mit meinen angegebenen Unwahrheiten auf alle Fälle Erfolg. Und am 3. September 1945 stand meine Entlassung aus der Gefangenschaft an.

Mit anderen Häftlingen wurde ich auf einem LKW nach Hesedorf bei Cuxhafen verfrachtet. Dort verabschiedete sich der Divisionskommandeur, General Rodt, mit Handschlag von jedem persönlich und wünschte eine gute Heimkehr. Er war ein sehr menschlicher General, der den Führerbefehl verweigert hatte, mit seiner Division den Übergang an der Ems, dann an der Weser, dann an der Elbe bis zum letzten Mann zu verteidigen. Im Gegenteil – er hatte seine Einheiten rechtzeitig zurückgezogen und so viele Tausende Soldaten vor dem sicheren Tod bewahrt.

Erschütternd war für uns alle, dass er just an diesem Tag erfahren hatte, dass die Nazis aufgrund seiner Verweigerung des Führerbefehls zu Hause, in Stuttgart, seine Frau und seine drei Söhne in »Sippenhaft« genommen und erschossen hatten. Er teilte es uns am Schluss seiner Abschiedsrede mit.

❊ ❊ ❊

Es folgte eine abenteuerliche Fahrt in die ersehnte Heimat, eine Fahrt mit der Eisenbahn, zuerst auf dem Dach eines Güterwagens bis nach Gießen. Im Lager Gießen, ganz in der Nähe des Bahnhofgeländes, schien unsere neu gewonnene Freiheit fast wieder verloren. Der amerikanische Kommandant des Zwischenlagers gab bekannt, dass er Jude sei und uns alle für Nazis halte und dementsprechend behandeln werde. Von anderen Gefangenen erfuhren wir, dass das nächste Ziel unserer Reise das amerikanische Lager in Heilbronn sein werde, wo die Zustände katastrophal seien, was ich später in Erzählungen dort internierter Menschen immer wieder hörte. Dieser Situation wollte ich mich nicht ausliefern.

Unser Freiheitswille war so stark, dass wir unser Schicksal in die eigene Hand nehmen mussten. Wir, das waren ein Kamerad aus Höchenschwand im Schwarzwald, ein Kamerad aus Aalen und ich. Also schlichen wir uns nachts aus dem Lager auf das Bahngelände. Dort standen viele Güterzüge. Wir suchten und fanden einen, der laut Beschriftung nach Stuttgart fahren sollte.

Wir versteckten uns auf den Bremserhäuschen, vorn an den Güterwagen. Um ja nicht entdeckt zu werden, trauten wir uns nicht, uns zu bewegen. Es war eine lange, lange Warterei. Dann endlich, nach etwa 17 bangen Stunden, ging ein Ruck durch den Wagen; eine Lok wurde vor den Zug gespannt, und nach einer weiteren Stunde

setzte sich der Zug in Bewegung. Wir hatten das unwahr-
scheinliche Glück, dass wir den richtigen Zug erwischt
hatten. Beim Halt in großen Bahnhöfen hielten wir untereinander Kontakt. Wir konnten uns gegenseitig besuchen, denn die Güterbahnhöfe waren zu dieser Zeit nahezu menschenleer. Am Abend des 6. Septembers 1945
liefen wir endlich im Stuttgarter Güterbahnhof ein.

Was für ein Gefühl – wir waren im Heimatland! Wir
umarmten uns und schämten uns unserer Tränen nicht.
Ich musste von meinen Kameraden, inzwischen gute
Freunde, Abschied nehmen. Dann begab sich jeder auf
seinen Weg nach Hause. Ich fuhr mit der Straßenbahn
zum Pfarrvetter Uhlman nach Obertürkheim, wo ich einige Tage blieb und darüber nachdachte, wie ich zu meiner Familie gelangen könnte. Die einzige Möglichkeit
war, einen Umweg über Kirchheim/Teck zu machen.
Dort lebte inzwischen meine »Klostertante«, Schwester
Maria Ewaldina, die im Mutterhaus des Franziskanerin-
nen-Klosters in Sießen bei Saulgau war, bis dieses geräumt wurde, um Bukowina-Deutsche, Ost-Siedler, un-
terzubringen. Meine Tante war in der Kirchheimer
Schwesternstation der Franziskanerinnen untergekommen. Sie verschaffte mir auch ein Empfehlungsschreiben
eines amerikanischen Obersts an den französischen Co-
lonel in Hechingen. Und sie besorgte mir eine Mitfahrge-
legenheit über die Zonengrenze nach Tübingen. Ich war
in einem VW versteckt. Am Hauptbahnhof in Tübingen
durfte ich, gegen Bezahlung, mit anderen »Flüchtlingen«
auf die offene Ladefläche eines Stuttgarter Hofbräu-
Holzvergasers mit Vollgummireifen steigen, um die letzten 21 Kilometer nach Hechingen zu fahren. Je näher

Hechingen kam, desto mehr überwältigten mich meine Gefühle. Ich war außer mir vor Freude, hatte aber auch Angst vor dem, was mich erwarten würde. In der Niederlassung der Brauerei Sankt Luzen, dem heutigen Bildungshaus, stieg ich vom Laster. Es war die unbequemste und dennoch schönste Fahrt meines Lebens gewesen.

Ich stand mit beiden Füßen wieder auf Heimatboden und schlenderte mit meinem Bündel auf dem Rücken durch die altbekannten Straßen der Stadt. Meine Springerbluse hatte ich noch einmal übergezogen. Niemand erkannte mich.

Und dann kam ein wunderbarer Augenblick: Ich klingelte an unserer Haustür. Meine Mutter öffnete, schaute mich sprachlos und fragend an, dann lagen wir uns in den Armen. Der verloren geglaubte Sohn war heimgekehrt.

Die Familie war wieder beisammen. Der Vater war altershalber schon Ende 1944 aus dem Krieg entlassen worden und hatte den Volkssturm überlebt. Mutter, Schwester und Brüdern ging es gut. Nach dem Einmarsch der Marokkaner, einer marokkanischen Division der Franzosen, hatte Vater nachts mit der Axt das Schlafzimmer von Mutter und meiner Schwester bewacht. Gott sei Dank war die ganze Zeit über nichts passiert. Die Angst vor Übergriffen mag heute lächerlich erscheinen; wer weiß denn noch von dem Elend der Frauen, die gegen Kriegsende von den Befreiern vergewaltigt wurden?

Nur wenige Tage blieben mir zum Einleben, bevor am 1. Oktober 1945 wieder der Gymnasialunterricht begann. Ich war froh, das Schulgeld bezahlen zu können. Woher ich das Geld hatte? Aus der Regimentskasse; bei Kriegsende wurde ihr Inhalt an uns Soldaten verteilt. Ich hatte damals 510 Reichsmark bekommen und keinen Pfennig davon ausgegeben. Während meine Kameraden das Geld für wertlos hielten und es mit »Siebzehnundvier« verspielten, hatte ich Glück: Es galt nach Kriegsende immer noch, und ich musste meine Eltern nicht belasten.

Es war merkwürdig: Als Schüler war ich in die Fremde befohlen worden und als von Krieg und Gefangenschaft geprägter Erwachsener kehrte ich zurück in eine gänzlich veränderte Welt.

In unserem Gymnasium residierte ein französischer Stab. Wir waren im Gebäude der Volksschule, der Horst-Wessel-Schule, untergebracht, auf deren Schulhof ich einst die Redensart »im Staub kriechen wie ein Wurm« am eigenen Leib erfahren hatte.

Auf dem Weg zur Schule traf ich den Klassenkameraden Manfred Hesser. Wie gewohnt hatte er seine Zigarre im Mund, ich eine Zigarette. Auf dem Schulhof kam uns »Ami«, Oberstudienrat Dr. Freund, entgegen. Er blieb vor uns stehen, holte aus und schlug uns Zigarre und Zigarette aus dem Mund. »Schüler rauchen nicht auf dem Schulhof«, brüllte er uns an. Für ihn war die Zeit wohl stehen geblieben. Schade, wir hatten uns die erste Begegnung mit der Schule anders vorgestellt.

Es wurde dann aber doch nicht so schlimm. Wir waren ein bunter Haufen aus unterschiedlichen Jahrgängen, alle mit »Reife-Vermerk«, und hatten nur das eine Ziel: das Abitur so schnell wie möglich nachzuholen. Im Spätsommer 1946 hatten wir es geschafft.

Jetzt ging es daran, schnell einen Beruf zu finden, denn zu einem Studium fehlte mir das Geld.

Ich erwog, zu meinen Verwandten nach Argentinien auszuwandern, was aber aufgrund der politischen Lage nicht möglich war. Überraschenderweise wurden in Hechingen eines Tages Abiturienten gesucht, um als so genannte »Laienlehrer« jene Lehrer zu vertreten, die wegen der Entnazifizierung vorübergehend außer Dienst waren. Ich wurde angenommen und hospitierte noch 1946 bei Oberlehrer Straub. Er war ein guter Pädagoge, der seinen Unterricht exzellent vorbereitete. Ab Januar 1947 war ich dann Klassenlehrer der Abschlussklasse. Diese Schüler waren nur sechs Jahre jünger als ich, aber der Unterricht funktionierte, obwohl sie mich ein paar Monate vorher noch als »Schüler« im selben Gebäude erlebt hatten. Zusätzlich unterrichtete ich einige Fächer in der vierten Grundschulklasse. In diese Klasse gingen meine beiden Brüder, mein späterer Schwager und Klaus Kinkel, der Sohn unseres Hausarztes und spätere Bundesaußenminister.

Nach Ostern 1947 bekam ich dann die Stelle des zweiten Lehrers an der Volksschule in Ringingen bei Burladingen. Dort mietete ich ein Zimmer bei der Lehrerswitwe Frau Holderried.

Mein Essen – vom Frühstück bis zum Abendessen – bekam ich im Gasthaus Hirsch. Die Wirtin Anna war mir gegenüber so wohlwollend, keine Lebensmittelmarken zu verlangen. Das war nur auf dem Land möglich.

28. 2. 95 (mein Geburtstag)

Max, der Landstreicher, hat schon von 1947 - 49 bei meiner Großmutter Asyl bekommen,
Heute bekommt er einen Gutschein für ein Piccolo, einzulösen bei Lore Herter (eine von meinen 100 verheerten), sowie einen Tag auf dem Grünland betrieb von Lore.

Paul Stefan Mauz

Nr. H 2095359

Eintrag vom Landtagsabgeordneten Paul-Stefan Mauz. Er ist der Enkel der Lehrerswitwe Holderried. Seine Mutter war meine Schülerin gewesen.

Ein junger Mann aus Leipzig, ebenfalls Lehrer, kam auch zum Essen in den »Hirsch«. Der Krieg hatte ihn in den Westen verschlagen, und er arbeitete in einer Niederlassung der Firma Leitz, bis es ihm gelang, sich in die sowjetische Besatzungszone abzusetzen. Über Jahre hindurch blieben wir in Briefkontakt und tauschten unsere Erfahrungen mit den unterschiedlichen Schulsystemen aus. Ich bezog alle Schulbücher des Verlags »Volk und Wissen« und andere Literatur aus dem Bereich des Marxismus-Leninismus. Er informierte mich auch über die Schwierigkeiten, die er als nicht mit der Ideologie konformer Lehrer hatte. Als wir keine Möglichkeit mehr hatten, unseren Gedankenaustausch an der Zensur vorbei zu bringen, brach die Verbindung ab. Schade, damit versiegte eine meiner besten Informationsquellen.

Das faschistische Nazireich existierte zwar nicht mehr, doch in Deutschlands Osten, der sowjetischen Besatzungszone und späteren DDR, dem »ersten proletarischen Arbeiter- und Bauernstaat«, erlebte das Volk einen nahtlosen Übergang in die nächste Diktatur.

* * *

Nach einem Kurzstudium am Pädagogischen Institut in Weingarten fand ich im Januar 1951 bei Stockach im Dörflein Deutwang, heute Hohenfels, eine feste Anstellung als Lehrer an der dortigen Einklassenschule, die ich bis im Dezember 1958 behielt. Im Mai 1951 war die Hochzeit mit meiner Frau Käthe. Während der Zeit in Deutwang kamen auch zwei unserer vier Kinder zur Welt.

Das Wissen um die realen Verhältnisse in der sowjetischen Besatzungszone beziehungsweise DDR motivierten meinen Widerspruch. In meiner Freizeit ließ ich mich an Akademien im Sauerland und Rheinland vom Gesamtdeutschen Ministerium als Referent für Marxismus-Leninismus und Ostfragen ausbilden. Ehrenamtlich referierte ich an Bildungswerken und im Katholischen Männerwerk der Erzdiözese Freiburg.

Über kirchliche Einrichtungen erhielten wir die Adressen bedürftiger Familien in der SBZ (Sowjetisch besetzte Zone) und unterstützten sie mit Lebensmittel- und Kleiderpaketen. Durch diese Aktionen hatten wir auch Verbindung zu einer kinderreichen Arbeiterfamilie in Kahla/Thüringen. Ende 1956 war ihr ältester Sohn Karl-Heinz, 17 Jahre alt, von drei betrunkenen SED-Funktionären zusammengeschlagen worden. Am 27. November 1956 starb er an den Folgen seiner Verletzungen im Krankenhaus Jena. Die Partei vertuschte die Situation und verfälschte die Todesursache, um die Funktionäre zu schützen. Die Bevölkerung wusste Bescheid. Die Mutter, Irmgard Weber, kämpfte einen aussichtslosen Kampf um die Wahrheit und Rehabilitierung ihres Sohnes.

Doch »die Partei hat immer recht« und nahm ihre für ihre häufige Trunkenheit bekannten Funktionäre in Schutz. Ich unterstützte die Familie beim Briefwechsel mit dem Chef der medizinischen Klinik in Jena, Professor Dr. Brednow, dem Generalstaatsanwalt Dr. Melsheimer, Berlin, dem Ministerpräsidenten Walter Ulbricht, und dem Präsidenten der DDR, Wilhelm Pieck.

Die Familie hatte großen Mut bewiesen, sich dem Regime zu widersetzen. Doch der Druck durch die Stasi wurde immer größer. Dann kam Frau Weber zu uns »zu Besuch«, um eine eventuell notwendig werdende Flucht zu planen. Kaum zwei Wochen später, am 14. Februar 1957, informierte ein Vertrauter die Familie über ihre kurz bevorstehende Verhaftung. Innerhalb weniger Stunden mussten sie die DDR auf abenteuerliche Art verlassen.

Dies geschah dann über meine Verbindung zu den »Freiheitlichen Juristen« in Berlin. Sie organisierten die Flucht dieser kinderreichen Familie mit Hilfe eines Fluchthelfers über die Bahn nach Westberlin. Von dort aus kamen die Webers in den Westen und fanden in Hessen eine neue Heimat.

Meine Tätigkeiten für die Freiheit und gegen das »Paradies des Arbeiter- und Bauern-Staates DDR« waren wohl registriert worden. 1957 bekam ich vom Gesamtdeutschen Ministerium in Bonn den Rat, meine Kontakte zur DDR abzubrechen. Ich bekam Einreiseverbot.

Bis auf das Senden von Hilfspaketen an andere Bedürftige in »Karl-Marx-Stadt« hielt ich mich an diese Anweisungen.

***

Längst hatte ich bei uns in der Bundesrepublik durch Kontakte zu Randgruppen wie Sinti und Roma, »Berbern« und den armen Familien einiger meiner Schüler von der gesellschaftlichen Ungerechtigkeit erfahren und mich ihrer Probleme angenommen.

Ich muss bekennen, dass ich ein echter Fastnachtsnarr und ein Kenner der Fastnacht bin. Als gebürtiger Riedlinger habe ich seit meiner frühesten Kindheit die Fasnet im Donaustädtle miterlebt, vom »Gole-raus-Schreien« beim Gasthaus »Stadt«, bis zum Ausstieg aus dem Obergeschoss des Gasthauses »Zum Storchen« mit meinem Vater nach dem traditionellen Froschschenkel-Essen.

In Hechingen ruhte während des Krieges die Fasnet. Danach war ich mit meiner Braut bei Veranstaltungen im »Museum« und erst später erlebte ich die Straßenfasnet mit Pestbutzen, Pestmännle und Schalksnarren.

Als Lehrer in der Nähe von Stockach verband mich eine Freundschaft mit dem »Hänsele-Vadder« Hans Pfeiffer und brachte mir Kontakte zum Narrengericht und der Zimmermannsgilde – und Jahre später wurde ich selber zum »Stockemer Laufnarr« geschlagen.

Als Rektor der Werdenberg-Schule in Trochtelfingen, der ich seit Januar 1959 war, opferte ich meine ganze Freizeit für die Fasnet und trug Verantwortung für die Werbung, wozu ich den Linolschnitt und den Druck der Plakate von Hand fertigte, ebenso für die Schulfasnet, das Narrenbaumaufrichten, den Umzug, die Fastnachtszeitung und die Hemdklonkersitzung.

Doch schon 1963 stieg ich als »Offizieller« aus der Fasnet aus. Schon seit langem hatte ich mir die Frage gestellt: Warum sollte gerade ich über Monate meine ganze Freizeit für die Fastnacht aufbringen? Narren, die meine Aufgaben übernehmen konnten, gab es genug.

Endlich hatte auch ich die Zeit, während der närrischen Zeit selber in ein anderes Gewand zu schlüpfen und konnte unerkannt die Reaktion der Mitmenschen auf meine Gestalt erleben. Ich wollte herausfinden, ob unsere Gesellschaft heute toleranter geworden war als im »Dritten Reich«.

Und so begann die Laufbahn des Landstreichers Max. Der eigentliche Grund hatte mit der Fastnacht überhaupt nichts zu tun. Aber für mich, als »mehrfache Amtsperson«, war es in diesen Tagen und Wochen etwas leichter, mit Bart und langen Haaren unter die Leute zu gehen, weil die Menschen in dieser Zeit offener im Umgang mit ihren Mitmenschen waren. Vielleicht bildete ich mir das aber auch nur ein.

Begegnungen
mit der Fastnacht

Die Gratwanderung zwischen »Berber« und »Narr«

Mein Landstreicherleben spielte sich in den ersten Jahren ausschließlich in der Fastnachtszeit ab. Ich wusste, dass die Menschen während der »fünften Jahreszeit« in den närrischen Hochburgen freier, lockerer und zugänglicher sind. Und, so hoffte ich, würden sie auch mir nicht so abweisend begegnen. Aus meiner Zeit als aktives Mitglied des Elferrats in Trochtelfingen kannte ich die Zunftmeister-Empfänge, bei denen es kostenlos zu essen und zu trinken gab. Eine paradiesische Vorstellung für einen Obdachlosen!

Ich begab mich also vorwiegend in die Städte und Gemeinden im Gebiet der schwäbisch-alemannischen und der freien oberschwäbischen Narrenvereinigungen. Schon auf den Straßen wurde ich mehr beachtet als sonst und immer wieder hörte ich Vorübergehende sagen: »Guck mol, der braucht sich it omzieha, der hot sei Häs für da Omzug scho a.«

Entweder machten sie sich über mich lustig oder sie hielten mich tatsächlich für einen verkleideten Narren.

Ich war gerade in einem dieser Städtchen angekommen, als die Zeit des Zunftmeisterempfangs, des so genannten Höhepunkts dieses Tages, näher rückte. Schon schritten einzelne Zunftmeister und Fastnachtsfunktionäre im herrlich bunten Aufzug dem Rathaus zu. Mein hungriger Magen und meine trockene Kehle trieben mich in dieselbe Richtung. Mutig schloss ich mich einer Gruppe an. Im Foyer wurden die Herren und Damen begrüßt und wurden in den Saal eingelassen. Jetzt war ich an der Reihe. Voller Erwartung schaute ich das närrische Empfangs- und Kontrollkomitee an und drängte weiter.

Doch diese kostümierten »Amtspersonen« bauten sich wie eine Mauer vor mir auf, blickten mich erstaunt und ernsthaft an, bis einer barsch sprach: »Des hier ischt ein Zunftmeisterempfang und kein Vagabunda-Asyl!«

Die »Mauer« bewegte sich auf mich zu und drängte mich aus der Tür.

Schlimmer hätte man mich nicht aus meinen Träumen reißen können. Wie konnte ich nur die Illusion haben, die »freie Fastnacht« gelte auch für die Ausgestoßenen dieser ehrenwerten Gesellschaft?

Zwei, drei Jahre gingen ins Land. Ich lebte mich in meine Rolle als Vagabund ein. Ich machte so meine Erfahrungen. Es war tatsächlich ein großer Unterschied, ob die Leute »närrisch« waren oder nicht, abgesehen von offiziellen Veranstaltungen. Und der Alkohol spielte in ihrem Verhalten natürlich eine nicht unwesentliche Rolle.

Meine Versuche, bei Zunftmeister-Empfängen ans rasche Glück zu kommen, hatte ich vorerst aufgegeben. Den im Schwäbischen weit verbreiteten Gruß »Glückselige Fasnet« konnte ich noch immer nicht nachempfinden.

Da ich mich aber an jedem Wochenende an einem anderen Fasnetsort aufhielt und bei fast allen größeren Narrentreffen und Jubiläen im Lande zugegen war, wo ich mich unters Zuschauervolk mischte, wurde ich mit der Zeit auch von den »hauptamtlichen« Narren beachtet.

Es störte mich auch nicht mehr, dass in Gasthäusern die Damen in meiner Nähe immer wieder nach ihrem Schmuck fassten. Sie wussten nichts von dem Ehrenkodex der Landstreicher, der damals noch bestand.

Häufiger hörte ich: »Den habe ich schon mal gesehen.«

»Der war doch auch beim Umzug in ...«

Und seit mir die Jakob-Sisters in der Künstlergarderobe der Stuttgarter Liederhalle den Namen »Max« auf den Rücken meines Kittels gemalt hatten, wobei alle drei auf mir knieten, obwohl ich mich keinesfalls wehrte, riefen mich Fremde beim Namen. Je bekannter ich wurde, desto mehr ging die Phantasie mit den Leuten durch. Max gehörte für sie zur Fasnet.

»Der ist schon lange auf der Straße.«

»Das ist ein richtiger Kunde [Landstreicher], wie früher.«

Und in offiziellen Kreisen hieß es: »Da steckt eine Persönlichkeit dahinter.«

So sollte ich bei den einen ein Professor sein und bei den anderen Pfarrer, Studiendirektor, Politiker oder ...

Lange gab ich meine wahre Identität nicht preis und bot so der Phantasie immer mehr Nahrung. Langsam, aber immer stärker, verbreitete sich in den offiziellen Narrenkreisen das Gerücht, ich sei kein echter Landstreicher, obwohl ich »brutal realistisch« aussähe. Ich müsse mich so toll verkleidet haben – was in der Fasnetszeit doch alle Menschen machen. Sie spielen die Figur, die sie gerne einmal wären. So können sie – und wenn auch nur für kurze Zeit – ihrem gewohnten Alltagstrott entfliehen. Wie sehr die »Berufsnarren« doch recht hatten! Zeitweise und in bestimmten Situationen machte es mir richtig Spaß, ein »Berber« zu sein. Wenn man das ganze Jahr über Amtsperson sein muss, wie ich Rektor, Stadtrat, stellvertretender Bürgermeister, Schöffe, Vereinsvorstand, Referent und anderes sein musste, dann tut es gut, all diese Zwänge einmal abschütteln zu können, sich auf eine gesellschaftlich niedrigere Stufe zu begeben, sich von jedermann alles heißen zu lassen und dabei ganz gelassen bleiben zu können, weil man denkt: Wenn die wüssten ...

Aber gelassen bleiben konnte ich nur während der närrischen Zeit. Ansonsten herrschte bitterer Ernst.

So wurde ich Schritt für Schritt zum süddeutschen Fastnachts-Original »Max, der Landstreicher«. Ich wurde überschüttet mit Einladungen, die Medien rissen sich um mich, vom Fernsehen über den Rundfunk bis zur Zeitung. Nicht nur wegen meiner Erfahrungen in der Fastnachtszeit, sondern besonders wegen jener im »wirklichen Berberleben«. Und ich muss sagen, ich hatte es meist mit guten, oft sensiblen Reporterinnen und Journalisten zu tun. Trotzdem sahen viele in meinem Tun eine Sensation und witterten einen zweiten Walraff.

Ich staunte in dieser Zeit immer wieder, dass dieser »Medienrummel« meiner mir selbst gestellten Aufgabe nicht im Weg stand. Selbst direkt nach der Ausstrahlung der Sendungen im Fernsehen oder Hörfunk erkannten mich in vierzig Jahren nur zwölf Personen wieder, denen ich nicht sowieso schon bekannt war, – und Landstreicher haben keinen Fernseher.

1979 verschaffte ich mir mit einigen Tricks, ohne Einlasskarte, Zugang zum närrischen Staatsempfang in der Villa Reitzenstein, dem Sitz der Landesregierung in Stuttgart. Es war eine kleine Sensation. Anfangs wurde ich geduldet nach dem Motto: Einen Sozialfall verkraftet jedes Fest. Aber allmählich fanden alle Gefallen an mir. Der damalige Ministerpräsident Lothar Späth aß sogar von meiner Schwarzwurst und schrieb in mein Wanderbuch.

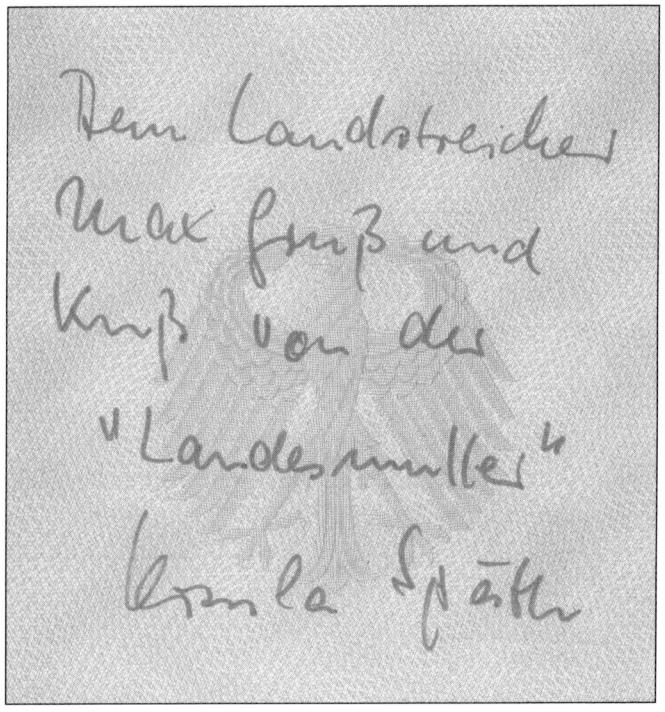

Ursula Späth wünscht alles Gute, nach einer Prunksitzung, als ich sie im Auftrag des Herrn Gemahls hinausbegleiten durfte.

Ministerpräsident Lothar Späth ernennt Max zum »landstrei-chenden Botschafter« des Landes.

Seine Sekretärin, Elfi Menzel, wollte mich vom Fleck weg heiraten, was ich, als eingefleischter Einzelgänger, schlichtweg ablehnte. Ich gab ihr dafür das Versprechen, mich jährlich einmal, beim Staatsempfang, mit ihr zu treffen. Sie war über viele Jahre mein heißer Draht zum Staatsministerium.

Der Wirtschafts- und Verkehrsminister Dr. Rudolf Eberle bot mir an:

Max Unterwegs erhält freie Fahrt auf allen öffentlichen und nicht öffentlichen Straßen unseres Landes und allen Wirtschaften!

Doch das war eine leere Versprechung. Mich, als Landstreicher, konnte man leicht verschaukeln, ich hatte keine Lobby. So ging es mir auch mit dem damaligen Kultusminister und VfB-Präsidenten Gerhard Mayer-Vorfelder:

Freier Eintritt von 1975 – 1984 im Neckarstadion an folgenden Tagen eines jeden Jahres: 14.4. – 15.5. – 16.6.

An diesen Tagen fanden jedoch keine Spiele statt.

Dafür war die Einladung des Oberzunftmeisters der Breisgauer Narrenzunft zur 700-Jahr-Feier des Freiburger Ratssuppenhocks 1983 echt.

Die ehrenvolle Einladung zum Ratssuppenhock in Freiburg am 14. Februar 1983 wollte ich unbedingt annehmen und ließ mir vorsorglich vom Freiburger Regierungspräsidenten Dr. Norbert Nothhelfer eine Einreisegenehmigung nach Baden ausstellen.

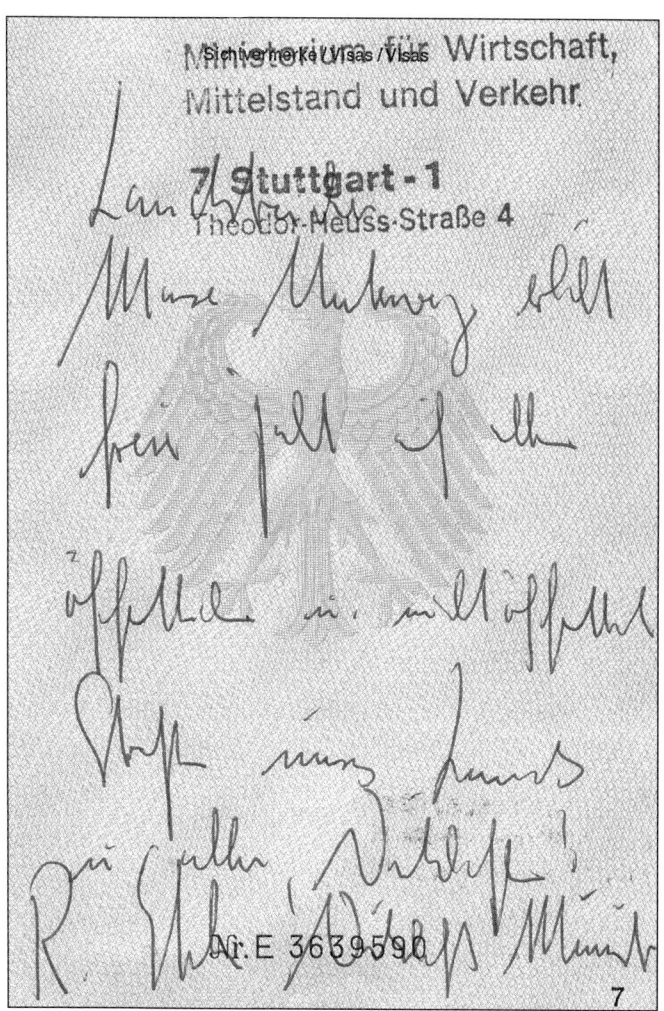

Der damalige Wirtschafts- und Verkehrsminister Dr. Rudolf
Eberle verspricht Freie Fahrt.

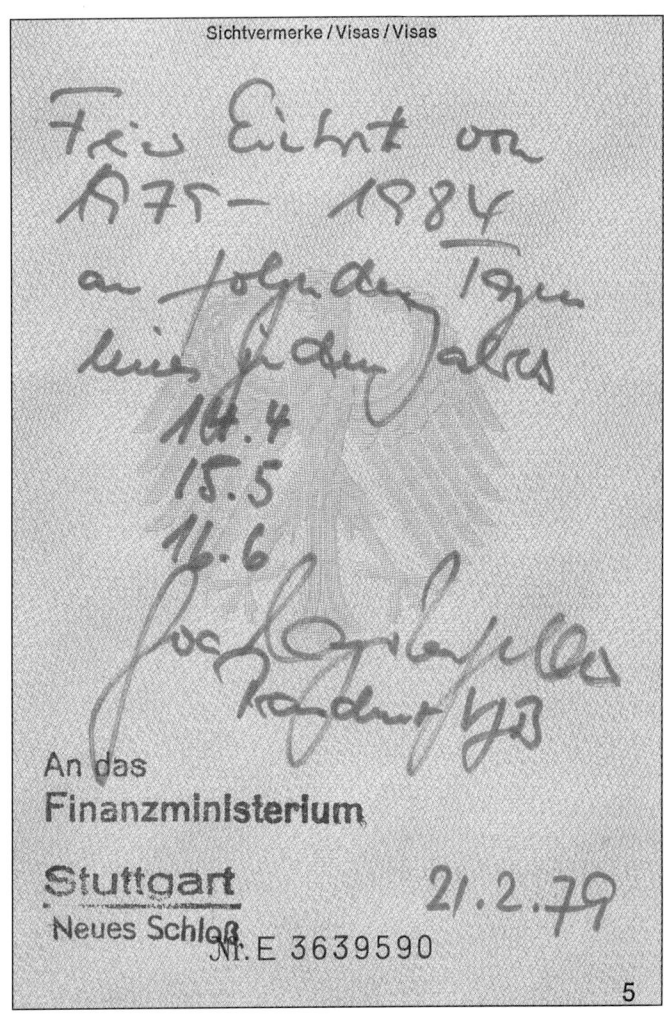

Kultusminister und VfB-Präsident Gerhard Mayer-Vorfelder gewährt freien Eintritt ins Stuttgarter Neckarstadion.

24.2.81

Nach eingehender Prüfung wurde selbiger Kerl, Maxe geheißen, für gut und echt befunden.

Hierr wird selbiger Zur Freiburger Räts= Suppen, so im Kolping= saal stattfindet ein= geladen.

Breisgauer Narrenzunft Freiburg e. V.

1983

Nr. E 8475125

Einladung der Breisgauer Narrenzunft Freiburg e. V.

Die freundlich gemeinte Genehmigung lautete:

*Ungern wird hiermit einem unverbesserlichen Schwaben
Passiererlaubnis nach Freiburg erteilt, in der Erwartung
anständigen Benehmens.*
Nothhelfer

Die Anreise in der Nacht war schwierig. Überraschenderweise waren dreißig Zentimeter Neu-
schnee gefallen, sodass der Wagen, in dem ich als Anhalter mitfuhr, oft nur im Schritttempo vorwärts kam. Doch
wir erreichten das Ziel heil und ich wurde am Rande der
Altstadt abgesetzt. Langsam ging ich in Richtung Kol-
pinghaus. Dort fand die Veranstaltung statt, und ich
wollte vorher noch einen alten Bekannten besuchen, der
dort wohnte, den Leiter des Kolpinghauses, des Katholischen Männerwerks und des Altenwerks der Erzdiözese,
Dr. Alois Stiefvater.

Es war eine herzliche, leider die letzte Begegnung mit
diesem unvergesslichen Menschen. Er erkannte mich im
Aufzug des Landstreichers natürlich nicht, und ich musste mich erst offenbaren. Aber dann ...

Nach meinem Besuch ging ich in den großen Saal
zum 700-jährigen Jubiläum des Ratssuppenhocks
(1283-1983). Ich wurde als Ehrengast empfangen und an
meinen Platz geleitet. Fragende und erstaunte Blicke trafen mich von allen Seiten.

»Was will denn dieser Berber hier?«

Im Laufe der Festlichkeit wurde ich dann als schwäbi-
scher Ehrengast vorgestellt, ohne dass meine wahre Iden-

Dr. Alois Stiefvater, Leiter des Kolpinghauses, des Katholischen Männerwerks und des Altenwerks der Erzdiözese Freiburg

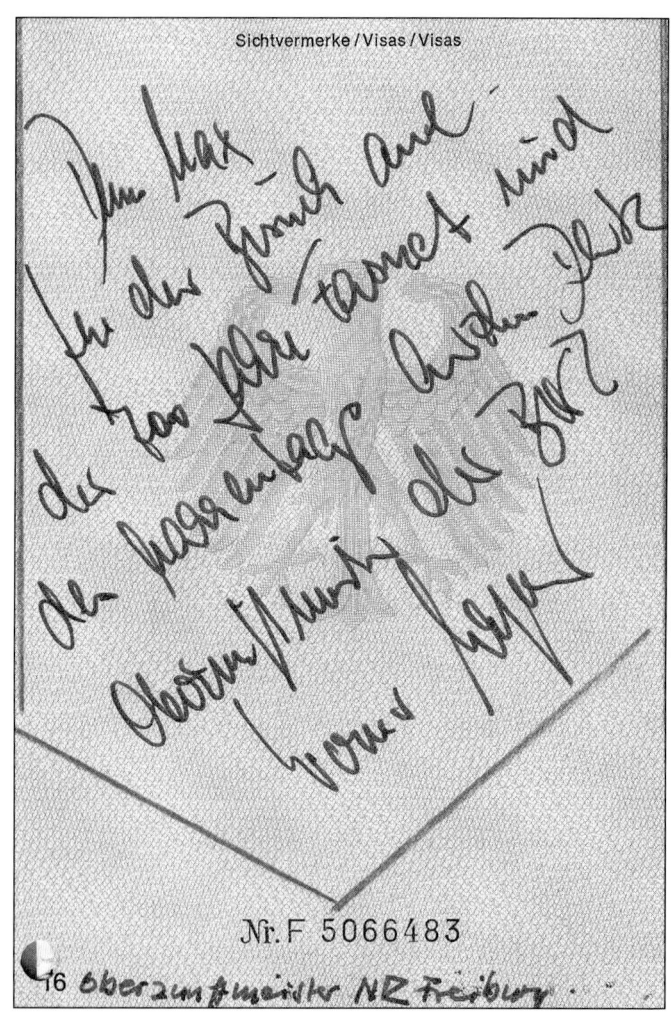

Nr. F 5066483

Oberzunftmeister Werner Nageleisen dankt »dem Max« für seinen Besuch in Freiburg.

tität preisgegeben wurde. Danach musste ich auf der Bühne das »Badner Lied« singen, begleitet von der Kapelle, wohl um mich der Anwesenheit in Baden würdig zu erweisen.

Aus voller Brust schmetterte ich in den vollen Saal:

Das schönste Land in Deutschlands Gau'n,
das ist mein Badner Land ...

Alle fünf Strophen! Eigentlich wollten sie einem »schwäbischen Ausländer« eins auswischen. Doch mir machte das nichts aus. Als Penner nimmt man alles in Kauf, wenn man etwas dafür bekommt. Und so ließ ich mir die Ratssuppe prächtig schmecken und erbat noch einen Nachschlag.

Der Oberbürgermeister, Dr. Rolf Böhme, gab mir noch eine Aufenthaltsgenehmigung für den Tag:

Aufenthalt genehmigt – als Ausnahme für einen Schwaben! Dr. Böhme

Er schenkte mir auch einen Zweimillionenmarkschein, dessen Umwechslung jedoch ausnahmslos alle Banken verweigerten.

Nach dem Essen brachen alle auf, um sich den Umzug anzusehen. Die Ehrengäste bekamen eine Platzkarte auf einer Tribüne vor dem Colombi-Hotel – so auch ich. Bedächtig schlenderte ich durch die überfüllte Stadt. Kaum jemand beachtete den Penner. Vor dem Colombi, dem vornehmsten Haus in Freiburg, überlegte

Zweimillionenschein, überreicht vom Freiburger Oberbürger-meister Dr. Rolf Böhme

ich kurz: Gehst Du jetzt auf die Tribüne oder ins vorneh-me Hotel mit der großen Glasfassade im Obergeschoss? Das Hotel schien mir verlockender. Ich hatte keine Schwierigkeiten hineinzukommen, aber vor der breiten Treppe ins Obergeschoss wollte mich ein livrierter Ange-stellter bremsen. Doch meine Platzkarte machte mir den Weg frei. Oben saßen nur Leute der »höheren Gesell-schaft«; man sah es ihnen schon von weitem an. Ich war hier eigentlich fehl am Platz, aber gerade das war ja der Clou. Ich stand ruhig da, beeindruckt vom Glanz dieses Raumes, und fing die Blicke auf, die wie Pfeile auf mich zielten.

Es gab nur runde Tische für vier bis sechs Personen. An der Glasfront war natürlich alles besetzt. Ein Stück-chen dahinter war ein Sechsertisch mit fünf festlich ge-kleideten Herrschaften, gleich daneben ein freier Vierer. Langsam ging ich los. Zuerst in Richtung des Sechserti-sches, doch die Gesten dieser Menschen waren so abweisend, dass ich mich an dem freien Vierertisch niederließ. Eine hübsche, junge Bedienung kam und fragte, was ich wünsche. Nein, in diesem Umfeld konnte ich nicht »auf Sozialfall« machen. Ich wusste, was ich mir als Ehrengast der Breisgauer Narrenzunft schuldig war: Ich bestellte eine Portion Kaffee und Fasnetsküchle. Meine Nachbarn schien das nicht zu beeindrucken. Hier galt die Devise: »Kleider machen Leute«. Genüsslich lehnte ich mich zurück und nahm den Glanz meiner Umgebung auf. Es war himmlisch in diesem Hotel! Das nächste Mal saß ich vielleicht wieder auf dem Boden, nahe dem Schaufenster, um mir den Magen mit Blicken auf die Torten zu füllen. Nach einiger Zeit, auf der Straße wogte der Umzug vorbei, versuchten meine Nachbarn, mit mir ins Gespräch zu kommen. Ich machte das Spiel mit, immer in der Hoffnung, sie würden mich an ihren Tisch bitten oder gar am Ende bezahlen. Doch ich hatte mich in »den Kleidern« getäuscht. Ich sollte nur ihre Neugierde stillen. Ein einseitiges Geschäft.

Am Schluss bezahlte ich selbst – mit viel »Kleingeld«; das Mädchen bekam sechs Pfennig Trinkgeld.

Als der Umzug vorbei war, brach ich auf. Draußen hatte mich bald der Menschenstrom verschluckt und spie mich erst wieder beim Münster aus. Es war nicht mehr weit zur Herrengasse, wo ich dem Dompfarrer, einem hohenzollerischen Landsmann, noch meine Aufwartung machen wollte. Er freute sich über meinen Besuch und setzte mir ein Vesper vor. Es war ein freundschaftlicher Abschied – und dann hatte mich die Landstraße wieder.

***

Zum ersten Mal kam ich 1982 vor das »Ehrsame Narren-gericht« zu Grosselfingen/Hohenzollern. Der über 500-jährigen Tradition folgend zeigen rund 350 männli-che Einwohner in historischen Kostümen an mehreren Orten der Gemeinde die einzelnen Szenen des Heimat-spiels.

Fest verankert ist das Volksspiel in der Bruderschaft des »Ehrsamen Narrengerichts«. Es geht auf das Jahr 1439 zurück, in dem die Pest rund um die Burg Hohen-zollern wütete. Um das Volk aufzuheitern, verliehen die eben aus Venedig zurückgekehrten Ortsadligen, die Her-ren von Bubenhofen, ihren Untertanen das Privileg zur Aufführung des Narrengerichtsspiels.

Auf dem Marktplatz wird durch den Platzmajor die Reichsordnung verlesen. Damit ist der gesamte Gemein-debezirk zum venezianischen Reich erklärt und alle Macht auf das Narrengericht übertragen, dem der Vogt vorsteht.

Anschließend zieht das Gericht in das Gesellenhaus, um im abgedunkelten Saal bei Kerzenlicht nach Art eines Femegerichts über »Untaten und Guttaten« zu urteilen. Prominente trifft meist eine der Höchststrafen, etwa vier Fünftel des Kopfes und zwei Mal das halbe Leben zu ver-lieren. Durch die Kunst des Redmannes, also des Vertei-digers, die eigene Redegewandtheit oder Lösegeldzah-lung kann der Delinquent seinen Kopf aus der Schlinge ziehen. Öffentliche Leibeszüchtigungen erfolgen drau-ßen auf der Pritschenbank.

Wie es sich gehört, nahm auch ich am Hochamt teil. Nach der Machtübernahme des venezianischen Reiches war ich vogelfrei und flüchtete ins Pfarrhaus. Dort war

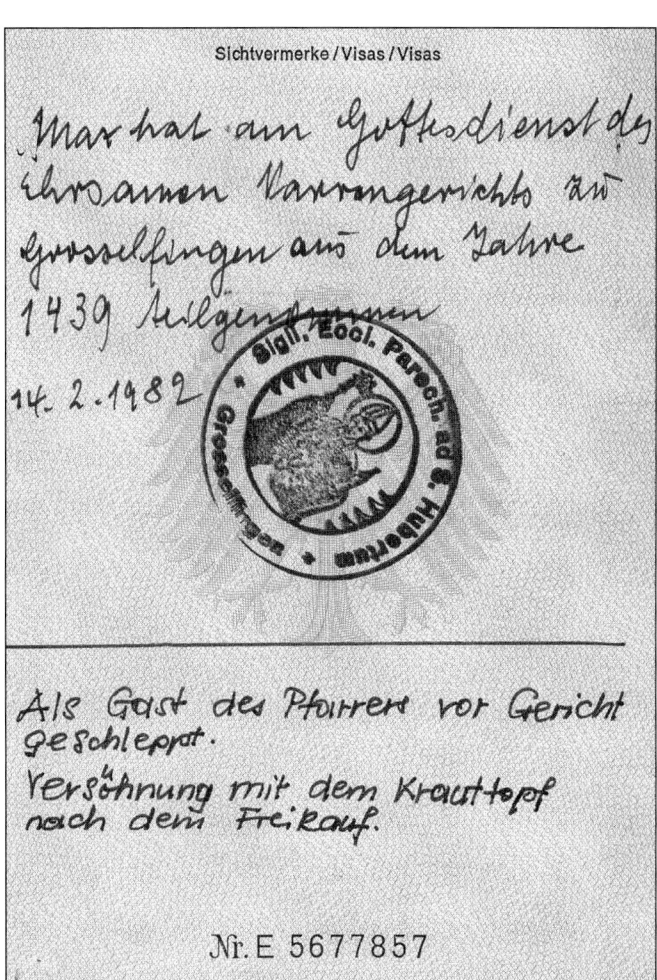

Mar hat am Gottesdienst des ehrsamen Narrengerichts zu Grosselfingen aus dem Jahre 1439 teilgenommen

14. 2. 1982

Als Gast des Pfarrers vor Gericht geschleppt. Versöhnung mit dem Krauttopf nach dem Freikauf.

Nr. E 5677857

Nach dem Gottesdienst des Narrengerichts zu Grosselfingen

ein richtiges »Nest« von Geistlichen Herren, die mich freundlich bis skeptisch aufnahmen.

Inzwischen hatte ich erfahren, dass ich vor Gericht musste. Der Asyl gebende Hausherr war so gnädig, mir vorher noch reichlich Essen aus dem »Krauthafen« als Henkersmahlzeit vor dem zu erwartenden harten Urteil zu gönnen. Dann holten mich die Wegräumer ab.

Die Gerichtsverhandlung fand in einem düsteren, nur von flackernden Kerzen etwas erhellten Raum statt und war sehr beeindruckend. Trotz brillanter Verteidigung wurde ich verurteilt zu »zwei Mal das halbe Leben«. Das war ein Schock – schließlich kann ich rechnen. Doch plötzlich trat eine Wende ein: Ich erhielt Aufschub. Der Pfarrer war erschienen und verhandelte leise mit den Richtern. Dann wurde meine Freilassung verkündet. Der Pfarrer hatte mich für dreihundert Mark freigekauft. Ich fiel vor ihm auf die Knie, um ihm zu danken. Er zog mich hoch und flüsterte: »Ich hätte diese Summe sowieso gespendet.«

Der Vogt ließ mir noch einen »Reise-Pass« mit Siegel ausstellen und ich durfte von dannen ziehen.

Es war an einem kalten Wintertag in Reutlingen. Zum »Schnorren« war es mir zu frostig. In einem Übernachtungsheim in der Glaserstraße 5 und im Erfrierungsschutz Obere Wässere wärmte ich mich auf. Der katholische Pfarrer Alfred Jäger machte mir in der Küche eine Suppe heiß. Wegen einer Trauung musste ich ihn allerdings bald wieder verlassen.

Beim Rückmarsch ins Zentrum fiel mir ein, dass an diesem Nachmittag in der Listhalle ein Fastnachtsball für die Senioren stattfand. Zu dieser Veranstaltung wurde auf Plakaten, die vielerorts verteilt waren, eingeladen. Urplötzlich kam mir der Gedanke: Da gehst du hin, da kannst du dich aufwärmen. Ganz schön alt sehe ich aus, und einen Armen werden sie sicher tolerieren.

Und schon bog ich ab zur Halle, dem Strom der Besucher folgend.

Ich fiel nicht sonderlich auf, denn die Leute trugen alle dicke Wintermäntel. Als ich im Foyer an der Garderobe vorbeiging, änderte sich die Situation schlagartig. Die andern Besucherinnen und Besucher waren kostbar und farbenprächtig kostümiert; selbst die Gesichtsfalten der Damen waren mit Schminke verspachtelt. Beim hintersten Eingang wagte ich mich vorsichtig in den Saal. War das ein Glanz, eine Augenweide: alle Tische voll mit farbenfrohen, gutgelaunten Narren und Närrinnen, die herrliche Beleuchtung, leichte Musik und in der Mitte die tanzenden Paare. Eine mollige Wärme durchströmte mich.

Doch dann wurde ich schlagartig aus meinem »Himmel« heruntergezogen. Die Senioren hatten mich entdeckt, drehten sich nach mir um und blickten mich strafend, fast vernichtend an. Ich spürte es bis in die Haarspitzen: Ich gehörte nicht hierher. Die verkrafteten nicht einmal einen Armen.

Mein Aussehen raubte den fast dreihundert Menschen ihre Fröhlichkeit. Sollte ich gehen? Nein, den Gefallen tat ich ihnen nicht. Ich zog mich aber rücksichtsvoll hinter die zum Teil geöffnete Faltwand zurück. Hier waren die Tische noch frei. Alleine saß ich da und betrachtete das bunte Treiben. Immer wieder ertappte ich die »Fröhlichen«, wie sie nach mir schauten. Meinem Blick aber wichen sie aus. Am Nebentisch hatten einige jüngere Familienangehörige Platz genommen. Immer, wenn vorbeitanzende Paare die Faltwand zugezogen hatten, um mich nicht sehen zu müssen, öffneten meine Nachbarn sie wieder.

Die Bedienung übersah mich. Ich musste sie auffällig rufen, bis sie endlich kam. Der Kaffee war mir zu teuer, da zog sie verständnislos ab. Das Spielchen zog sich über eine Stunde hin. Ich war drauf und dran, die »Fröhlichen« von meinem Anblick zu erlösen, da kam eine andere Bedienung überraschend mit einer Portion Kaffee und einem leckeren Stück Torte an meinen Tisch. »Schauen Sie, das tanzende Paar dort drüben hat es Ihnen bezahlt.«

Ich warf einen dankbaren Blick hinüber zu den beiden. Ich war gerührt und hätte weinen können. Nach dem Genuss von Kaffee und Torte packte ich mein Bündel und zog weiter, ohne die vielen »ehrenwerten Herrschaften« eines Blickes zu würdigen. An diesem Wintertag spürte ich draußen keine Kälte mehr. Es war mir warm ums Herz.

* * *

Seit Jahren hatte mich die Offenburger Hexenzunft zu ihren Veranstaltungen eingeladen. Doch war mir der Weg über den Schwarzwald im Winter zu beschwerlich gewesen. Endlich, im Jahr 1988, konnte ich der Einladung folgen. In jenem Jahr war zudem noch das »Große Treffen der Schwäbisch-Alemannischen Narrenvereinigung«.

Morgens um vier Uhr lief ich in der Offenburger Freinacht ein. Dort war vielleicht etwas los! In allen Gasthäusern, Zelten und Garagen-Wirtschaften schwelgten die Masken in glückseligem Wein-, Freuden- und Fasnets-Taumel. Es gab keine Probleme für Max. Unter dem »Häs« waren hier alle gleich und fühlten sich frei. Hätte ich gezecht wie sie, wäre mir der Wein nach kurzer Zeit zu den Ohren herausgelaufen.

In solchen Situationen war es gut, dass »Max« und ich die feste Abmachung hatten, nach Möglichkeit keinen Alkohol zu trinken. Ich hatte eine spezielle Buddel für solche Gelegenheiten.

So genoss ich diese Stimmung in vollen Zügen und erlebte eine schöne autofreie Innenstadt, bis es Zeit zum Empfang war.

Der Eingangsbereich der Schwarzwaldhalle war von Rundfunk- und Fernsehleuten umlagert. Als ich – im Bewusstsein, willkommener Ehrengast zu sein – hineinschritt, zog ich sofort alle Blicke auf mich. Doch die kostümierten »Amtspersonen« im Foyer machten kurzen Prozess. Sie packten mich am Kragen und warfen mich hinaus. Die Medienvertreter waren empört und ergriffen Partei für mich: »Einen einzigen armen Teufel werdet ihr auch noch verkraften und verhalten können!«

Als man in der Halle auf den Tumult draußen aufmerksam wurde, stürzte der Zunftmeister der Hexen heran. Er war entsetzt, als er mich erkannte, und rief: »Ihr habt einem meiner wichtigsten Ehrengäste den Eintritt verwehrt!«

Er entschuldigte sich tausendmal. Die Leute ringsumher waren sehr erstaunt; die meisten wussten mit seiner Erklärung: »Das ist Max, der Landstreicher«, nichts anzufangen. Auch dem Offenburger Oberbürgermeister Martin Grüber war dieser Vorfall peinlich.

Das riesige kalte Büfett im Hintergrund ließ mich jegliche Unbill vergessen, und so wandte ich mich dem Stehempfang zu. Während der Ansprachen betrachtete ich die Anwesenden; ich sah viel Prominenz, viele mir bekannte und auch viele unbekannte Gesichter. Ein Großteil der Leute erkannte mich und nickte mir freundlich zu.

Eine Person erregte mein besonderes Interesse. Ich fragte Nebenstehende und erfuhr, dass es der Bonner Botschafter und spätere stellvertretende Außenminister der Sowjetunion, Julij Kwidzinski war. Langsam arbeitete ich mich zu ihm vor, schob einen Leibwächter zur Seite und klopfte ihm freundschaftlich auf die Schulter. Er wandte sich zu mir um. Ich stellte mich als Max vor und fragte, ob ich ihm einen Schnaps reichen dürfe. Er wehrte dankend ab und antwortete in gutem Deutsch: »Ich trinke keinen Schnaps.«

»Aber einen Wodka?«

»Nein, auch keinen Wodka.«

Es folgte ein kurzes Gespräch. Dann bat ich ihn, mir ins Buch zu schreiben, » … aber auf Russisch!«

Julij Kwidzinski, Botschafter der Sowjetunion, beim Eintrag ins Wanderbuch

Dann wurde das Büfett freigegeben. Die Menge strömte darauf zu. Ich wusste, dass ich mir Zeit lassen konnte. Ich wollte den hungrigen Reichen, so paradox es auch klingt, nicht im Weg stehen. Zum anderen wusste ich, dass es für alle reichen würde.

Da ich nicht mehr essen kann als für zwei Tage, ließ ich mir später gerne von einem der Gäste beim Einpacken kleiner Frikadellen und Hähnchenschenkel helfen.

Bevor der große Umzug startete, ging ich auf dem freien Umzugsweg, gesäumt von Zuschauermassen. Als ich an der noch nicht voll besetzten Tribüne vorbei wollte, rief mich der damalige Ministerpräsident Lothar Späth hinauf. Er war nach dem Empfang eingeflogen worden.

Als ich oben ankam, stellte er mich dem russischen Botschafter vor, doch Herr Kwidzinski sagte: »Diesen Herren kenne ich schon.«

Ein paar Meter weiter saß der Kanzleramtsminister Wolfgang Schäuble. Ich setzte mich zu ihm, und wir unterhielten uns gut. Dann schrieb er in mein Buch:

Beim Narrentreffen in Offenburg war auch Max – allerdings in Zivil. Dennoch fiel er nicht auf.
24/1/88 Wolfgang Schäuble

Der damalige stellvertretende Präsident der Vereinigung, Horst Bäckert aus Lindau, gab mir eine

Einreisegenehmigung nach Bayern auf Lebenszeit.
24.1.1988 Horst Bäckert in Vertretung von Franz Josef Strauß

* * *

Ein Präsidiumsmitglied der Salzburger Faschingsgilde erlebte mich verschiedentlich in der schwäbisch-alemannischen Fasnet als Landstreicher Max. Dieser Sigi Berger und seine Frau Waltraud hatten die Idee, mich zum Salzburger Krönungsball einladen zu lassen.

Jedes Präsidiumsmitglied darf einen Ehrengast einladen. Und um die österreichische Hautevolee zu schockieren, wollten sie mich als Gast präsentieren. Dem Vorschlag musste aber das Präsidium zuerst zustimmen – und es stimmte tatsächlich zu.

Der Krönungsball dürfte gleich nach dem Wiener Hofball rangieren. Er ist eine Mischung aus sehr noblem Schwarz-Weiß-Ball und Auftritten berühmter Faschingsgarden und -gestalten aus aller Welt. Da der Ball schon

Beim Neueintritt
in Oesterreich war
auf das —
allerdings in Tirol
demnal für e
wieder auf.

24/1/H Wolfgang Schäuble

Nr. E 3639554
Kanzleramts-Minister W. Schäuble

Kanzleramtsminister Wolfgang Schäuble

EINREISEGENEHMIGUNG NACH
BAYERN
ERNEUERT
AUF LEBENSZEIT

24. 1. 1988

IN
VERTRETUNG
VON
FRANZ JOSEF STRAUSS

Nr. E 3639554

Horst Bäckert gibt in Vertretung von Franz Josef Strauß die Einreisegenehmigung nach Bayern.

unter dem Vorbehalt
guter Führung wird
hiermit dem Narren
Max eine Aufenthalts-
genehmigung für Offenburg
bis 24. 1. 1988. 11 11
erteilt.

i. V. Grüber

Nr. E 3639554

OB - Offenburg

Aufenthaltsgenehmigung vom Offenburger Oberbürgermeister Martin Grüber um den Dreikönigstag stattfindet, haben die meisten Eingeladenen Zeit, dort zu erscheinen, ohne ihre eigenen Fastnachtspflichten zu vernachlässigen.

1987 war die Konstellation günstig: Dreikönig war an einem Dienstag; der Krönungsball am Samstag, dem 3. Januar, und der berühmte Frühschoppen am Sonntag, dem 4. Januar.

Frühmorgens wurde ich mit dem Wagen vom Zug abgeholt. Ich war in vornehmes Schwarz gekleidet, nur mein bärtiges Gesicht erinnerte noch an Max. Den »restlichen Max« hatte ich im Koffer. Ich wurde im noblen Hotel-Restaurant »Zum Hirschen« im Zentrum abgesetzt. An der Rezeption erfuhr ich, dass ich angemeldet war. Ich fragte nach, ob ich als »Sandler« (der österreichische Ausdruck für »Berber«) nach Mitternacht noch ins Haus könne. Ja, hieß es, der Nachtportier sei informiert.

In den Ledersesseln im Foyer saßen hauptsächlich US-Amerikaner und Engländer. Sie beachteten mich kaum, als ich im Aufzug verschwand. In meinem Zimmer verwandelte ich mich in Max. Es war gegen 11 Uhr. So hatte ich noch genügend Zeit, die Gast- und Kaffeehäuser zu testen. Also fuhr ich wieder hinunter und ging durch das Foyer in Richtung Ausgang. Die anderen Hotelgäste verfolgten mich sprachlos mit erstaunten oder entsetzten Blicken: »So etwas in unserem Hotel!«

Ich lud mich ins bekannte Hotel Ritter ein und hatte keinerlei Schwierigkeiten. Der Oberkellner bestätigte mir: Max hat Kaffee, Krapfen und Bratwurst bezahlt.

In den Kaffeehäusern saßen die meisten Leute allein an den kleinen runden Tischen und lasen Zeitung. Doch sie sprachen mich normal an und hatten keine Berührungsängste. Ein Tischnachbar zahlte sogar meinen Kaffee.

Um 15 Uhr war der große Stadtempfang im Schloss Mirabell. Hier wurden die Vertreter aller Faschingsgilden und Karnevalsvereine vorgestellt und begrüßt. In Abwesenheit von Bürgermeister Josef Reschen empfing sein Stellvertreter Gerhardt Bacher die Gäste. Von mir war gefordert worden, dass ich ohne Hilfe am Empfang teilnahm und mir eine Aufenthaltsgenehmigung verschaffte. Auch sollte ich abends beim Ball mit Bürgermeister Reschen in seiner Ehrenloge sprechen.

Diese Aufgaben waren nicht gerade leicht, aber meine Erfahrung kam mir wieder einmal zugute. Ich schaffte es, an allen livrierten Wächtern vorbei in den herrlichen Saal zu kommen. Bescheiden, aus dem Hintergrund, freute ich mich an dem bunten Spiel. Zwischendurch schlich ich zu Herrn Bacher und flüsterte ihm zu, dass ich noch eine Aufenthaltsgenehmigung brauchte.

»Am Schluss«, meinte er.

Ich konnte mich mit einigen Gästen bekannt machen. Selbst aus Sidney waren Masken da. Zum Schluss stellte mich der stellvertretende Bürgermeister Bacher allen Anwesenden vor:

»Ein Sandler aus Deutschland, Gast der Großen Gesellschaft.«

Dann verschwand er mit mir im Amtsraum nebenan. Für einen längeren Aufenthalt in Salzburg müsse er den Magistrat einberufen, was am Samstag unmöglich wäre.

Wenn ich aber mit einer Aufenthaltsgenehmigung für 24 Stunden vorlieb nähme – dazu sei er befugt. Und so schrieb er:

Aufenthalt für »Max« für 24 Stunden erteilt.
Bacher

Mit Dienstsiegel des Ersten Bürgermeisters und Prägesiegel der Stadt Salzburg – die erste Bedingung war erfüllt.

Langsam machte ich mich auf den Weg in Richtung Kongresshaus. Um 19 Uhr begann das große Ereignis. Ich war etwas früher da und mischte mich unter den Besucherstrom. Es waren meist Reiche und »die von ganz oben«. Sie mieden jede Berührung mit mir. Unsere Düfte waren auch zu konträr. Um mir »kriminelle Vorgehensweisen« beim Hineinkommen zu ersparen, hatten mir die Gastgeber eine Akteurkarte zugesteckt.

Diese Karte verschaffte mir Eintritt ins Salzburger Kongresshaus.

Im Foyer, in den großen Gängen und auf den Freitreppen herrschte reger Verkehr. Festbesucher, Ballpaare und Fastnachtsnarren aus aller Welt boten eine bunte Mischung. Ich war wieder einmal der einzige »Arme«, sonst sah man nur Glanz und Glitter. Anfangs setzte ich mich an meinen Tisch und ließ das Fest auf mich wirken: Begrüßung, Krönung des neuen Salzburger Prinzenpaares, Lothar I. und Elisabeth I., und jeweils zwei Runden Tanz wechselten ab mit der Darbietung einer Faschingsgilde oder einer Kapelle. Von der Erkerloge im Obergeschoss aus konnte der Erste Bürgermeister der Stadt, Josef Reschen, das Geschehen gut übersehen. Dann stieg ich in die »Katakomben«. Während es oben ganz vornehm zuging, wogte hier unten ein farbenfrohes Durcheinander von Hunderten von Narren, Tanzgarden, Schalmeien-Musikern und Faschingsgruppen, mit denen ich im Verlauf der Veranstaltung in munteren Kontakt kam.

Vor dem Vergnügen kam jedoch die Arbeit. Ich schlenderte hinauf bis vor die Tür zur Loge und wartete eine günstige Gelegenheit ab, klopfte, machte die Tür auf und stand schon drin. Den Moment der Überraschung nutzte ich aus, stellte mich als »Max, der Landstreicher« vor, begrüßte den Bürgermeister Josef Reschen und dessen Frau und überbrachte Grüße vom Ministerpräsidenten Lothar Späth. Zur Bestätigung zeigte ich ihm eine Empfehlung Lothar Späths aus dem Wanderbuch und meine Salzburger Aufenthaltsgenehmigung. Nach einem kurzen Gespräch bat ich ihn, mir eine Antwort an meinen Ministerpräsidenten ins Wanderbuch zu schreiben.

Erst informierte er mich aber: »Weißt, bei uns bist du ein Sandler.«

Er bot mir noch einen »Schluck« an, bevor ich mich verabschiedete. Als ich ging, war ich mir nicht sicher, ob die Personen in der Loge geschockt waren oder sich innerlich freuten. – Zweiter Auftrag erledigt.

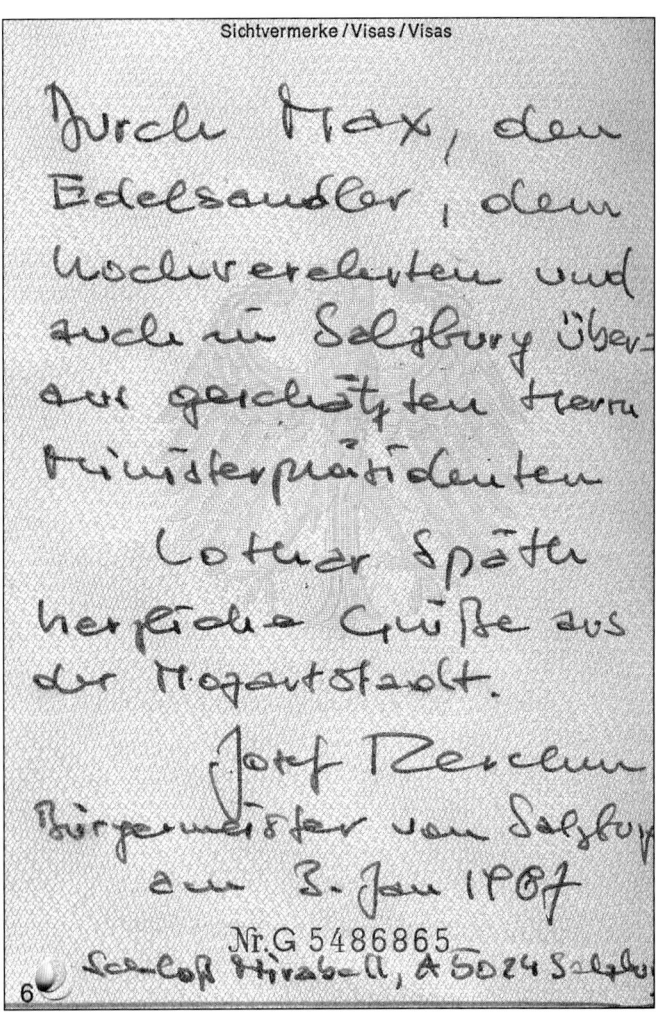

Durch Max, den Edelsandler, dem hochverehrten und auch in Salzburg überaus geschätzten Herrn Ministerpräsidenten Lothar Späth herzliche Grüße aus der Mozartstadt.

Josef Reschen
Bürgermeister von Salzburg
am 3. Jan 1987

Nr. G 5486865
Schloß Mirabell, A 5024 Salzbu

Grüße des damaligen Salzburger Ersten Bürgermeisters Josef Reschen an Ministerpräsident Lothar Späth

Befreit stieg ich in wieder in die »Katakomben« hinab und wurde als Sandler gefeiert, verbrüdert und eingeladen. Einer berühmten Kapelle versprach ich, am nächsten Vormittag zum Frühschoppen in den Augustinerbräu zu kommen, dann durfte ich sie dirigieren.

Aus der Begegnung mit dem Salzburger Bürgermeister Josef Reschen und der Antwort an Ministerpräsident Lothar Späth, die ich als »landstreichender Botschafter des Landes BW« nach Stuttgart ins Staatsministerium brachte, ergab sich ein freundschaftlicher Briefwechsel zwischen dem »schwarzen« Späth und dem »roten« Reschen. Bedeutsam, denn in dieser Zeit war das Verhältnis zwischen Österreich und Deutschland sehr frostig wegen des Einreiseverbots, das der bayrische Ministerpräsident Franz-Josef Strauß für österreichische Atomkraftgegner wegen der Demonstrationen in Wackersdorf verhängt hatte.

Der Krönungsball ist tatsächlich eine Veranstaltung überwiegend für die oberen Schichten. Damit aber der fastnächtliche Grundgedanke des Festes nicht zu kurz kommt, treffen sich am nächsten Morgen alle angereisten und heimischen Faschingsgilden in den Sälen des Augustinerbräu zum traditionellen Frühschoppen. Das war ein zweiter Höhepunkt. Ich nahm am Tisch meiner Gastgeber Platz, war jedoch meist unterwegs zu meinen neuen Freunden. Tatsächlich durfte ich dann, auf dem Tisch stehend, unter dem Beifall von etwa zweitausend Menschen »meine« Kapelle dirigieren. Als ich an den Tisch zurückkam, meine Gastgeber tanzten gerade, überraschte ich einen Salzburger Sandler, wie er die Gläser auf den Tischen austrank und einen über einem Stuhl hängenden Pullover mitgehen lassen wollte. Ich packte ihn am Kragen und jagte ihn davon. Wie haben sich die Zeiten verändert! Gläser austrinken? – Ja. Aber stehlen? – Nein!

Am Nachmittag war für mich Schluss. Es gab einen großen Abschied, dann marschierte ich ins Hotel, um mich umzuziehen. Und schon stand das Auto für die Heimfahrt bereit. Ein herzlicher Dank an Salzburg und meine Freunde Sigi und Waltraud von der Ersten Großen Faschingsgesellschaft.

* * *

Als »landstreichender Botschafter der Landes« war ich alljährlich zum närrischen Staatsempfang in die Villa Reitzenstein eingeladen. Am Tag darauf findet in Stockach jedes Jahr das Narrengericht statt. Die vor das »Hohe Grobgünstige Narrengericht zu Stocken« Zitierten sind meist Politiker, Minister oder Ministerpräsidenten.

Da der Ministerpräsident wegen anderer Termine nicht nach Stockach reisen konnte, um den jeweiligen Delinquenten und Gast im Lande Baden-Württemberg zu begrüßen, hatte ich den Auftrag, der armen Person inkognito beizustehen, bis das Gerichtsverfahren glimpflich ausging. Meinen Auftrag erhielt ich schriftlich in mein Wanderbuch und der Verurteilte hatte die Antwort ebenfalls dort einzutragen. Den Delinquenten ging schon vorher vom Staatsministerium schriftlich eine Information über meinen Auftrag zu, so dass sie etwas gelassener vor das Gericht treten konnten.

1986 war der damalige Bundesfinanzminister, Dr. Gerhard Stoltenberg, angeklagt. Der Auftrag in meinem Wanderbuch lautete:

Max Unterweger ist berechtigt, Finanzminister Dr. Gerhard Stoltenberg nach Verurteilung durch das Stockacher Narrengericht bei Wohlverhalten – Asyl – ohne Arbeitserlaubnis – in Baden-Württemberg anzubieten. 5. Februar 1986. Lothar Späth – Dienstsiegel

Darauf antwortete Stoltenberg:

Dem Herrn Ministerpräsidenten besten Dank für das großzügige Angebot, welches vorsorglich angenommen wird! Stockach, 6. 2. 86 Gerhard Stoltenberg
Gegengezeichnet vom Staatssekretär Hansjörg Häfele

Ich hatte Gelegenheit, ausgiebig mit dem Minister zu sprechen. Sehr realistisch machte ich ihm klar, wie schwer es war, irgendwo mit den erbettelten »Roten« zu bezahlen:

»Stell' dir vor, du sitscht im Kaffeehaus in Kiel und müsstescht mit lauter Pfennig zahla ...«

Ich bearbeitete ihn so lange, bis er mir erlaubte, auch Fünf- und Zehnpfennigstücke steuerfrei zu erbetteln. Ich hatte einige Mühe, ihn zu überzeugen. Wann geht ein Finanzminister schon mit Kleingeld um? Der Bundestags-

Nächste Seite: Asylangebot von Ministerpräsident Lothar Späth für Finanzminister Dr. Gerhard Stoltenberg (ohne Arbeitserlaubnis) nach Verurteilung durch das Stockacher Narrengericht >>>

Max Mustermann
ist berechtigt

Finanzminister
Dr. Gerhard Stoltenberg
nach beurteilung
durch das Stockacher
Narrengericht
bei Wohlverhalten

№ G 7777045

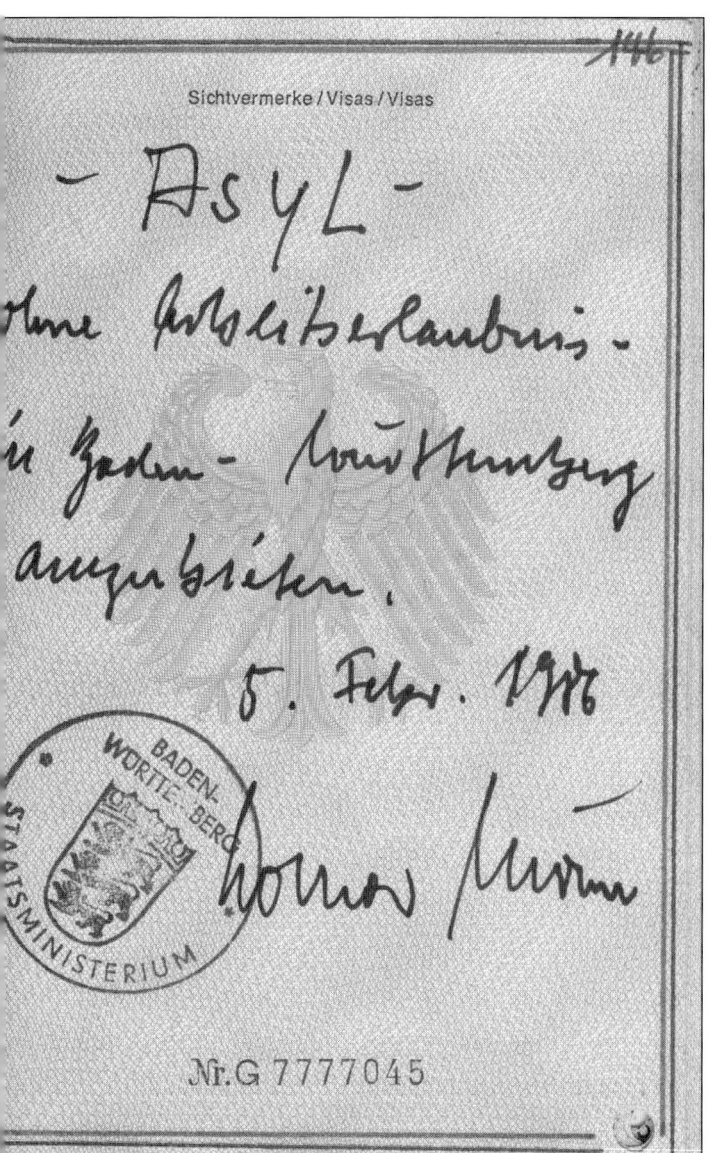

— A s y L —

ohne Arbeitserlaubnis.

in Baden - Württemberg

anzubieten.

5. Febr. 1986

Nr. G 7777045

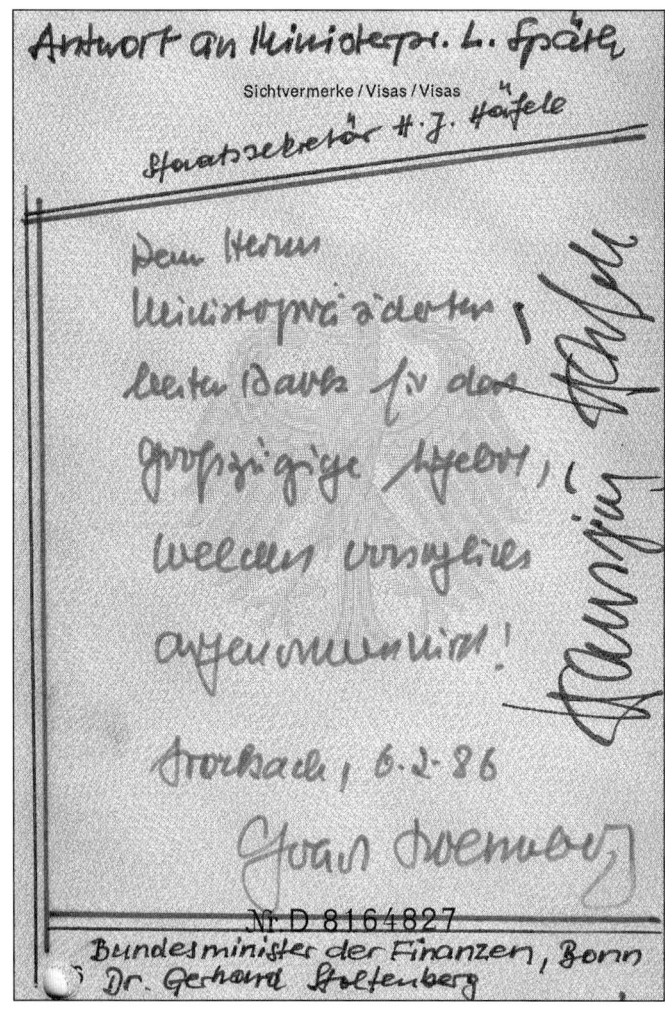

Finanzminister Dr. Gerhard Stoltenberg dankt Lothar Späth für sein Asylangebot.
Gegengezeichnet vom Staatssekretär Hansjörg Häfele

Hiermit bestätige ich ehren wörtlich, dass der Finanzminister Dr. Stoltenberg amtlich bestätigt hat, dass man ab sofort auch 5- und 10- Pfennig-stücke steuerfrei einnehmen darf.

Hans Peter Repnik bestätigt die Verfügung des Finanzministers Dr. Stoltenberg, dass ich ab sofort auch 5- und 10-Pfennigstücke steuerfrei einnehmen darf.

abgeordnete Hans Peter Repnik saß daneben und proto-kollierte in mein Buch:

Hiermit bestätige ich ehrenwörtlich, dass Herr Fi-nanzminister Dr. Stoltenberg amtlich verfügt hat, dass Max ab sofort auch 5- und 10-Pfennigstücke steuerfrei einnehmen darf. Stockach im Hornung 635 nach Hans Kuony. Hans Peter Repnik

Heute gibt es diese Währung nicht mehr, und der Be-trag erscheint lächerlich gering zu sein. Trotzdem konnte ich mit diesem Eintrag über mehrere Jahre hin-weg spendierfreudige Mitmenschen dazu motivieren, mir mehr zu geben.

Das Geschehen um das Gericht über Stoltenberg wurde vom Fernsehen SAT 1 – »APF Kabel-TV-Hamburg« auf-genommen: *Der Kühle aus dem Norden in der Schwä-bisch-Alemannischen Fastnacht.* Das Aufnahme-Team schrieb: *Was ein echter Landstreicher ist – der muss auch ins Fernsehen und sei's durch's Kabel gelassen. N.N. Lei-tung und Team*

* * *

Auch der frühere Stuttgarter Oberbürgermeister Manfred Rommel wurde vor das Stockacher Nar-rengericht zitiert. Ich war im Staatsministerium, im Vor-zimmer des Ministerpräsidenten. Lothar Späth diktierte seiner Chefsekretärin Elfi gerade meinen Schutzauftrag in Form einer goldumrahmten Urkunde, die später per Boten ins Rathaus gebracht werden sollte. Da kam der

Berliner Regierende Bürgermeister Eberhard Diepgen mit einigen Senatoren zur Türe hinein. Sie waren zu einem halboffiziellen Gedankenaustausch verabredet. Der Ministerpräsident begrüßte sie kurz und sagte: »Lasst Euch von Max unterhalten, ich muss nur noch dieses wichtige Papier fertig diktieren.«

Ich stellte mich als Max vor und hatte eine interessante Unterhaltung. Eberhard Diepgen lud mich nach Berlin ein, herzlicher, als es im Wanderbuch vermerkt wurde. Als Lothar Späth fertig war, verabschiedete ich mich. Die Konferenz begann.

Nach der Sitzung des Narrengerichts schrieb mir Manfred Rommel als Antwort ins Wanderbuch:

Lieber Herr Ministerpräsident Lothar Späth! Danke für Deinen Schutz durch Max. Brauchte seine Dienste nicht. Konnte mich selbst herausreden, bei meinem Mundwerk. Trotzdem übernehme ich die Kosten seines großen Durstes.

Rommel, Oberbürgermeister, 26.2.1987

✳ ✳ ✳

In den nahezu vier Jahrzehnten meiner Wanderschaft begegnete ich in der Fastnachtszeit Tausenden von Narren und Jecken in Hunderten von Narrenzünften und Karnevalsvereinen, von Köln bis Wien, von Bordeaux bis Berlin, von Spanien bis Sardinien. Und ich habe festgestellt, dass die überwiegende Mehrheit dieser »Narren« eine fröhliche Grundstimmung hat, dem Humor zugänglich und menschlich ist. Ein Kostümierter oder

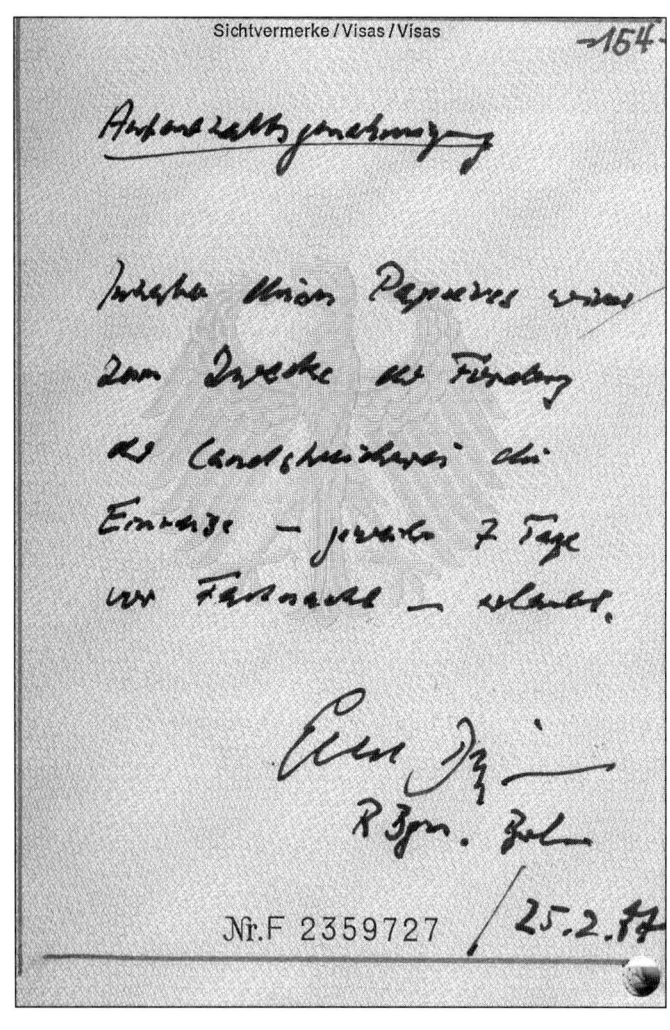

Der Berliner Regierende Bürgermeister Eberhard Diepgen lud mich nach Berlin ein, herzlicher als die Aufenthaltsgenehmigung im Wanderbuch ausdrückt.

Maskierter ist auf andere angewiesen, braucht Mitwirkende und Zuschauer. Er lebt in und mit der Gemeinschaft. Doch kann das nicht jeder. Zum »Narren« ist man geboren oder – vielleicht noch mehr – gesellschaftlich geprägt.

Es gibt allerdings auch Menschen, die nur durch das Verkleiden und stimulierende Getränke munter und zugänglich werden. Nicht gemeint sind aber die »Fastnachter«, die diese Zeit und ihre Veranstaltungen missbrauchen und mancherorts das fastnächtliche Geschehen in Verruf bringen.

❈ ❈ ❈

Das historische Städtchen Munderkingen an der Donau hat eine alte Fasnetstradition und ein herrliches Brauchtum. Munderkingen gehört zur Fasnetslandschaft »Donau« der Vereinigung Schwäbisch-Alemannischer Narrenzünfte. Man spürt dieses echte Fastnachtsflair, sobald man einen solchen Ort betritt. Die ganze Bevölkerung, ob jung oder alt, ist »narret«. In Munderkingen ist der »Glombige Doschtig« eine Woche früher als im Rest der Welt der »Schmotzige« oder »Aoselige« Donnerstag. Die Stadt ist voll von Akteuren, einheimischen und Gästen aus nah und fern. Nach der grandiosen Fasnetseröffnung sind die Gasthäuser gefüllt mit fröhlichen Menschen. Die ganze Nacht hindurch ziehen kostümierte Gruppen von einem Lokal zum andern und treiben ihren

Nächste Seite: Ministerpräsident Lothar Späth sorgt für Beistand für den Stuttgarter Oberbürgermeister Manfred Rommel. >>>

BADEN-WÜRTTEMBERG

URKUNDE

In Anbetracht der Furcht, die die Landesregierung überfallen hat, weil der Oberbürgermeister der Landeshauptstadt möglicherweise mit den vornehmen Sitten eines
Stuttgarter Landgerichts, nicht aber mit der grobschlächti-
gen Art der Verhandlungsführung des Grobgünstigen
Stockacher Narrengerichts vertraut ist, geben wir ihm als
listig kenntnisreichen Galgenvogel den Landstreicher Max,
der nicht nur Fachkenntnisse in allen Gefängnissen des
Südweststaates hat, sondern auch alle Richter und Gauner
dieses Landes kennt, zur mannhaften Verteidigung bei.
Die Kosten seines Rechts- und Saufbeistandes trägt die
Staatskasse.

25.2.97.

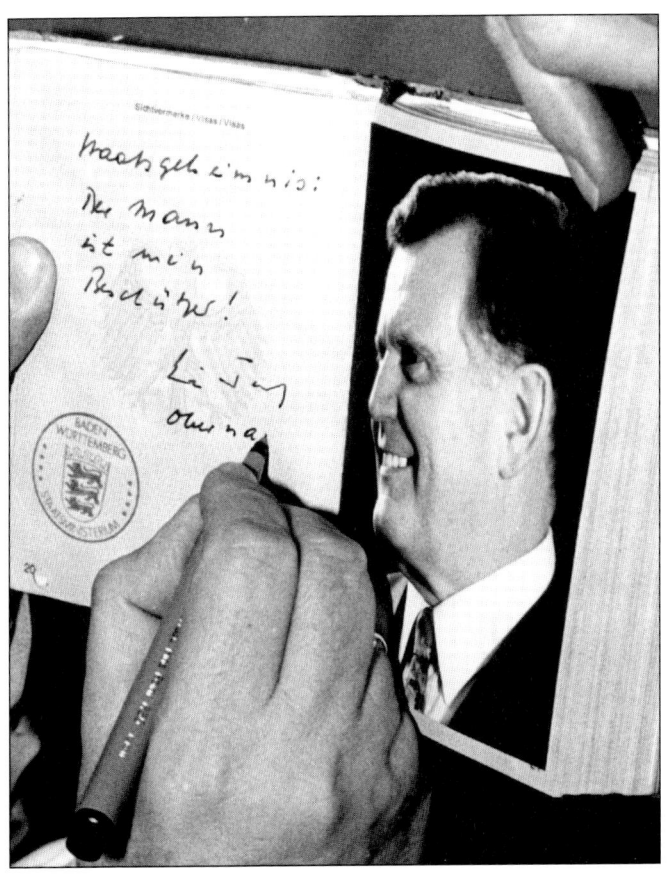

Der Ministerpräsident Erwin Teufel beim Eintrag ins Wanderbuch: Staatsgeheimnis: Der Mann ist mein Beschützer!

Spaß mit den Gästen und beschenken sie mit einem passenden, selbst gebastelten Souvenir.

Vor über zwanzig Jahren kam ich zum ersten Mal dorthin. Beim Seiler Josef Enderle wollte ich einen neuen Strick erbetteln, um meine Hose zusammenzuhalten. Seine Verwandten hatten in Riedlingen eine Seilerei, die ich noch aus meiner Kindheit kannte. Aus diesem Besuch erwuchs eine Freundschaft und alljährlich bin ich am »Glombigen« bei Enderles zum Vesper. Inzwischen erlebe ich schon die dritte Generation und der »Kunde Max« gehört fast schon zur Verwandtschaft.

Bei meinem ersten Besuch wuselte es im Haus von »Weibern« – darunter auch die Hausfrau –, die als Babys im Tragekissen verkleidet waren. Sie machten sich bereit zum Auftritt in den Lokalen. Als sie mich sahen, riefen alle wie aus einem Munde: »Do ischt onser Papa«. Und sie schleiften ihren »Vater« die ganze Nacht von Lokal zu Lokal. Dieser »Munderkinger Fasnets-Virus«, der mich damals befiel, trieb mich Jahr für Jahr wieder dorthin, und die Menschen erwarteten mich und meinen Auftritt mit Maus, schwarzer Wurst und den Storys aus meinen Landstreichererlebnissen.

Bürgermeister Bruno Schmid schrieb in mein Wanderbuch:

Der fröhliche Max hat heute gewaltig geholfen, die Munderkinger Fasnet »ausz'graba« und »rei z'zünda«. Dafür erhält er auch unbeschränkten Aufenthalt in Wuselingen, die ganze Nacht.

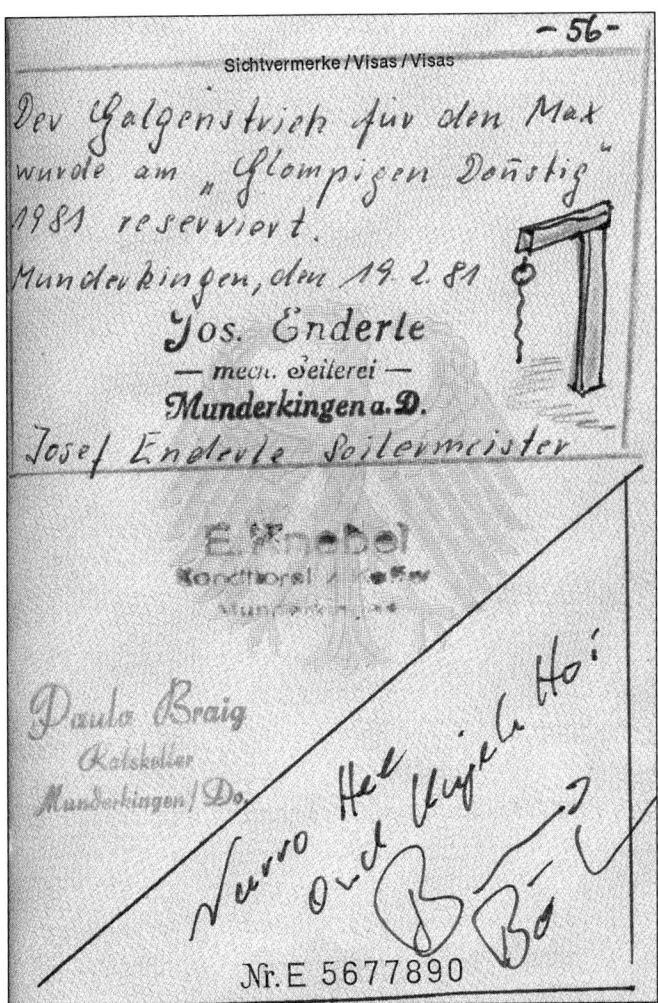

Sichtvermerke / Visas / Visas

Der Galgenstrick für den Max
wurde am „Glompigen Donstig"
1981 reserviert.
Munderkingen, den 19.2.81

Jos. Enderle
— mech. Seilerei —
Munderkingen a. D.

Josef Enderle Seilermeister

E. Knebel
Konditorei / Café
Munderkingen

Paula Braig
Ratskeller
Munderkingen / Do.

Nr. E 5677890

Der Munderkinger Seilermeister Josef Enderle reservierte mir meinen Galgenstrick. Darunter die Chefin vom Ratskeller, Paula Braig.

Und mein Seilermeister dichtete sogar:

Wenn Munderkingen singt und lacht,
ist der Max bestimmt erwacht.
Willkommen wollen wir ihn heißen,
nicht dass die Hunde ihn noch beißen.
Ein Mann aus dieser Zunft hat's schwer,
wenn er kommt so arm daher.
Der Max – so brav – solid – besonnen,
oh Gott, lass ihn noch lange kommen.

Das urigste Lokal in Munderkingen ist der »Ratskeller«. Es befindet sich im ersten Stock und wird von Wirtsschwestern betrieben, von denen Paula Braig die Chefin ist. Hier kehren nur alte Einheimische ein, die unterhalten sein wollen und alljährlich auch auf mich warten. Die Auftritte der verschiedensten Gruppen dort sind vergleichbar mit dem »Aufsagen« in der Rottweiler Fasnet – oder sogar noch toller, weil alle sich kennen.

Ich hatte mir ein Vesper gekauft. Danach putzte ich den Teller mit einem Lumpen sauber und bekam 10 Pfennig Nachlass.

Am Schluss meiner Runde durch etwa zehn Wirtschaften landete ich in der »Rose«. Hier traf ich immer alte Bekannte: Unternehmer, Banker, Politiker sowie Waltraud und Sigi Berger. Nachdem mich die Herrschaften ganz schön getränkt und abgefüttert hatten, wurde ich leichtsinnig und machte der CDU – es waren keine anderen Parteivertreter anwesend – eine Spende:

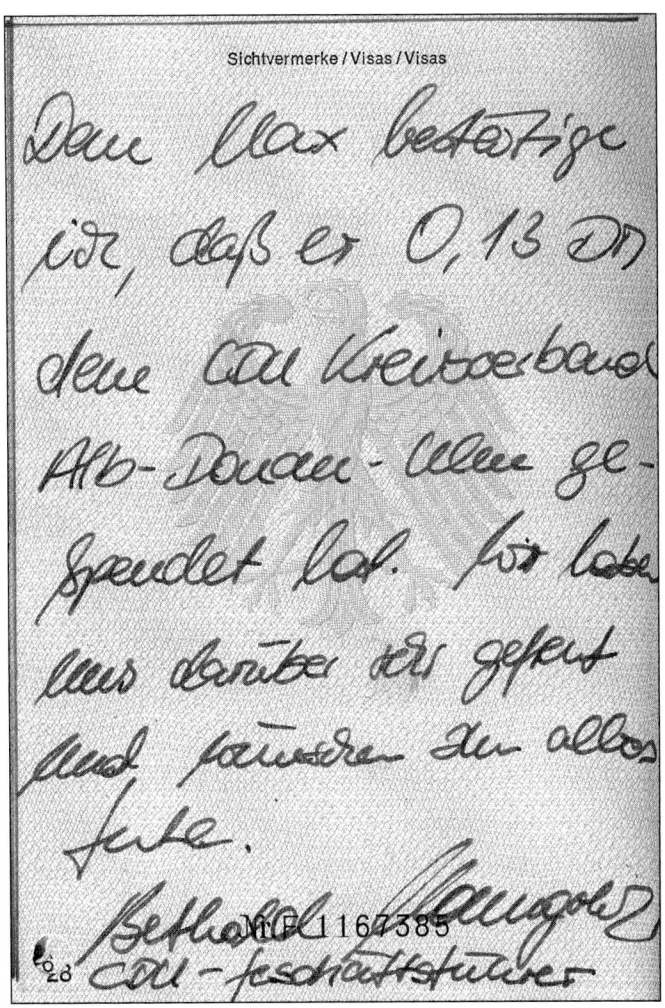

Berthold Mangold, CDU-Geschäftsführer, bestätigt die Bargeld-spende an den CDU-Kreisverband Alb-Donau-Ulm. Ehrlich währt am längsten. Das ist Politik der kleinen Leute.

Dem Max bestätige ich, dass er 0,13 DM dem CDU Kreisverband Alb-Donau-Ulm gespendet hat. Wir haben uns darüber sehr gefreut und wünschen ihm alles Gute.
Berthold Mangold, CDU-Geschäftsführer

Ich hatte Glück, nicht in die CDU-Spenden-Affäre verwickelt zu werden deswegen!

An solchen Tagen hatte ich keine Probleme, wenn ich wieder auf die Straße kam. Alle tolerierten mich oder hatten genug mit sich selbst zu tun, und ich trottete weiter, von einer Wolke sieben auf die andere und genoss die wenigen Glücksstunden im Berberleben.

✳ ✳ ✳

Erstmals 1985 war ich unterwegs zum Landestreffen der Karnevalisten des Landesverbandes Württembergischer Karnevalsvereine (LWK) nach Sindelfingen. Als ich mitten in der Nacht durch die Innenstadt schlenderte, sah ich keinerlei Dekoration in den Straßen und an den Häusern. Ich glaubte schon, mich im Termin und Ort getäuscht zu haben. Da schreckte mich ein Streifenwagen der Polizei aus meinen Überlegungen. Höflich wurde ich zum Polizeirevier Sindelfingen, Rathausplatz 1 gefahren.

Sindelfingen, den 20.01.85

Betr.: Ingewahrsamnahme des 58 Jahre alten lieben »Max«. Am Sonntag, den 20.01.85, wurde die o.g. Person in den frühen Morgenstunden wegen Landstreicherei auf die hiesige Dienststelle in Gewahrsam genommen.

Sindelfingen, den
20.01.85

Betr.: Ingewahrsannahme des
58 Jahre alten heißen
„Max"

Am Sonntag, den 20.01.85,
wurde die o. g. Person in
den frühen Morgenstunden
wegen Landstreicherei
auf die hiesige Dienststelle
in Gewahrsam genommen.

Nr. F 5066479

Polizeikommissar Lindenmayer bestätigt die Ingewahrsamnahme, die mir in Sindelfingen eine Nacht ohne Frieren beschert hat.

Nach einer angenehmen Nacht in unserer Arrestzelle wurde er gegen 10.00 Uhr aus dem Gewahrsam entlassen. Lindenmayer, Polizeikommissar, Stempel

Nachdem ich entlassen war, zog ich weiter zur Stadthalle und ließ mir im Parkrestaurant, einem äußerst noblen Schuppen, eine Suppe verabreichen. Ohne den Karnevalsbetrieb wäre ich sicher nicht eingelassen und bedient worden.

Und das Schicksal fügte es, dass just, als ich gehen wollte, Präsidium und Rosenprinzessin Anne I. der Karnevalsgesellschaft Rosenmontag aus Stuttgart hereinkamen. Diese Leute hatten Spaß an mir. Präsident Wolfgang Schiefer begrüßte mich und lud mich zur Kaffeerunde ein. Danach nahmen sie mich mit zur Landesprunkfestsitzung und zum Rathausempfang, wo Max und die Karnevalisten Freundschaft schlossen.

Von diesem Tag an war ich das Maskottchen der renommierten Karnevalsgesellschaft Rosenmontag. Ich wurde als Ehrengast zu Prunk- und Fernseh-Sitzungen in die Stuttgarter Liederhalle eingeladen und war beim Rathausempfang des Oberbürgermeisters Rommel. Die KG Rosenmontag vertrat hier alle 35 Stuttgarter Karnevalsgesellschaften. Es war schon toll, wie das Tanzmariechen Esther von den Roten Funken auf dem Schreibtisch Rommels tanzte!

Ich überlebte die lange und glanzvolle Präsidentenzeit meines Freundes Wolfgang Schiefer und Rosenprinzessinnen wie Margerit I., sie war Schauspielerin am Renitenztheater und hatte eine eigene Band, oder Marion I.

Die Rosenprinzessin Margerit I
wünscht dem lieben Landstreicher
Max viele Stolpersteine
auf seinem Wanderweg, ein
steiniges Leben bringt bekanntlich
viel Lebenserfahrung und
Weisheit, das wünsche ich
ihm besonders und weiterhin
Humor und Namenklughheit
alles Glück
Margerit

Nr. C 9714238

Margerit Minoeff Renitenz-Theater

Besondere Wünsche der Rosenprinzessin Margerit I.

Für den Eintritt in die Liederhalle bekam ich eine Freikarte. Trotzdem mischte ich mich unter die wartenden Menschen vor dem Haupteingang, die mich anstarrten und nicht recht wussten, was sie von mir halten sollten.

»I will bloß aufs Klo, ma derf heitzudag jo nemme en'd Büsch macha!«

Sie schienen mir zu glauben. Eines Abends setzte ich mich im Foyer der Liederhalle auf die Stufen der Freitreppe zum Obergeschoss und legte meinen Hut daneben. Einige Hundert teure Pelzmäntel zogen an mir vorbei auf die Empore, und als ich dann in den Hut schaute, waren gerade mal zwei Zehnpfennigstücke drin.

Vor Beginn unterhielt ich mich mit den Karnevals- und Fasnets-Gruppen. Dann musste ich mit einmarschieren und Rosen unter die Gäste werfen. Am Valentinstag durfte ich Frau Rommel die Rose überreichen.

Der Ministerpräsident Lothar Späth trat öfter in Sitzungen auf. Einmal war er nach Schluss noch in Gespräche verwickelt, da sagte er zu mir: »Max, bring Du meine Frau hinaus, ich komme nach.« Und die Landesmutter Ursula hakte bei mir ein, und wir schritten durch den Hauptgang hinaus. Da hatte das »Volk« wieder etwas zum Glotzen und Tratschen.

Sehr schwierig war für mich jeweils das Umsteigen vom Stuttgarter Berbermilieu in die Glitzerwelt dieser Prunksitzungen. Tage in Armut und Ausgestoßensein, von der Polizei verjagt, von Passanten beschimpft, von Punks getreten, war ich oft psychisch am Ende. Es kostete mich große Überwindung, in die scheinbare Glückswelt unserer Gesellschaft überzuwechseln, statt einfach auf der Pritsche eines Übernachtungsheimes bei einer Flasche billigen Weines alles Elend zu vergessen.

※ ※ ※

Nach mehreren Begegnungen mit Professor Dr. Heinz-Eugen Schramm, dem Kurator der Götz-von-Berlichingen-Akademie in Tübingen, wurde ich immatrikuliert und damit »ausdrücklich privilegiert, Goethe zu zitieren«. Für den Fall gerichtlicher Verwicklungen ist beurkundet, dass ich das Götz-Zitat ausschließlich in brauchtumspflegerischer und niemals in beleidigender Absicht ausgesprochen haben kann.

Am Fastnachts-Dienstag eines jeden Jahres findet im Neuen Schloss in Stuttgart der Karnevalistische Staatsempfang statt und anschließend der große Umzug. Einmal genoss ich diesen Empfang, als ich durch Stuttgart kam. Später wurde mir folgendes Privileg zuteil:

Max der Landstreicher hat die unwiderrufliche Erlaubnis – gültig bis zum Jahre 2045 – am Fastnachtsdienstag das Neue Schloss in Stuttgart zu betreten und dort zu essen und zu trinken. Stuttgart, den 3. 3. 87.
Stefan Barg, Staatsministerium

Narretei verbindet, das zeigt auch meine Freundschaft mit dem Volkskundler, Brauch- und Festeforscher, Autor und bedeutendsten Kenner der Fastnacht, Professor Dr. Werner Mezger. Auf dem Weg von Ehingen nach Rottweil trafen wir uns einmal in Schloss Langenstein:

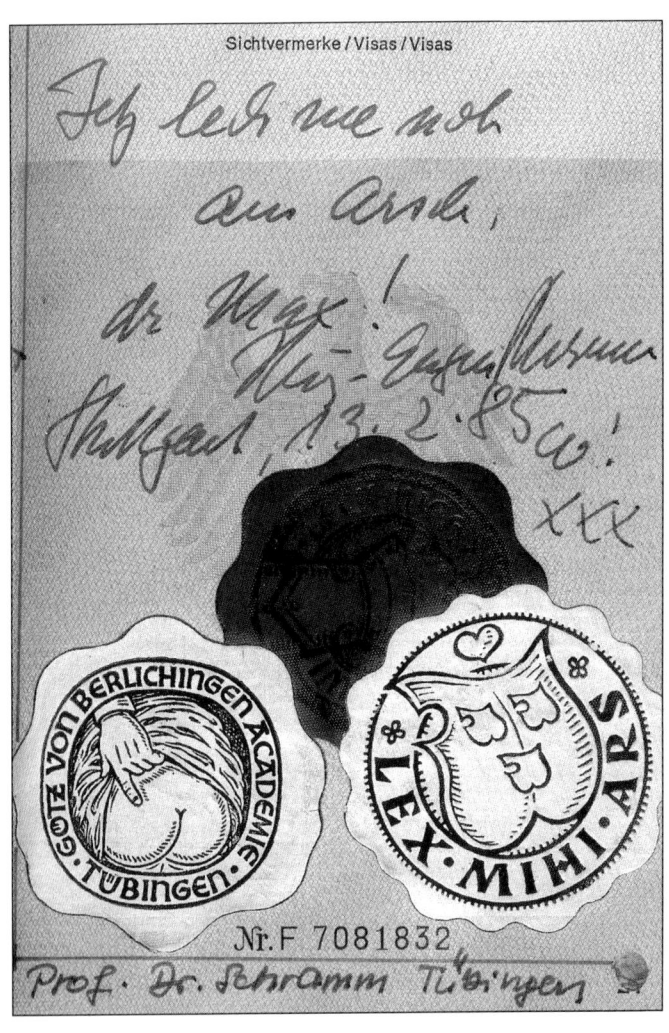

Eintrag des Leiters der Götz-Akademie, Professor Dr. Eugen Schramm, Tübingen.

Man der Landstreicher hat die unwiderrufliche Erlaubnis – gültig bis zum Jahr 2045 – am Fasnachtsdienstag das Neue Schloß in Stuttgart zu betreten und dort zu Essen und zu Trinken.

Stuttgart, den 3.3.87

Stek Barg

(Barg)
Staatsministerium

Nr. E 3639558

Stefan Barg, Pressesprecher im Staatsministerium, verspricht mir Zugang zum Neuen Schloss in Stuttgart.

Wo Karten sind und Masken päppen,
schreibt einer, der grad von Deppen-
hausen, Munderkingen
nach Langenstein und Eigeltingen
gekommen ist und der sich freut,
dass er im alten Schlosse heut,
obwohl es draußen dauernd regnet,
dem Max im Trocknen ist begegnet.
Alles Gute, jetzt und ferner
und »Ho Narro« Dein Mezger Werner

Ein angesehener und stets gut verköstigter Gast bin ich immer bei den Treffen der Langensteiner Narrenmeister-Cumpaney auf Schloss Langenstein. Der Besitzer, Graf Axel Douglas, und schon sein Vater Graf Wilhelm, gewährten mir zu jeder Zeit Unterkunft. Vor einigen Jahren meinte die Gräfin zu ihrem Gemahl, er solle doch seinen alten Lodenmantel durch einen neuen ersetzen. Doch Graf Axel wollte sich nicht von ihm trennen. Um den Wunsch der Mutter zu unterstützen, meinte der kleine Sohn: »Papa, den könntest du eigentlich Max schenken.« Da musste aber ein Schneider ran, denn Landstreicher Max ist kleiner als der Zwei-Meter-Mann Graf Axel.

Die Karnevalisten des Reutlinger MV nahmen mich sogar in der Nacht der Narren mit zum Sechstagerennen in die Stuttgarter Schleyerhalle. Das war eine tolle Gelegenheit für Kontakte mit Künstlern, bekannten Radprofis, Politikern und fetzigen Kapellen.

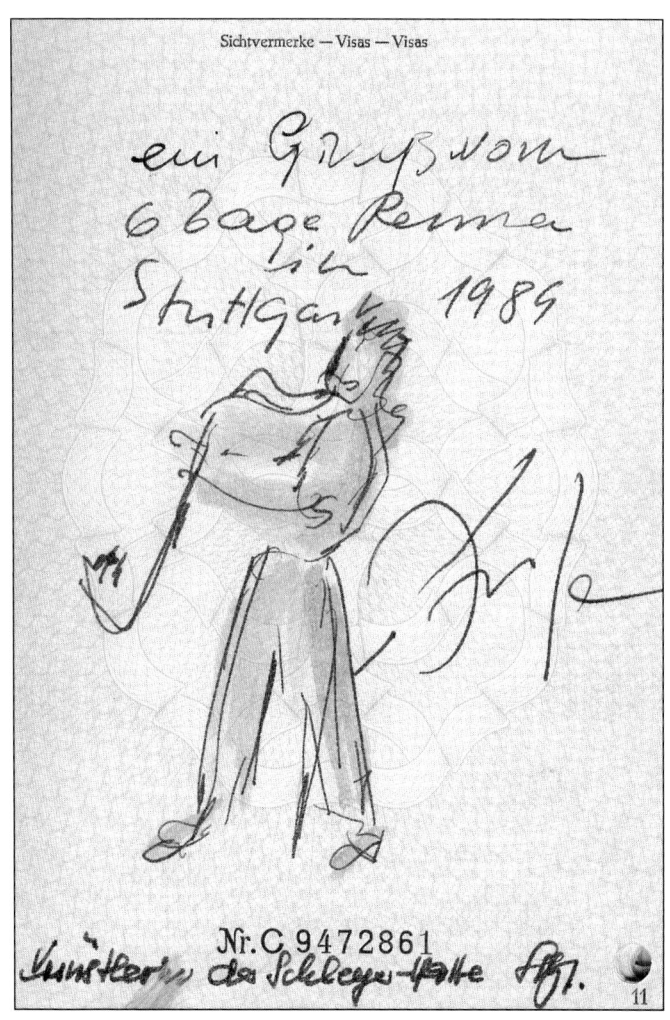

Beim Sechstagerennen in Stuttgart lernte ich Vertreter der verschiedensten Künste kennen.

Bei einer Prunksitzung in der Reutlinger Listhalle ließen mich meine Freunde mal wieder umsonst rein. Eine Weile war das schön, bis ich so richtig warm war und die Nachbarn am letzten Tisch mich »versorgt« hatten. Im Laufe der Zeit zahlte der eine ein Viertele, obwohl ich partout nur Wasser wollte, der andere eine Wurst, weil man dazu kein Besteck braucht. Nebenher machte ich so meine Späße: Da ich nicht schreiben kann, ließ ich eine Dame gegenüber eine Bemerkung für mich auf einen Zettel schreiben und gab ihr statt dem Stift meine Zahnbürste in die Hand ... Immer mehr Leute schauten zu, freuten sich und lachten lauthals. Anscheinend war ich amüsanter als das Programm auf der Bühne. Nach kurzer Zeit erschien der Protokollchef, stellte mir ein deutliches Ultimatum, nahm den Leuten damit die Freude und pfuschte mir ins Geschäft. Aber was weiß dieser »Berufshumorist auf Zeit« schon vom Leben kleiner Leute. Und wie selten kommt es doch vor, dass »normale« Leute über einen Landstreicher lachen können, statt über ihn zu schimpfen.

Am Rosenmontag wird die Stadt Hechingen von den »Lumpen« beherrscht. Aus allen Himmelsrichtungen kommen Gestalten mit schwarz beschmierten Gesichtern und Plätzen auf ihren Kleidern aus dem Lumpensack hierher, machen Lagerfeuer und krakeelen. Von den guten Lumpenkapellen und einigen Traditionsgruppen abgesehen, ein für die Geschäfte lästiger Klamauk. Als »Echter« schritt ich würdevoll durch dieses Gewühl, wo mir fast respektvoll Platz gemacht wurde. Mein Ziel war das Cafe »Röcker« neben der Stiftskirche Sankt

Jakob. Dort warteten die Sportvereins-Damen der dreißiger und vierziger Jahre, unter Leitung meiner Freundin Hilde Wallishauser, auf das Original Max. Jedes Jahr, seit es mich gibt, war dieses herzliche Wiedersehen ein Riesenspaß. Miteinander sind wir alt geworden. Leider sind einige schon gestorben, auch unsere Hilde mit achtzig. Ein kleiner Trost: Sie schaut mich, in Bronze gegossen, vom berühmten Professor-Ringwald-Brunnen herab an. Und ihr zu Ehren schreite ich dreimal um den Brunnen, greife in die Tasche und nehme gerührt einen Schluck aus der Pulle. Gott möge dieser gütigen Frau ihre Liebe und Hilfsbereitschaft vergelten. Ohne sie und ihre herzliche Freundschaft hat der Lumpenmontag seine große Anziehungskraft für mich verloren.

Aber mit Anbruch der Dunkelheit musste ich mich ja auf die Socken machen: In Unterhausen, im Echaztal, warteten schon meine Freunde vom Musikverein Lichtensteiner Blasmusik auf mich. Seit vielen Jahren ist der Landstreicher Max bei der Prunksitzung in der Lichtensteinhalle Ehrengast und darf mitten unter der Prominenz aus Fasnet und Politik sitzen, begrüßt von den Machern Kurt Reiff, Dieter Ruoff, Peter Plötscher und anderen – und mütterlich umsorgt von Waltraud Ruoff. Anfangs fühlte ich mich an diesem Platz nicht so richtig wohl; oder war die Berührungsschwelle für meine Nachbarn gar größer? Aber mit der Zeit gehörte ich schon zum Programm der Sitzung und durfte sogar zwischen den glänzenden Aufführungen meine Storys zum Besten geben.

**

Am Fastnetsdienstag gab es für mich auch eine gute und sichere Adresse. Schon früh machte ich mich auf den Weg nach dem »Rälle-Ort« Zwiefalten mit der herrlichen Kirche. Da es im Kloster nichts mehr zu erbetteln gab, ging ich zur traditionellen »Bruddelsupp« in den Hirsch zu meinem Vetter und Zunftmeister Franz Hermanutz. Eine schöne Einrichtung, da kann man sich allen Frust von der Seele bruddeln und ich machte als »Auswärtiger« reichlich davon Gebrauch. Das schönste an der Sache waren die kleinen Gutscheine, die ich als Sozialfall erhielt, für die »Kuttla-Supp« mit Schluck. Danach hatten alle über eine gruselige Rutsche aus dem ersten Stock ins Freie zu gelangen. Einmal hatte sich das alte Original »Marie« in den Kopf gesetzt, auf dem Schoß von Max aus dem Hirsch zu rutschen. Na ja, was tut man nicht alles für seine Fans. Aber nie wieder: Das Gewicht von zwei Personen beschleunigte das Rutschen so, dass die Fänger unten Mühe hatten, uns heil zu bremsen. Aber

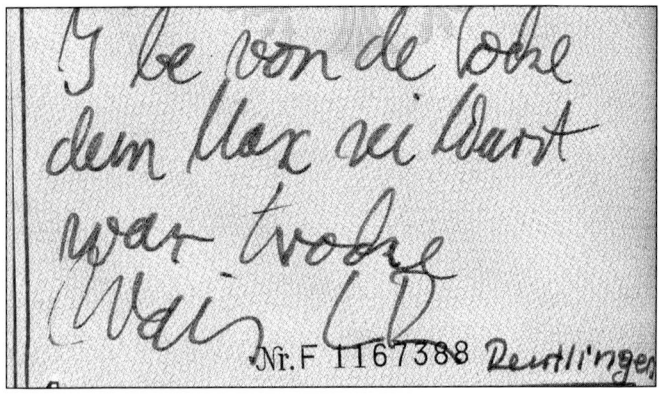

Landrat Dr. Edgar Wais: I be von de Socke, dem Max sei Wurst war trocke. Wais LR

der Anblick der lustigen »Krättenweiber« milderte das Malheur wieder.

Von hier kam auch die berühmte Kapelle »Krawallos« unter Leitung von Carlos. Wir lernten uns bei einem Staatsempfang kennen und sie wurden nicht bloß Fans des Landstreichers Max, nein, sie spendeten mir auch einen Teil ihrer Honorare für meine Obdachlosen-Projekte und erschienen völlig überraschend auch zu meinem siebzigsten Geburtstag.

Per Anhalter gings von Zwiefalten flugs zum Narrenstädtchen Hayingen mit seinen »Meck-meck-mäh–Goißen«, genauer ins Gasthaus Kreuz. Hier lief schon der Zunftmeister-Empfang ab unter Federführung meiner Freunde Albert und Lore Herter. Das war wie ein großes Verwandtschaftstreffen. Hier kamen die Vertreter der Freien Oberschwäbischen Narrenzunft mit dem Präsidi-

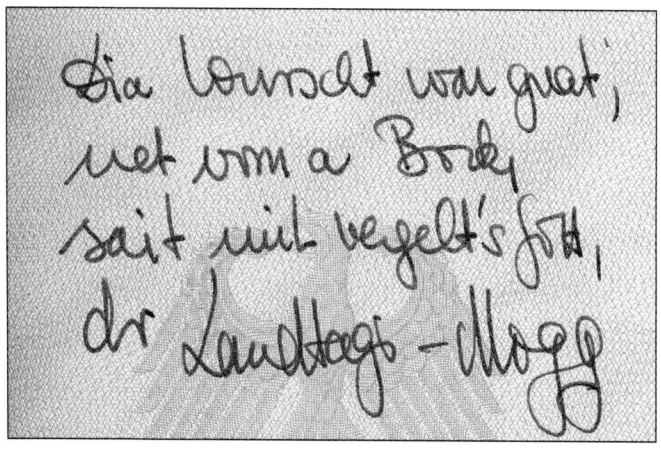

Walter Mogg, MdL: Dia Wurscht war guat, net vom a Bock, sait mit vergelt's Gott, dr Landtags-Mogg

um und Präsident Hubert Missel und vielen anderen Freunden zusammen. Leider darf uns auch der liebe Mensch und verdiente Narr Albert nur noch von oben herab beobachten. Und dann war ich im »Kreuz« wieder bei meiner geschätzten Wirtin Emma. Diese gute Seele spendierte dem Max nicht bloß in der Fasnet, sondern auch unterm Jahr ein warmes Essen. Sie sitzt inzwischen mit Hilde und Albert an einem Himmelstisch.

Ringpräsident Hubert Missel schrieb mir ins Buch:

Lieber einmaliger Narrenfreund Max!
Von all den weisen Lebensthesen hab ich stets eine mir er-
strebt: Wer nie ein echter Narr gewesen, hat nicht gelebt!
Herzliche Narrengrüße, Dein Freund Hubert Missel

Und Alfred Heizmann von der Insel Reichenau, Mundartautor und einer der bekanntesten Konstanzer Fasnetsredner dichtete:

Vom Ernst des Lebens halb verschont ist einer, der in
Schwaben wohnt. Des gilt auch unter allgemein für d'
Cumpagney in Langenstein. Dem Max mit einem lieben
Gruß und in der Freude, den guten Freund wiederzuse-
hen, Dein Alfred Heizmann

✳ ✳ ✳

Bei einem Narrentreffen während der achtziger Jahre in Oberschwaben bat mich der Zunftmeister der »Schwarze Veri Zunft« aus Ravensburg, Otto Lutz, am Fasnetssamstag zur Seelenmesse zu kommen. Die schriftliche Einladung folgte 1990.

Die Räuber des »Schwarzen Veri« sind also so fromm, dass sie den Tag mit einer Messe beginnen? Das musste wohl eine Narrenmesse sein. Ich machte mich also an besagtem Tag sehr früh auf die Socken, traf zeitig in Ravensburg ein und suchte die Liebfrauenkirche auf. Doch die war geschlossen. Was war los? Ich war ratlos und niedergeschlagen. Vielleicht war die Messe in St. Jodok. Den Pfarrer dieser Kirche, Dr. Burkhart, kannte ich aus dem Kloster Sießen. Innerhalb der Stadtmauer zog ich in diese Richtung, immer den Kirchturm im Blick, vorbei an alten

mit Kollekte (im Hut) für Max

Die Ravensburger
Schwarze Veri Zunft e.V.
gibt sich die Ehre,
Sie zur närrischen

Seelenmesse

am Samstag,
dem 24. Februar 1990,
8.00 Uhr,
in der Zehntscheuer,
Grüner-Turm-Straße,
einzuladen.

Zunftmeister

*Die schriftliche Einladung
für den Fasnetssamstag zur
Seelenmesse in Ravensburg*

Fachwerkhäusern. Plötzlich hörte ich Musik. Es waren keine Orgel-, sondern eher schon Schalmeienklänge. Ich folgte der Musik und sah, wie aus allen Richtungen Hästräger auf eine alte Fachwerkscheuer zugingen. Ich marschierte ihnen einfach nach und landete in der Zehntscheuer, wie mir einer sagte. Am Eingang wurde ich etwas zögerlich in Empfang genommen und man rief den Zunftmeister. Unter den staunenden Augen der Umstehenden begrüßte mich dieser mit einer herzlichen Umarmung. Und als ich ihm sagte, dass ich eigentlich eine fromme Messe für die verstorbenen Narren erwartet hatte, lachte er aus vollem Herzen.

Meine Enttäuschung über den verpassten »Gottesdienst« hielt sich in Grenzen, als ich erfuhr, dass es außer der Menschenseele auch eine »Seele« zum Essen gibt. Man brachte mir dieses längliche Gebäck aufgeschnitten und mit Schinken belegt und eine Schüssel Kaffee an meinen Ehrenplatz. Das war mal ein »zünftiger« Tagesbeginn! Ich war also beim berühmten Räuber-Frühschoppen gelandet, inmitten vieler Honoratioren und Narrengäste. Ob es wohl Zufall war, dass ich neben dem Polizeidirektor saß? Auf jeden Fall wurde ich öffentlich begrüßt und durfte mich auf der Bühne vorstellen. Der Oberräuber veranstaltete eine Kollekte für mich und ließ zu diesem Zweck meinen Hut durch die Reihen wandern. Später musste ich noch die Räuber-Taufe über mich ergehen lassen und bekam ihren Stempel auf den Bauch gedrückt. Trotz meiner neuen Freundschaft mit den Veri-Räubern zog ich als anständiger Landstreicher von dannen, um einige Erfahrungen reicher.

In Ravensburg traf ich auch meine späteren Freunde von der Faschingsgesellschaft Milka, denen ich alljährlich begegnete und die so vom Landstreicher beeindruckt waren, dass sie mich sogar als Referenten zu einer Versammlung des Lions-Clubs in ein Hotel nach Weingarten einluden. Es war nicht einfach, vor reichen Leuten über Armut zu sprechen, doch der Eindruck, den ich hinterließ, war wohl umso tiefer.

Einladungen bekam ich viele. Leider konnte ich den meisten nicht nachkommen. Die Zahl der Menschen, die ich kennen lernte und derer, die meine Freunde wurden in diesen Wanderjahren, war einfach zu groß. Hier zwei originelle Beispiele, über die ich mich besonders freute, und denen ich gern Folge leistete:

»Einfluggenehmigung« von Werner Mezger.
Bei den Schwarzen und den Frommen
ist der Max uns stets willkommen.
Rottweil heißt die alte Stadt,
die Fromme und ein Schwarze hat!
Ich hoff, Du sagst bei mir gar flott
in der nächsten Zeit »Grüß Gott!«

Max, eine Suppe erwartet Dich in Engen, persönlich bereitet von der Bürgermeisterin. Und wir trinken dazu einen alten Pomard. Die Stadtschlüssel sind Dir damit symbolisch überreicht!
Manfred Seiler
Bürgermeister, Engen

„Einfluggenehmigung" vom -276

Werner Mezger

Bei den Schwaben
und den Frommen
ist der Max
uns stets willkommen.
Rottweil heißt
die alte Stadt,
die Fromme und die
Schwabe hat!
Ich hoff, Du sagst
bei mir gar flott
in der nächsten Zeit
„Grüß Gott!" —>

7210 Rottweil *
Nr. E 4159378
* = bischöfliche Bruchhütte mit Auf-
nahmelager für Durchreisende Mäxe!

Einladung von Professor Werner Mezger nach Rottweil

Nachdem ich bereits länger als zehn Jahre meine landesamtlichen Schutzdienste beim Stockacher Narrengericht ausgeführt hatte, fiel dem »Hohen Grobgünstigen Narrengericht« auf, dass ein Landstreicher eigentlich kein Laufnarr war. Um diesem Versäumnis abzuhelfen, wurde ich in einem feierlichen Akt dazu geschlagen.

Es war wohl Zufall, dass in diesem Jahr gleich zwei »Wirtschafts-Experten« zu Laufnarren geschlagen wurden, nämlich der baden-württembergische Wirtschaftsminister, Dieter Spöri, und Max der Landstreicher, Kenner aller Wirtschaften des Landes und darüber hinaus.

Wenig zuvor bestätigte mir der Tübinger Regierungspräsident Dr. Max Gögler mit Siegel im Wanderbuch:

Es gibt wenige Menschen im Lande, die so bekannt sind wie Max!
Tübingen 21. 2. 95, Max Gögler und Horst Bäckert

Und der Regierungsvizepräsident Kurt Widmaier:
Ausreisegenehmigung:
Hiermit wird kundgetan, dass Max der Landstreicher jederzeit aus Südwürttemberg-Hohenzollern nach Bayern oder Baden ausreisen darf. Tübingen, 15. 2. 95
Kurt Widmaier (Regierungsvizepräsident)

Da der Ministerpräsident Erwin Teufel zu dieser Zeit in Indien weilte, gab mir sein Umweltminister Dr. Erwin Vetter den Auftrag für den Delinquenten, den Hessischen Umweltminister Joschka Fischer:

Urkunde

Das hohe Grobgünstige Narrengericht zu Stocken

von Herzog Albrecht dem Weisen von Österreich durch Privileg an Hans Kuony anno 1351 gestiftet, nimmt nach feierlich vollzogenem Laufnarrenschlag hiermit Herrn

Max der Landstreicher

in die Zunft der Stockacher Laufnarren auf.

Gegeben zu Stocken,

im 644. Jahre nach Hans Kuony.

Karl Fisch
Narrenrichter

Josef Mahler
Laufnarrenvater

ls noon
Narrenschreiber

Urkunde des Grobgünstigen Narrengerichts zu Stocken

Max Gögler und Horst Bäckert: Welcher Max war wohl gemeint?

Lieber Joschka,
*   als Du noch ausgesehen hast wie Max, der Landstrei-*
cher, hast Du mir gut gefallen. Jetzt sind die Schuhe und
die Krawatte zu schön. Aber die Stokkemer Narren wer-
den Dich wieder richten.
*   Dein Kollege Erwin*

Die Antwort des Delinquenten lautete:

Hochwohlgeborener Großvesir Erwin am Hofe des Kö-
nigs Erwin I., genannt auch der Bedenkliche. Viele von
uns Umweltminister sind auf den Hund gekommen, nur
einen hat der Teufel geholt. Ich gelobe Besserung und
werde mir nach meiner Verurteilung die Krawatte nur
noch um die Stirn binden.
*   Mit bußfertigen Grüßen, Joschka Fischer*

✳ ✳ ✳

Mein Auftreten in der Fastnacht brachte mir aber nicht bloß Spaß, sondern hatte ja durchaus einen ernsten Hintergrund. Allein die Anwesenheit eines Landstreichers inmitten der festlich Kostümierten löste neugierige Blicke aus und machte auf das Problem »meines Standes« aufmerksam. Sensible Menschen wollten mehr wissen über das Leben der »Berber«. So auch der Zunftmeister der Bad Buchauer »Moorochsen«, Peter Neudert.

Er war so beeindruckt, dass er bei Veranstaltungen seiner Zunft für »Max« sammeln ließ und mir den Betrag für meine Randgruppen-Projekte überreichte.

Joschka Fischer antwortet seinem Kollegen Erwin Vetter.

Alle aufrichtigen Menschen
sind bei uns Narren willkommen,
gleich ob Promi, Akademiker, Leit oder
Landstreicher. Doch sei uns Narren
erlaubt auch Ehrengäste zu begrüßen
Ein besonderer Gast ist heute „Max,
der Landstreicher'. Gerne unterstühen
wir sein Engagement.

Bad Buchau Martini 1999
vielerorts auch als M. M. gefeiert.
bei uns als traditionelles
Krautnudla - Essen zelebriert
Für die Narrenzunft Moorochs
Peter Neudel
Zunftmeister

Nr. L 4669633

27

Der Zunftmeister der Bad Buchauer »Moorochsen«, Peter Neudert, unterstützte mein Engagement für Randgruppen-Projekte
mit klingender Münze. Heute ist Peter Präsident der Vereinigung
Freier Oberschwäbischer Narrenzünfte.

Alle aufrichtigen Menschen sind bei uns Narren will-
kommen, gleich, ob Promi, Akademiker, Leit oder Land-
streicher. Doch sei uns Narren erlaubt auch Ehrengäste
zu begrüßen. Ein besonderer Gast ist heute »Max der
Landstreicher«. Gerne unterstützen wir sein Engage-
ment. Bad Buchau Martini 1999, vielerorts auch als 11.
11. gefeiert, bei uns als traditionelles Krautnudla-Essen
zelebriert. Für die Narrenzunft Moorochs. Peter Neudert,
Zunftmeister

Am Ende des Kapitels kann ich nun noch einmal feststellen, dass es eine ständige Gratwanderung war,
mich als »Berber« zwischen Narren zu bewegen. Rück-
blickend muss ich aber doch sagen, dass es sehr wichtig
war, die Rolle des »Berbers« zu übernehmen, da ich in
diesen Fasnetszeiten Erkenntnisse gewinnen konnte, die
für mein gesamtes »Berber-Experiment« Gültigkeit hatten.

Ein Blick auf unsere Gesellschaft

Von oben sieht die Welt ganz anders aus ...« Ein Satz, der – auch im übertragenen Sinne – nur allzu wahr ist.

Als Segelflieger konnte ich schon vor sechzig Jahren die Welt von oben betrachten. Und vieles in meinem Leben ist glücklicherweise so verlaufen, dass ich die Umstände in der Welt, auch gesellschaftlich gesehen, »von oben« betrachten durfte. Doch hatte ich immer vor Augen, dass auch in unserem freien und demokratischen Land sich die Unterschiede in den gesellschaftlichen Ebenen auswirkten: Getreten wird von oben nach unten. Das war schon immer so und gilt heute wohl mehr denn je.

Dabei hat mich immer schon beschäftigt: Was ist mit »denen da unten«? Was ist mit den Armen? Wissen wir überhaupt, was es bedeutet, arm zu sein?

Natürlich kann sich kaum einer von uns zu den »ganz Reichen« zählen, deren größte Sorge es zu sein scheint, ihr Luxusbad alle paar Jahre nach dem neuesten Trend umbauen zu lassen. Doch hält sich manch einer bei uns schon für arm, wenn er sich etwas einschränken muss, wenn die Konjunktur stagniert oder die Preise steigen und wenn er sich etwas weniger leisten kann. In unserem Wohlstandsland gibt es aber auch Menschen, die nichts haben – gar nichts.

Wir können einmal durchspielen, was es heißt, arm zu sein, wie die vielen Millionen Menschen in den »armen Ländern« und wie Hunderttausende im reichen Deutschland:

Wir reißen im Geiste unser Haus ab und bauen eine Bleibe aus Blech, Eternit, Presspappe oder einem Zeltfetzen. Wir versuchen dies aber ohne eigenen Grund und Boden, denn einen solchen besitzen wir nicht. Mit etwas Glück können wir gerade zwei Quadratmeter für einen Liegeplatz im Schlafsack finden.

Auch haben wir kein Auto, keinen Fernseher und kein Radio. Genauso wenig Strom, Telefon, Gas, fließend Wasser oder gar eine Toilette. Neue Kleidung können wir uns nicht leisten. Und wenn wir krank werden, ist kein Arzt da, kein Krankenhaus und keine Apotheke.

Wenn man so arm ist, dann fällt es schwer, »seine Nächsten« zu lieben, also diejenigen, die alles im Überfluss zu haben scheinen und offensichtlich keinen Gedanken daran verschwenden, uns etwas abzugeben und mit uns zu teilen. Es könnte sogar sehr wohl sein, dass man anfängt, die Reichen zu hassen.

Ich habe diese Gedanken nicht nur durchgespielt, sondern mich wirklich in diese Situation begeben: Ich bin Obdachloser geworden. Als »Berber« wurde mir der Begriff »lebensunwertes Leben«, erstmals auf meine eigene Lage angewendet, in seinem Schrecken und in seiner vollen Tragweite wirklich bewusst. Dieser furchtbare Begriff, der unter dem Nazi-Regime zu den »Euthanasieprogrammen« und zum Holocaust führte, scheint in vielen Köpfen auch in der heutigen Zeit verwurzelt zu sein.

Die Menschen, mit denen ich als Obdachloser gelebt habe, erfahren täglich und von allen Seiten, dass sie eine Last sind, eine Schande, und dass es sie eigentlich gar nicht geben sollte. Es gab sogar so genannte Mitmenschen, die sagten, als sie mich sahen: »Da haben die Nazis einen zu wenig vergast ...«

Da wurde mir klar: Wenn man selbst auf der Straße sitzt, dann weiß man, dass man ganz unten angekommen ist.

✳ ✳ ✳

Ich sitze auf dem Boden – und schon hat mein Blickwinkel, hat sich die Sicht auf die Dinge verändert. Der Boden fühlt sich jedes Mal anders an; je nach Jahreszeit, je nach Wetter ist er warm oder kalt, trocken oder nass, aber immer hart. Ich habe gelernt, den Wert der Zeitungen nicht mehr nach dem Inhalt zu schätzen, sondern nach ihrer Qualität als Isolierung.

Als Häufchen Elend, das dort auf der Straße an der Hauswand lehnt, darf ich nicht nach oben schauen, zur Sonne, zum blauen Himmel. Ich muss Kopf und Blick devot senken. Und was sehe ich von den unzähligen Menschen, die vorbeischlendern oder -hasten? Nur Beine. Beine, Füße, Schuhe. Das ist meine Welt, wenn ich am Schnorren, Anschaffen, auf Sitzung bin, um überleben zu können. Ab und zu klatscht eine Münze in meinen Hut, im Vorübergehen. Doch dann bleiben zwei Beine vor mir stehen. Eine Ausnahme! Ein Mensch traut sich, mich anzuschauen, vielleicht sogar, mit mir zu sprechen. Das tut wohl. Es ist, wie wenn für kurze Zeit ein

Sonnenstrahl eine dunkle Felsspalte erhellt. Da erkennt ein Mensch einen anderen Menschen. Man spricht mir meine Existenz ausnahmsweise nicht ab. Ein solcher Augenblick hält mich einen ganzen Tag wieder über Wasser – und er lässt mich manches Schimpfwort überhören.

Dieses stundenlange Sitzen macht mich kaputt, steif und elend. Ich fühle mich im wahrsten Sinn des Wortes erniedrigt, in den Schmutz gezogen. Im Laufe der Zeit kreisen die Gedanken nicht mehr, sondern bleiben an einem Punkt hängen: Was geht heute ein? Wie komme ich an Essen? Wo mache ich »Platte« heute Nacht? Und wenn nach einem halben Tag »Sitzung« nur ein paar kleine Münzen im Hut sind, kommt der Griff zur Flasche. Die Frustration ist zu groß. Denn auf sehr vieles kann man eigentlich verzichten. Aber auf eines kann der Mensch nicht verzichten: auf Kontakt, auf eine zwischenmenschliche Beziehung.

❖ ❖ ❖

Obwohl sich viele Menschen dem Konsum-Terror widersetzen, bei der stetig wachsenden Zahl der Gebrauchtwarenhändler, im Internet und auf Flohmärkten auf die Suche nach gut erhaltenen, wieder verwendbaren Gegenständen gehen, gibt es auch welche, die es als selbstverständlich ansehen, dass man das, was man nicht mehr braucht, was unmodern ist, einfach nur wegwirft und neuen Dingen Platz macht. Wegwerfen – so etwas macht man nur mit Gegenständen, nicht mit Menschen. Die »räumt man ab«. Doch ist das menschlich?

»Abräumen«

In einigen Großstädten wird die Idee der »sauberen Stadt« versuchsweise praktiziert: Hier müssen die Vertreter einiger Randgruppen bestimmte Stadtbezirke, Zentren oder Touristenviertel verlassen. Wer nicht freiwillig seinen Platz oder Bezirk verlässt, wird mit Polizeigewalt auf ein Fahrzeug geladen und an den Rand der Stadt verfrachtet. Meist weitab von seiner gewohnten Umgebung. Ein Nichtsesshafter braucht oft lange, bis er sein soziales Netz aufgebaut hat. Jetzt wird es gewaltsam und in unverantwortlicher Weise zerrissen und somit die betroffene Person in große Gefahr gebracht. Diese Menschen sind in ihrer gewohnten Umgebung zu Hause wie an einem festen Wohnsitz. Sie wissen, wo sie ihr Sozialgeld erhalten, wo man Zugeld schnorren kann, wo man Platte macht. Alle Verbindungen werden durch dieses unmenschliche Entwurzeln abgebrochen.

Die Methoden sind, je nach Situation, sehr unterschiedlich, aber die Begründung der Behörden dafür wird in jedem Falle positiv formuliert: Man will dem Bürger den Anblick der Armut ersparen und ihn vor der »Anmache« und Belästigung durch Schnorrer schützen. Gleichzeitig werden die Wohnungslosen vor dem Erfrieren bewahrt, indem man versucht, sie zwangsweise in Container oder Notunterkünfte zu stecken.

Die schlimmste Art der Räumung ist die »Nassreinigung«. Im Winter 1981/82, als viele Obdachlose in die baden-württembergische Landeshauptstadt strömten und hier durch das viel gelobte Stuttgarter Modell Hilfe erhofften, kam von der Industrie- und Handelskammer diese Idee als Vorschlag, um der so genannten Pennerplage Herr zu werden: verstärkter Einsatz der Polizeistreifen und regelmäßige Nassreinigung der betreffenden Stellen.

Ein Obdachloser, der Zeuge einer solchen Nassreinigung wurde, berichtete mir Folgendes: »Es war spät am Abend. Ein Kumpel von mir schlief an der U-Bahn-Haltestelle am Charlottenplatz unter einer Bank. Da kam das Reinigungskommando, das sonst nur den Unrat beseitigt, und spritzte mit scharfem Strahl so lange auf ihn ein, bis er klatschnass war, verängstigt aufwachte und verschwand. Die Leute von der Nassreinigung grinsten. So gehen sie mit uns um.«

Stuttgart war kein Einzelfall. In den meisten Großstädten wurde ähnlich verfahren: In den achtziger Jahren wurde in München kurz vor Wintereinbruch unter allen Isarbrücken und in den Isarauen geräumt, »um die Betroffenen vor dem Erfrieren zu bewahren«.

Auch Freiburg hatte damit sein Problem. Auf dem Rieselfeld vor den Toren Freiburgs entstand 1996 der neue Vorzeigestadtteil, Wohnstatt für 10.000 Menschen. Auf dem 257 Hektar großen Naturschutzgebiet standen seit Jahren die Wohnwagen Obdachloser, die nicht begreifen konnten, dass jetzt kein Platz mehr für sie da sein sollte.

Anfang 1996 machte die Arbeitsgemeinschaft »Leben mit Obdachlosen« in Berlin eine Umfrage unter Obdachlosen und stellte fest, dass in den letzten Jahren in Berlin wiederholt Menschen durch die Polizei und den BGS in die Vororte und Wälder »verbracht« und dort, oft bei Schnee und Kälte, ausgesetzt wurden.

Der Bundesgrenzschutz räumte ein, dass 1995 insgesamt 159 »Vertreibungsmaßnahmen« von deutschen Bahnhöfen erfolgt seien. Die Polizeidirektion bestätigte, dass seit dem 1. Juli 1993 (bis Ende 1995) insgesamt 1.787 Platzverweise ausgesprochen wurden.

Von den Folgen solcher Vertreibungen erzählte mir ein pensionierter Großstadt-Polizeichef. Er wohnte am Stadtrand, in der Nähe des Waldes. An Winterabenden beobachtete er Obdachlose, die von ihren gewohnten Schlafplätzen verjagt worden waren und mit ihrem Bündel in den Wald zogen. Doch hier war die Erfrierungsgefahr noch größer als in der Stadt. Diese Umstände bewogen ihn dazu, sich fortan mit seiner ganzen Kraft und Zeit für diese bedürftigen Menschen einzusetzen. Unter anderem ließ er das Untergeschoss seines Hauses in Einzelzimmer umbauen und bot diese den Obdachlosen als Wohnung an. So konnte er ihnen helfen, den Teufelskreis, in dem sie gefangen waren, zu durchbrechen. Mit dem Nachweis eines festen Wohnsitzes konnten sie Arbeit suchen und waren berechtigt, amtliche Hilfe in Anspruch zu nehmen.

»Vertreibende Hilfe«

Eine ganz neue Variante war 1981/82 die »vertreibende Hilfe«. Die Stadt Stuttgart, die sich in den Jahren davor bundesweit eine Spitzenstellung bei der Versorgung der Obdachlosen erworben hatte und dadurch zu einem Hauptanziehungspunkt für Nichtsesshafte geworden war, hatte in dieser Hinsicht eine völlig andere Richtung eingeschlagen. Obdachlose, die bei den Beratungsstellen vorsprachen, wurden mit dem Hinweis fortgeschickt, es gebe keine freien Unterkünfte mehr. Lediglich wenn Polizeistreifen so genannte Penner in offensichtlich gefährdeter Lage antrafen, erfolgte die Einweisung in Container, die die Stadtverwaltung auf dem Cannstatter Wasen hatte aufstellen lassen. Heute gibt es diese Zwangseinweisung in Container nicht mehr. In einzelnen Städten und Gemeinden werden sie nur noch in besonderen Notsituationen als Schlaf- und Schutzgelegenheit eingerichtet.

Zur Praxis der »vertreibenden Hilfe« gehörte auch die drastische Umstellung von Geld- auf Sachleistungen.

Ich kann verstehen, wenn der »normale Bürger« sagt: »Was soll's, Geld oder Sachleistung? Hauptsache, die armen Teufel werden versorgt.«

Doch bei den Obdachlosen handelt es sich nicht um »normale« Bürger. Diese Menschen haben nichts, als das, was sie auf dem Leib und unter dem Arm tragen. Das Sozialgeld reicht nicht zum Leben und nicht zum Sterben. Damit kommt man nicht weit. Ohne Kenntnis günstiger Essensausgaben, ohne Tricks und ohne Schnorren geht es nicht: Manchmal bekam ich auf die Frage, was eine halbe Tasse Kaffee koste, die »obere Hälfte«, sprich eine ganze Tasse, umsonst.

Täglich Eintopf, dazu einige Vesperbrote, schwer Verdauliches, wenig Abwechslung. Dabei sind die Obdachlosen fast alle in schlechter gesundheitlicher Verfassung, gezeichnet vom Leben im Freien, vom unregelmäßigen einseitigen Essen und vom Alkohol. Viele haben Magenbeschwerden.

Bei dieser Abfütterung litten wir oftmals nicht so sehr unter der Qualität des Essens, sondern unter den widrigen Umständen, unter denen wir es einzunehmen hatten. Besonders erniedrigend war die Zurschaustellung auf den öffentlichen Ausgabeplätzen. Ich kam mir vor wie im Zoo. Oft blieben Passanten stehen, starrten uns an und machten abfällige Bemerkungen. Es machte mich unsicher, denn es ist beschämend, erniedrigend, unmenschlich. Manchmal musste ich mich beherrschen, den Gaffern meine Schüssel samt Inhalt nicht nachzuwerfen.

Die Lieferfirma der »Sachleistung« verdiente sicher gut an dieser Aktion. Ich erfuhr später, dass sie von der Stadt pro Person und Tag mehr als das Doppelte des Sozialgeldsatzes erhielt. Inzwischen ist die unselige Sachleistungsperiode, dem Himmel sei Dank, längst Vergangenheit.

Ein Tag im »sauberen« Stuttgart

Sehr früh am Morgen kam ich in der Nähe des Staatsministeriums in Stuttgart an. Ich war viel zu müde, um zu Fuß ins Zentrum zu gehen. Also lehnte ich mich an den Fahrschein-Automaten der Straßenbahn und wartete. Nach einiger Zeit sprach mich eine ältere Frau an. Sie war sich sicher, dass ich nicht wusste, wie ich mit dem modernen Fahrkartenautomaten umgehen sollte. Sie fragte mich, wohin ich wolle. Als ich ihr sagte, dass ich auf den Schlossplatz wollte, warf sie Geld in den Automaten, ließ einen Fahrschein heraus und gab ihn mir. Ich bedankte mich mit einem »Vergelt's Gott« und stieg in den Straßenbahnwagen, den sie mir anwies. Es fand sich noch ein freier Platz, ich setzte mich, nahm mein Bündel auf den Schoß und starrte vor mich hin. Ich spürte wohl, wie die Blicke der anderen Fahrgäste mich trafen. Die Freundlichkeit der Frau, die Wärme im Wagen und der bequeme Sitzplatz halfen mir, die Kälte der Mitmenschen und des winterlichen Tages an diesem 14. März 1998 zu ertragen. Doch ich verspürte übergroßen Hunger.

An der Haltestelle unter dem Schlossplatz stieg ich aus und fuhr mit der Rolltreppe hinauf ans Tageslicht. Auf den ersten Blick fiel mir auf, was sich im »sauberen Stuttgart« verändert hatte: Zwar ragten die mächtigen Säulen des Königsbaus wie gewohnt nach oben, aber was fehlte, waren meine schnorrenden Kollegen neben der U-Bahn-Treppe. Weder auf noch unter einer der Bänke machte einer der Wohnungslosen Platte. Wo war die kleine Maria mit ihrer Drehorgel? Wo waren die großen Gruppen schwatzender Landstreicher, denen die Passanten oft widerwillig ausweichen mussten? Ich wurde unsicher und war beunruhigt. Das gewohnte Bild des Großstadtzentrums stimmte nicht mehr. Wohin ich auch schaute, ich war der einzige »Berber«.

Ungewöhnlich und deshalb nicht zu übersehen waren die drei Polizeiautos am Rande des Platzes und die große Anzahl uniformierter und ziviler Polizisten. Frech marschierte ich auf den nächsten Polizeiwagen los, schlug mit der Faust an die Fahrertür des Transporters und fragte den Beamten, der das Fenster öffnete:

»Wo kann i do soicha?«

Andere Beamte kamen hinzu. Alle schienen überrascht von meinem Auftreten. Ich wiederholte meine

Frage und ergänzte sie mit: »An die Anlagenbüsche und deinen Karren darf ich ja nicht!«

Ich spürte, dass sie sich nicht provozieren lassen wollten. Sie verwiesen mich auf eine moderne Toilettensäule auf der anderen Seite des Schlossplatzes vor dem Königsbau, die allerdings, wie sich herausstellte, geschlossen war.

So machte ich mich auf den Weg zu meinem Frühstück in der Franziskus-Stube in der Paulinenstraße 8a. Hier gibt die Franziskanerschwester Margret schon ab sieben Uhr Frühstück aus. Billig oder umsonst, je nach Besucher, aber immer mit Liebe und einem freundlichen Wort.

Als Landstreicher bin ich ein Einzelgänger. Ich habe oft stundenlang keine Verbindung zu Menschen, bin ausgeschlossen aus ihrer Gesellschaft, einsam, ohne Ansprache, nur in Gedanken versunken, und die kreisen wie eine Gebetsschnur um die existenziellen Probleme. Anders verhält es sich bei den Stadtstreichern. Sie bilden Gruppen, halten Kontakt untereinander und bieten sich Schutz bei Angriffen.

Hier, in der Stube, findet man sich plötzlich inmitten von Leidensgenossen. Man fällt nicht mehr auf, denn jedem ist die Armut anzusehen. Man knüpft vorsichtig Kontakte.

Zwischendurch hat Schwester Margret einige Augenblicke Zeit zum Austausch von Erinnerungen an gemeinsame Bekannte aus dem Kloster. Von ihr und ihren Gästen erfahre ich auch mehr über die »saubere Stadt« und die neuen Aufenthaltsorte der Betroffenen. Denn die Armut wird ja mit dem Aktionismus der Stadt nicht beseitigt, sondern nur um einige Straßen verschoben oder in andere Bezirke verlegt.

Mit neuem Mut brach ich auf. Mein nächstes Ziel war das Gymnasium Sankt Agnes, in dem die bekannte Holzschneiderin Schwester Sigmunda May Kunst unterrichtet. Sie ist eine Art »Berbermutter« und stellte mir ihr Atelier als Notunterkunft jederzeit zur Verfügung. Heute jedoch war Tag der offenen Tür an der Schule. Auf den Fluren herrschte ein Gedränge von Schülerinnen und Eltern, so dass man mich fast nicht beachtete. Ich arbeitete mich durch dieses Gewühl, um pünktlich die Unterrichtsstunde der Künstlerin zu erreichen. Schließlich wollte sie den Landstreicher Max in ihre Lehrvorführung mit dem Thema: »Der Streichholzverkäufer von Otto Dix« einbauen.

Für solche Mitwirkung sprang dann wieder etwas Essbares für mich heraus und das Gefühl, es auch selbst verdient zu haben. Oft ergaben sich dann Botengänge in eine andere Klosterniederlassung oder das Ausrichten eines Grußes an eine bestimmte Schwester. Damit war das nächste Essen gesichert. Meine Franziskanerinnen-Tour erstreckte sich beispielsweise von der Realschule in Ellwangen nach Sankt Joseph und Sankt Agnes in Stuttgart, Sankt Klara in Rottenburg, dem Mutterhaus Sießen, Sankt Antonius in Friedrichshafen bis zur Berberhilfe in München.

Nach der Kunstbetrachtung waren noch ehemalige Schülerinnen zum Erinnerungsaustausch im Unterrichtszimmer geblieben, darunter auch zwei Juweliersfrauen aus der Stadt. Schwester Sigmunda machte mich mit ihnen bekannt; sie brachten zum Ausdruck, dass sie gar nicht mit der Säuberungsaktion der Stadt einverstanden waren. Ihrer Meinung nach gehörte auch die Armut zum Gesicht dieser Großstadt, und durch die Verdrängung, auch der Drogenszene, sei die Beschaffungskriminalität sprunghaft angestiegen.

Ich machte mich wieder auf den Weg und marschierte in Richtung Leonhardskirche, der Vesperkirche, auf die ich später noch zu sprechen komme. In der Stiftskirche machte ich Rast und ruhte mich ein wenig aus. Ich war nicht der Einzige in der Kirche. Mit geschlossenen Augen döste ich vor mich hin, bis eine freundliche Stimme die Anwesenden begrüßte. Der Pfarrer las aus der Bibel vor und verabschiedete uns danach mit seinem Segen. Danach ging es weiter zur Leonhardskirche. Schon unterwegs begegneten mir vereinzelt Obdachlose. Um die Kirche waren Vertreter unterschiedlicher Randgruppen versammelt: Junge und Alte, Frauen, Männer und Kinder, manche hatten auch Hunde bei sich, »Berber«, Alkoholkranke und Rauschgiftabhängige; einige hatten ihre mit Habseligkeiten bepackten Fahrräder an die Kirchhofsmauer gelehnt.

Ich ging hinein in die Kirche. Obwohl es schon Nachmittag war, waren fast alle Plätze an den Tischen, für die ein Teil der Kirchenbänke weichen musste, besetzt. Ich war regelrecht erleichtert, wieder unter meinesgleichen zu sein, nachdem ich zuvor wie ein Exot über die große Fußgängerzone der Stadt, die Königstraße, geschlichen war. Fast wortlos, nur mit einem kurzen Gruß, nahm ich auf einem freien Stuhl Platz. Der Mann links von mir las. Er schien die Welt um sich herum vergessen zu haben, so tief war er in seine Lektüre versunken. Ich schaute zweimal hin, tatsächlich – er las Shakespeare. Rechts erzählte eine Frau ihrer Nachbarin, wie ihre Tochter mit der Heroinsucht kämpfte. Gegenüber saß ein Rentnerpaar, nur mit Essen beschäftigt, sie wollten diesem Milieu sichtlich bald wieder entfliehen.

Mich drängte es an die Theke. Zuerst ging ich zur Kasse. Wer kein Geld hatte, bekam sein Essen umsonst; doch ich hatte noch welches vom Vortag und konnte so den Armenbeitrag von zwei Mark zahlen. Dafür gab es einen Teller mit warmem Essen, ein Stück Brot und ein alkoholfreies Getränk nach Wahl und, wenn man noch Hunger hatte, Nachschlag. Toll! Aber das schönste am ganzen Essen waren die stets freundlichen Gesichter und aufmunternden Worte der ehrenamtlichen Helfer. Stundenlang bedienten sie in gleich bleibender Herzlichkeit. Dies war ein Gottesdienst besonderer Art; er erreichte die Herzen all dieser Besucher, die in andere Gotteshäuser nicht so recht passen wollten.

Ich sprach noch mit verschiedenen Anwesenden und näherte mich dann dem Betreuertisch, um mir eine Eintragung in mein Wanderbuch geben zu lassen. Spontan erkannten mich dort zwei Frauen wieder. Ich hatte mich beim ersten Mal, als ich als Landstreicher hier war, mit ihnen bekannt gemacht. Und obwohl ich jährlich nur einmal vorbeikam, erkannten sie mich und nahmen mich nach dem Essen beiseite, steckten mir heimlich Vesperbrote zu und luden mich fürs nächste Jahr wieder ein.

Nachdem ich mich verabschiedet hatte, ging ich sehr langsam weiter. Lärm und Hektik der Großstadt machten mir zu schaffen.

An diesem Tag versuchte ich bewusst, kein Geld abzuholen. Ich wollte noch ein paar hilfsbereite, sozial eingestellte Menschen aufsuchen, die ich kannte. Sie spielen in einem Berberleben die Rolle der Verwandten und Freunde. Und wenn man nicht zu oft aufkreuzt, freuen sie sich über den Besuch und helfen gerne. Auch sollte ich noch in der »Wärmestube« in der Neckarstraße 71 vorbeischauen, wo ich ein Paar Socken erhaschen wollte. Das klappte auch, nachdem ich dort nicht übernachten wollte.

Dann trottete ich wieder über die Königstraße, in der zwar großes Gedränge herrschte, jedoch keine »Berber« zu sehen waren.

Inmitten der Straße stand ein gläserner Backwaren-Kiosk. In den Auslagen sah ich knusprige, etwas kleinere Brezeln für sechzig Pfennige. Sie zogen mich magisch an. Mehrmals musste ich sie anschauen. Aber sechzig Pfennige? Als gerade keine Kunden da waren, fasste ich den Mut und fragte die junge Verkäuferin, was die Brezel koste. Sie schaute mich genau an und sagte dann: »Sie bekommen sie so«. In Württemberg heißt das soviel wie kostenlos, umsonst. Sie packte die Brezel in eine Tüte und übergab sie mir mit strahlendem Blick. Ich nahm sie mit einem »Vergelt's Gott« an und war sehr berührt.

Ich ging die Königstraße weiter, bis ich am Hauptbahnhof ankam, wo ich sonst immer Kollegen und Gruppen von Straßenkindern begegnet war. Aber an diesem Tag war alles anders. Ich war verunsichert. Der Hauptbahnhof war sonst, wie in anderen Städten auch, ein Treffpunkt aller Randgruppen. Doch er war »sauber«, kein Kollege war zu sehen. Ich suchte die Bahnhofsmission auf. Auch hier kein Kollege. Ich erhielt, wie gewohnt, meinen Kaffee und ein belegtes Brot und erkundigte mich nach einem Schlafplatz. Eine der Missionsfrauen klapperte telefonisch verschiedene Heime ab und wurde fündig. Der Leiter dieses Hauses erkundigte sich nach meinem Ausweis. Als die Frau ihm sagte, ich besäße nur ein Wanderbuch, schien er zu überlegen. Erst auf ihre Einschätzung: »Er macht einen guten Eindruck«, kam von der andern Seite die Zusage. Der »Missions-Engel« beschrieb mir den Weg dorthin und notierte die Adresse auf einen Zettel.

Zuerst aber wollte ich noch die Polizei auf ihre »Säuberungsfähigkeit« testen. Vorsichtshalber wählte ich für meine provokative Aktion die Stufen der Bischofskirche Sankt Eberhard als Sitzplatz. Bisher hatte mich zwar noch niemand aus Stuttgart fortgeschickt oder gar »abgeräumt«, doch sollte das hier jemand versuchen, konnte ich mich zur Not in die Kirche flüchten. Kaum war die Steinstufe unter mir angewärmt und die erste Münze im Hut, kamen auch schon zwei Polizisten in Zivil zielstrebig auf mich zu. »Betteln ist hier verboten und der Aufenthalt in der Innenstadt für Nichtsesshafte nicht erlaubt.« Sie wollten, dass ich meinen Ausweis vorzeige und meinten, mein Wanderbuch sei kein Ausweis-Ersatz. Aber sie wollten mich noch einmal laufen lassen. Ich solle aber sofort weiterziehen, sonst müssten sie mich fortschaffen lassen. Ich stand auf und sagte: »Beten kann ich auch in der Kirche drinnen, und nachher ziehe ich sowieso weiter, tschüs.« Dann stieg ich die Stufen hinauf und betrat die Sankt-Eberhards-Kirche. Ich wollte mich dort ohnehin wärmen und ausruhen. Etwas abseits legte ich mich auf eine Kirchenbank und dankte dem Herrgott und dem Bischof für ihr Wohlwollen. Wenigstens die katholischen Kirchen sind offen als Notunterkunft und bieten Schutz und Ruhe zum Nachdenken, ohne dass man sich mit Alkohol betäuben muss.

Eigentlich war der Tag jetzt gelaufen, und ich hatte im Zentrum der »sauberen Stadt« keinen einzigen Berberkollegen getroffen. Normalerweise wimmelt es in einer großen Stadt von »Berbern« und es ist ziemlich schwer, einen vernünftigen Platz zum Schnorren zu ergattern. Gute Plätze sind hart umkämpft.

Die Idee von der »sauberen Stadt«, die ursprünglich in einigen Bezirken Berlins begann, sollte nun also auch in Stuttgart verwirklicht werden. »Sauber« bezog sich hierbei nicht auf die Beseitigung von Müll und Unrat. Nein, man wollte den Besuchern der Innenstädte, besonders der Fußgängerzonen, den unschönen Anblick der Obdachlosen und die Konfrontation mit Drogenabhängigen ersparen.

✳ ✳ ✳

Bei den Vorträgen über meine Exkursionen ins Berberleben werde ich immer wieder gefragt, wie man sich Obdachlosen gegenüber verhalten sollte. Meine Antwort ist einfach: So, wie jedem anderen Menschen gegenüber auch. Obdachlosigkeit ist nicht genetisch vorprogrammiert. Ein Obdachloser ist ein Mensch, der aufgrund widriger Umstände keine feste Wohnung hat und sich aufgrund dessen keine Arbeit suchen kann; denn um eine solche zu finden, braucht man einen festen Wohnsitz. Einem Obdachlosen sollte man den gleichen Respekt wie jedem anderen Menschen entgegenbringen.

Ich denke dabei an einen Spruch von Saint-Exupéry: Wenn du mit anderen ein Boot bauen willst, schicke sie nicht, Holz zu sammeln und Werkzeuge zu besorgen, sondern wecke in ihnen die Sehnsucht nach dem weiten Meer ...

Bei einem Obdachlosen ist es ähnlich. Begegnet man ihm ganz offen, sieht nur den Menschen in ihm und nimmt ihn an, wie er ist, dann macht man ihn glücklich. Er fühlt sich als Mensch erkannt und angenommen. Und man wird staunen, was für großartige Menschen hinter diesen ärmlichen Fassaden stecken.

Ein anderer Satz von Saint-Exupéry lautet:
Was soll man tun? Man soll nie zuschauen, man soll tun und Verantwortung tragen.

Besonders die Angehörigen des Franziskaner-Ordens setzen sich für Obdachlose und andere Randgruppen ein. Deshalb möchte ich an ein Schlüsselerlebnis des jungen Franziskus erinnern: Vor den Toren von Assisi stieß dieser auf einen Aussätzigen und erschrak zutiefst. Doch dann tat er etwas, was nicht nur lebensgefährlich und streng verboten war, sondern ihn auch selbst überraschte. Er stieg vom Pferd, umarmte den Aussätzigen, gab ihm nicht nur Geld, sondern auch einen Kuss und sagte: »Du bist mein Bruder«. Es war der Durchbruch zu einem neuen Weg, der ihn fortan nicht mehr losließ: Er verzichtete bewusst auf seinen Reichtum und kümmerte sich um die Armen.

Jede Zeit hat ihre »Aussätzigen«; Menschen, die ausgesetzt, an den Rand der Gesellschaft gedrängt werden. So betrachtet ist »Aussatz« kein medizinischer Begriff, sondern eine gesellschaftliche Erscheinung. Menschen aus den Randgruppen jenseits der bürgerlichen Norm sind oft vor allem psychisch »arm dran«, von ihren Lebensumständen oder durch gesellschaftliche Maßstäbe überfordert. Hier könnte eine Handlungsweise im Sinne Franz von Assisis ansetzen, was bedeutet: Keiner erhebe sich über den anderen. Doch allzu oft wird der Kampf gegen die Prostitution zum Kampf gegen Prostituierte; der Kampf gegen die Drogen führt zur Ablehnung der Drogenabhängigen. Der Kampf gegen die Wohnungsnot wird zur Ausgrenzung von Obdachlosen. »Franziskanisch« wäre, einen Raum zu schaffen, in dem der Ausgegrenzte zunächst einmal aufatmen kann und sich in die Lage versetzt sieht, wieder Vertrauen zu sich selbst und in die Gesellschaft zu fassen.

Neulich kam mir ein Gedicht ohne Autorenangabe in die Finger:

Armut versteckt sich

Aus Scham. Aus Stolz.
Wer möchte arm sein,
wo Reichtum Glück bedeutet –
scheinbar.
Was kostet die Welt?
Wie mir selbst eingestehen,
wie den Kindern erklären,

wie vor den Nachbarn zugeben,
dass für das Einkommen
der Monat zu lang ist?

Wünsche sind teuer,
die Welt kostet zu viel.

Armut versteckt sich.
Sie wird übersehen, verleugnet,
im Überfluss vergessen.
Ich gehe vorbei,
weil ich das Gesicht
der Armut scheue.

Armut versteckt sich.
Ich entdecke sie nur,
wenn ich sie suche,
wenn ich sie finden will –
wenn ich dem Menschen begegnen will,
der sich in seiner Armut versteckt.

Rosen für Max

Auch im Leben eines »Berbers« passieren schöne Begebenheiten, die einen den Glauben an die Menschheit nicht verlieren lassen. Es war im Winter, Mitte Februar, in Ravensburg. Mir war nach Wärme, ich musste mich setzen, und so betrat ich den Eingang zu einem noblen Hotel. Der Ober versuchte, mich abzuwimmeln, aber ich ging an ihm vorbei in den Speiseraum. Nahezu keiner der Tische war besetzt, nur in einer heimeligen Nische saß eine Gruppe älterer Menschen in guter Stimmung. Es handelte sich wohl um den Stammtisch. Ich ließ mich unweit davon an einem kleinen Tischchen nieder. Der Ober schien mich nicht zu beachten. Er bediente mich nicht. Ich wartete geduldig. Nach geraumer Zeit stürmte eine Schar junger Menschen in den Raum. Sie setzten sich in meine Nähe und unterhielten sich angeregt. Als sie mich wahrnahmen und sahen, dass ich nicht bedient worden war, riefen sie den Ober und fragten ihn, warum er mir nichts bringe. Dann fragten sie nach meinem Wunsch, und der recht erstaunte Ober musste mir wohl oder übel einen Kaffee bringen. Es ergab sich noch ein Frage- und Antwortspiel über die Tische hinweg und nach einer Weile verabschiedeten sich die jungen Leute. Es war erstaunlich, wie selbstverständlich und offen die Jugend mich annahm, ohne Vorurteile wegen meines Aussehens zu haben. Vielleicht fanden sie mich auch nur originell.

Jetzt waren auch die älteren Herrschaften auf mich »unerwünschten Gast« aufmerksam geworden. Alle waren um oder über siebzig Jahre alt, vornehme Senioren. Sie baten mich an ihren Tisch. Jetzt hatte der Ober, oder die Vorschrift des Hotels, endgültig verloren. Er musste auch mich freundlich anlächeln, denn meine Gastgeber schienen in hohem Ansehen zu stehen. Langsam entwickelte sich eine muntere Unterhaltung, denn ich lockerte die Schilderung meines Landstreicher- und Berberlebens auf, indem ich meinen ständigen Begleiter, eine ausgestopfte Maus, aus dem Ärmel springen ließ. Auf alle Fälle stand am Schluss des Abends im Wanderbuch:

Eine Ravensburger Stammtischrunde nimmt mich liebevoll als Ehrengast auf.

Landstreicher Max wird hiermit zum Ehrengast vom Stammtisch im Lamm in Ravensburg ernannt.

Beim Abschied überreichte mir jede Dame eine herrliche rote Rose aus dem Strauß auf dem Tisch und bezahlte sie beim Ober. Ich war sprachlos und bedankte mich gerührt mit einem Händedruck. Diese Menschen waren dem Menschen »Max« begegnet und ignorierten einfach mein jämmerliches Äußeres. Dieses besondere Erlebnis wirkte noch sehr lange in mir nach.

Der Abstieg

Ursachen der Obdachlosigkeit

Die Frage, wie man eigentlich in die Obdachlosigkeit gerät, ist durchaus verständlich und berechtigt. Viele Menschen glauben, die Obdachlosen seien fahrlässig oder gar freiwillig in ihre missliche Lage geraten. Mir ist allerdings unter Tausenden von Begegnungen kein solcher Fall untergekommen. Mit Ausnahme der Menschen, die versuchen, sich für kurze Zeit »auf Wanderschaft« zu begeben, um das Milieu kennen zu lernen oder zu testen, ob ein »normaler Mensch« ein total anspruchsloses, einfaches Leben aushalten kann.

Selbst von weit her kamen Menschen auf mich zu, sie hatten mich im Rundfunk oder Fernsehen erlebt, und wollten Gesprächstermine, um sich für eine solche Tour Tipps und Informationen zu holen. Auch Pfarrer waren dabei, die bei ihren Amtsbrüdern unerkannt anklopfen wollten, um zu erfahren, wie barmherzig die Amtsträger unserer Kirchen sind. Oft war es auch nur der Reiz, unsere Gesellschaft aus ganz anderer Sicht zu erleben. Meist blieb es jedoch bei der Idee, denn Wunsch und nackte Realität sind zu verschieden. Ich hatte auch schon »Mitläufer«, die nach einem halben Tag seelisch stark angeschlagen aufgaben.

Wohnungslosigkeit ist das Ergebnis einer Verknüpfung von individuellen und strukturellen Ursachen und deren Folgen. Der Weg in die Obdachlosigkeit ist bei jedem Betroffenen anders. Oft sind es Menschen, die in einer gesicherten bürgerlichen Existenz zu leben glaubten und durch unterschiedliche Schwierigkeiten heimat- und obdachlos wurden. Schlimm ist, dass es aus einem derartigen gesellschaftlichen Abstieg nur selten ein Entkommen gibt.

Der Weg aus der Obdachlosigkeit wird, je länger sie währt, immer schwieriger. Viele haben sich aus der Zivilisation herausgelöst und werden zu Einsiedlern. Die »Wohnfähigkeit«, also die Fähigkeit zum Aufenthalt in einer festen Wohnung, geht mit der Zeit verloren. »Auch können viele Aussiedler hier nicht Fuß fassen«, sagt ein Mitarbeiter des Düsseldorfer Sozialamtes. »Außerdem kommen immer mehr Familien, die sich ihre Wohnungen nicht mehr leisten können.« Sie werden in Notunterkünfte verwiesen.

Am Fastnachtssamstag 1982 war ich als »Fastnachtsoriginal« zum Empfang im herzoglichen Schloss in Friedrichshafen eingeladen. Nach einem guten Essen und reichlich Wein aus dem herzoglich-württembergischen Weinkeller machte ich mich auf den Weg durch die Stadt und durch das Getümmel der Menschen, die auf den Umzug warteten. In der Seestraße stieß ich auf einen Kollegen. Er schien fremd zu sein und so lud ich ihn ein, sich mir auf der Tour durch die Gasthäuser und Schenken anzuschließen. Die Leute, die wir trafen, waren fröhlich und begegneten uns erstaunlich unvoreingenommen. Vielleicht kam es daher, dass wir unter den vielen verkleideten Narren nicht sehr auffielen. Und da anscheinend alle Menschen Durst hatten, wurden uns alkoholische Getränke förmlich aufgedrängt. Im Laufe der folgenden Stunden erfuhr ich, dass mein Kumpan Edi hieß. – Im

Milieu der Landstreicher oder »Berber« redet man sich grundsätzlich mit »du« an. Die Intimsphäre ist tabu und nur der Vorname bekannt. Erst wenn man sich besser kennt, erfährt man mehr über die Person des anderen.

So erfuhr ich während unserer gemeinsamen Tour durch die Lokale der Zeppelinstadt, dass Edi aus Ostfriesland kam, vierzig Jahre alt und von Beruf Arzt war, und dass seine Frau ihn verlassen hatte. Er konnte das nicht verkraften, hatte durchgedreht und alles im Stich gelassen. Er wollte nach Italien weiterziehen, da er ein Obdachlosenleben im winterlichen Deutschland nicht durchgehalten hätte. Am Abend trennten wir uns und tauschten gute Wünsche für unsere weiteren Wege aus. Ich suchte meine Platte auf; ihm hatte ich eine Übernachtung bei der Polizeidienststelle verschafft, die ich kannte.

Damals fragte ich mich: Wie kann ein junger Arzt in dieser Situation alles hinter sich lassen? Doch inzwischen habe ich genügend Beispiele dafür sammeln können, dass die Reaktion eines Menschen auf Schicksalsschläge mit seiner Persönlichkeitsstruktur und seiner speziellen Situation zu tun hat.

An das Bild von obdachlosen Männern in Großstädten hat man sich fast schon gewöhnt. Doch inzwischen fristen auch immer mehr Frauen ein unwürdiges Leben zwischen Straße und Notunterkunft. Gerade bei ihnen ist die Dunkelziffer sehr hoch. Denn die wenigsten von ihnen leben ausschließlich auf der Straße. Viele neigen eher zu privaten Lösungen und versuchen zunächst bei Freunden oder Bekannten unterzukommen. So ist zum Beispiel die Grenze zur Prostitution manchmal nicht eindeutig, wenn »für gewisse Gegenleistungen« eine Unterkunft angeboten wird.

Frauen sind häufig sexueller Gewalt ausgeliefert. »Wir sind Freiwild«, sagt Gudrun, die bereits ihr halbes Leben auf der Straße zugebracht hat.

Beispiele für die Ignoranz der Bevölkerung den Frauen gegenüber gibt es genügend: Mir wurde von einer obdachlosen Frau berichtet, die vor dem strömenden Regen Schutz in der riesigen Halle des Frankfurter Hauptbahnhofs suchte. Volltrunken konnte sie sich kaum auf den Beinen halten. Zwei »schwarze Sheriffs« packten sie an den Armen. Obwohl sie sich wehrte, hatte sie gegen die beiden Mitarbeiter des privaten Wachdienstes keine Chance. Sie schleiften die Frau nach draußen in den Regen. Sie versuchte, wieder in die schützende Bahnhofshalle zu gelangen. Sie taumelte orientierungslos herum und drohte, die Rolltreppe zur U-Bahn hinabzustürzen. Die Passanten nahmen keine Notiz von ihr.

Einige Straßen weiter kauerte seit Tagen eine Obdachlose in einer Telefonzelle. Einen Gepäckwagen mit ihrer Habe hatte sie vor der Tür abgestellt. Sie machte einen verwahrlosten Eindruck. Ihre Notdurft verrichtete sie in die Hose. Als die Frau im Gesicht blau anlief, erbarmte sich eine Passantin und rief eine Hilfsorganisation an. Am nächsten Tag blieb die Telefonzelle leer, doch tags darauf hockte die Frau wieder zusammengekauert in der gläsernen Zelle.

Auch immer mehr junge Mädchen finden sich unter den Obdachlosen. Wie Maria: Sie ist knapp 16 Jahre jung und stammt aus Wuppertal. Das steht jedenfalls in ihrem abgegriffenen Personalausweis, den sie in ihrem Brustbeutel trägt. Doch die Stadt mit der weltberühmten Schwebebahn ist für das groß gewachsene rotblonde Mädchen weder Heimat noch Zuhause. Seit die Eltern etwas mehr als ein Jahr zuvor geschieden wurden, ist Maria zwischen Cuxhafen und Garmisch-Partenkirchen rastlos unterwegs und kennt alle Tricks, wie man zu einem warmen Essen kommt und der Heimeinweisung entgehen kann. Trotz ihrer vordergründigen Sorglosigkeit kennt Maria auch Angst. Die nämlich, wie sie durch den nächsten Winter kommen wird. Maria, die nicht einmal ihren Hauptschulabschluss gemacht hat, teilt diese Angst mit den anderen nichtsesshaften minderjährigen Mädchen, die in Deutschland unterwegs sind. Es wird befürchtet, dass der Anteil der minderjährigen Landstreicherinnen, die sich durch Prostitution oder Handlungen außerhalb der Legalität durchs Leben schlagen müssen, stetig wächst.

Woher kommen diese Mädchen, die keinen festen Boden mehr unter den Füßen haben und die sich im Pennermilieu der Städte besser auskennen als mancher Sozialarbeiter oder Kriminalbeamte? Meist stammen sie aus zerbrochenen Familien, in denen nicht selten mindestens ein Elternteil längere Zeit arbeitslos ist. Längst nicht alle haben sich mit dem Straßenleben angefreundet; viele würden gerne wieder sesshaft werden, hätten gerne einen Arbeits- oder Ausbildungsplatz und ein Dach über dem Kopf, unter dem sie nicht herumkommandiert oder beleidigt werden. Aber die traditionellen Hilfsangebote der Sozialarbeit und Sozialtherapie sehen recht dürftig aus, wie die »Aktion Jugendschutz« feststellte. Zudem sind die finanziellen Möglichkeiten der Verbände und Behörden äußerst begrenzt.

Die 17-jährige Brunhilde K. aus Worms wurde nach dreijähriger Wanderschaft voller Enttäuschungen und Demütigungen von einem älteren Ehepaar in einer fränkischen Kleinstadt aufgenommen und bekam einen Ausbildungsplatz als Verkäuferin. Solche Glücksfälle sind selten, denn im Allgemeinen werden die weiblichen Nichtsesshaften eher in Peepshows oder als Animierdamen vermarktet. Dann ist der Weg zur professionellen Prostitution nicht mehr weit.

Mädchen aber, die das unstete Leben satt haben und bei einer Behörde um Hilfe ersuchen, sehen sich oft ratlosen Gesichtern gegenüber. Sie bekommen ein Bett für eine Nacht und ein Handgeld für den nächsten Tag. »Besser« haben es diejenigen, die straffällig geworden sind. Ihnen winkt eine warme Bleibe mit Lagerstatt und Essen in einem Erziehungsheim oder einer Haftanstalt. Es verwundert nicht, dass es viele Mädchen regelrecht darauf anlegen, bei einer Straftat erwischt zu werden, um dem harten Winter auf der Straße zu entgehen.

Eine warme Gefängniszelle mit Pritsche ist als letzte Möglichkeit für eine kalte Winternacht von keinem Obdachlosen so leicht zu verachten. Doch im Normalfall bedarf es dafür einer richterlichen Einweisung. Und die Konsequenzen eines extra zu diesem Zweck begangenen Deliktes zu tragen, zieht natürlich weitere Schwierigkeiten nach sich und lohnt sich nicht.

So kam mir gerade recht, was »mein Justizminister« Dr. Thomas Schäuble mir bei einer Begegnung im Staatsministerium in mein Wanderbuch schrieb. Dieser Eintrag hätte mir im äußersten Notfall wohl sicher geholfen, eine Übernachtungsgelegenheit zu bekommen.

Um beim Nächtigen außerhalb von Zellen und Städten in freier Natur nicht in Schwierigkeiten zu kommen, das heißt verjagt oder »abgeräumt« zu werden, ließ ich mir gerne amtliche Genehmigungen geben, die eigentlich gar nicht vorgesehen oder notwendig waren. Doch in unserem bürokratischen Staat ist es immer gut, eine amtliche Bescheinigung zu haben. Und: Sicher ist sicher ...

So lohnte sich auch ein Besuch bei der Forstdirektion Tübingen-Bebenhausen, die für den gesamten Regierungsbezirk Württemberg-Hohenzollern zuständig ist. Die Herren dort fanden mich recht originell und anständig, gaben mir noch ein Wurstbrot und einen Schnaps. Ich musste ihnen aber in die Hand hinein versprechen, nicht zu wildern. Dies war natürlich Ehrensache!

Im Oktober 2000 war unter der Überschrift »Feste Adresse für Obdachlose« eine Meldung aus London in der Presse zu lesen; dort wurde praktiziert, wofür wir in unserer äußerst bürokratischen Bundesrepublik seit Jahrzehnten kämpfen:

Sechs Obdachlose in der englischen Stadt Bristol haben künftig eine feste Adresse: »Parkbank, Portland-Platz, Bristol«. Diese Anschrift ist eingeführt worden, damit die

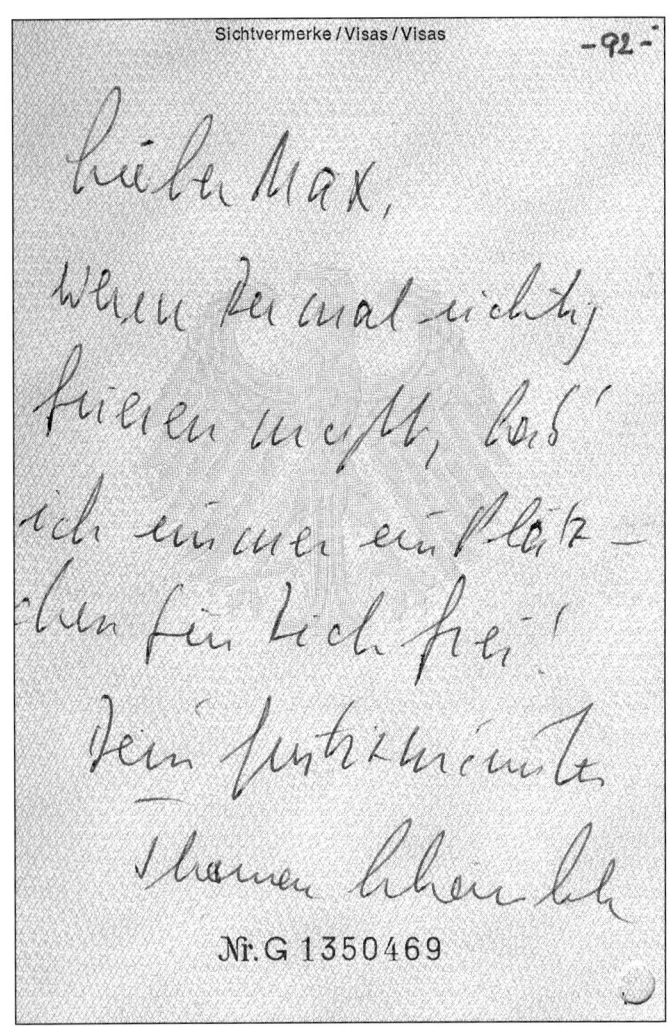

Nr. G 1350469

Der baden-württembergische Justizminister Thomas Schäuble sorgte sich nicht nur um Recht und Ordnung.

19.2.82.

Dem einen ersten
Max wird hiermit ge-
nehmigt, sämtliche
Waldwege zu begehen,
(auch in ihrem neuen
Zustand). Notfalls
wird auch Übernachtigung
gestattet.

Forstdirektion Tübingen

Die Forstdirektion Tübingen gestattete mir, sämtliche Waldwege
zu begehen und notfalls sogar zu übernachten.

153

Obdachlosen ärztlich behandelt werden können. Wie Tony Palmer vom Gesundheitszentrum in Bristol am Freitag berichtete, können Hausärzte vom staatlichen Gesundheitssystem nur dann bezahlt werden, wenn sie auf ihrer Computer-Abrechnung auch die Adresse des jeweiligen Patienten angeben. »Da scheint dies eine gute, praktische Lösung zu sein«, sagte Palmer ...

Bei uns dagegen vegetieren Tausende von Obdachlosen ohne die ihnen zustehenden Hilfen und Versorgungen, nur, weil sie keinen Wohnsitz nachweisen können. Und als Spitzenleistung unserer Verwaltung kann sicher gelten, dass ein Pfarrer wegen Betrugs rechtmäßig verurteilt wurde, weil er für einen Obdachlosen sein Pfarrhaus als Wohnsitz angegeben hatte. Dabei hatte der Obdachlose tatsächlich die Möglichkeit, dort in einem Raum im Untergeschoss zu nächtigen, und er nutzte dies auch unregelmäßig. Ohne feste Adresse kam er nicht an die finanzielle Unterstützung, nicht an eine Krankenversicherung und war praktisch nicht existent. Wer in solchen Fällen in unserem Lande unorthodox hilft, wird dafür bestraft.

Meine große Hoffnung ist nun, dass dieses englische Beispiel rasch im Vereinten Europa bekannt wird und vor allem in Deutschland menschliche Schicksale mehr zählen als Paragraphen.

Wo mache ich
heute Nacht Platte?

Bei Wallfahrten zu dem Schweizer Nationalheiligen und Friedensstifter, Bruder Klaus von Flüe, habe ich immer bewundert, dass dieser freiwillig auf einem harten Lager geschlafen hatte, das aus einem Brett und einem Stein bestand. Die Obdachlosen, die auf ähnlich derbem Untergrund schlafen müssen, umgeben jedoch meist nicht einmal die schützenden Wände und das Dach der einfachen Zelle des Bruders Klaus.

Es ist eine schwer zu beschreibende Angst, die einen überkommt, wenn es dem Abend zugeht und man noch keinen Ort zum Platte machen hat. Immer wieder habe ich es erlebt, wie diese existenzielle Sorge das normale Denken ausschaltet, und alle Gedanken und Sinne sich nur noch um die Frage nach einem geeigneten Schlafplatz drehen. Vielleicht sind es auch Müdigkeit, Elend, Hunger und Schmerz, die ein Gefühl absoluter Hoffnungslosigkeit erzeugen, so dass es einem egal ist, wo man sich niederlegt – und man sich wünscht, nie wieder aufzuwachen.

Meine Erfahrungen »Platte zu machen« sind recht unterschiedlich. Einen festen Schlafplatz habe ich als Landstreicher grundsätzlich nicht: Ich bin als Tippelbruder an keinen Ort, keine Stadt gebunden. Meine Entscheidung, wohin ich gehe und wo ich bleibe, wird beeinflusst durch die Aussicht, an Geld, an Sozialhilfe zu kommen. »Meine

Zunft« bekommt einen Tagessatz, welcher je nach Vermögen der betreffenden Kommunen recht unterschiedlich ausfällt. Normalerweise gilt die Aufenthaltsgenehmigung in einer Stadt für einen Tag, bei Krankheit oder anderen berechtigten Gründen bis zu drei Tagen. Der Druck zum Weiterziehen ist deutlich spürbar – keine Kommune will durch Wohltaten Landstreicher zum längeren Bleiben motivieren.

Anders verhält es sich zum Beispiel im Bruder-Klaus-Heim in Sigmaringen, das von der AGJ Freiburg, der Arbeitsgemeinschaft für Gefährdetenhilfe und Jugendschutz, unterhalten wird. In diesem modernen Haus hätte ich acht Tage bleiben dürfen, allerdings unter der Bedingung, tagsüber im Garten oder im Haus zu arbeiten. Die meisten Landstreicher sind nicht sehr erpicht auf solche »Resozialisierungsversuche«.

Platte machen hat zwar den Anschein von großer Freiheit, doch die Realität der Obdachlosigkeit sieht anders aus. Eine Zeit lang kann man sich dem Reglement unserer verwalteten Gesellschaft scheinbar entziehen, aber man stößt sehr bald an Grenzen.

Bei der Suche nach einem Schlafplatz versuchte ich es meist mit Diplomatie. So konnte ich in einer Kleinstadt den Vorsteher einer Sparkasse bewegen, mich im warmen Vorraum die Nacht über einzuschließen. Seine gute Tat verschaffte mir eine vor der Alarmanlage sichere Nacht. Heute ist so etwas nicht mehr möglich, da in diesen Vorräumen die Geldautomaten stehen, die den Bankkunden auch nachts zugänglich sind.

Noch ohne Erfahrung in der Großstadtszene versuchte ich vor Jahren im Winter, auf einem Heizungsschacht vor einem Laden Platte zu machen. Als nachts immer mehr Jugendliche geräuschvoll an mir vorbeizogen, merkte ich, allerdings zu spät, dass ich in der Nähe einer Disko lag. Die nächste Gruppe nahm mich wahr, stürmte auf mich los und traktierte mich mit den Schuhen. So schnell ich konnte, wickelte ich mich mit Gebrüll aus meiner Decke und zog mein Messer. Gott sei Dank ließen sie von mir ab, und ich suchte das Weite. Dieses Mal hatte ich Glück gehabt! Wenn man im Freien nächtigt, ist man immer in Gefahr.

Unterwegs kennt man jedoch mitunter schon das eine oder andere Haus oder bestimmte gutmütige Menschen, an die man sich gerne erinnert. Im Bereich ihres Hauseingangs wird mit kleinen, unauffälligen Zeichen für Eingeweihte kenntlich gemacht, ob die Hausbewohner Bedürftigen gegenüber wohlgesonnen sind oder nicht. »Gute Häuser« erhalten so regen Zulauf, »schlechte Häuser« werden dagegen gemieden. Tatsächlich ist das »Zinken« noch weit verbreitet. Geteilte Freude ist doppelte Freude!

Übrigens wird auch in Jerusalem gezinkt: Meine Reisen führten mich auch ins Heilige Land, nach Israel. In einem arabischen Lokal in der Altstadt, in der Nähe des Damaskustores, waren die Wände voll aufgespießter kleiner Zettel. Es waren Nachrichten an Bekannte oder Hinweise auf alles Mögliche, in allen Schriften und Sprachen dieser Erde.

Im harten Winter 1981/82 quartierte ich mich in Stuttgart erstmals in einem Wohncontainer ein. Damals sollten während der Wintermonate in zehn Wohncontainern auf dem Cannstatter Wasen achtzig Obdachlose, die in den ständig überfüllten Notunterkünften der Stadt nicht mehr unterkommen konnten, Schutz gegen die Kälte finden. Es handle sich zwar nur um ein Dach überm Kopf, zitierte die Stuttgarter Zeitung vom 29. Dezember 1981 den Sozialamtsleiter, der meinte, die Container seien aber immerhin beheizt und es sei ein Versuch, wenigstens einen Teil der etwa 400 wohnungslosen Personen zu beherbergen. Die Container waren nicht möbliert, jeder Obdachlose musste sich seinen Schlafplatz selbst einrichten. Beim Platte machen müssten sie das ja auch, und schließlich handle es sich um keine Wohngelegenheit, sondern lediglich um eine Unterkunft für die Nacht, erklärte der Amtsleiter. Zusätzlich hatte die Stadt zwei Wagen mit Toiletten und Duschmöglichkeit aufgestellt. Die Ausnutzung der Unterkünfte sei bisher jedoch eher gering, war im Sozialamt zu erfahren. Erst zwanzig Obdachlose hätten in den vergangenen Tagen von dieser Einrichtung der Stadt Gebrauch gemacht. Bisher waren es Obdachlose gewesen, die von der Polizei in »schwierigen Situationen« aufgegriffen und in die Notunterkünfte eingewiesen wurden. Eine »schwierige Situation« war dann gegeben, wenn Menschen ohne jeglichen Schutz bei winterlicher Eiseskälte im Freien übernachteten. Es werde auch niemand abgewiesen, der von sich aus auf den Wasen komme und Schutz suche.

Gegen 16 Uhr wurden die Container geöffnet. Wer zu dieser Zeit da sei, erklärte der Sozialamtsleiter, der könne hinein. Eine Kontrolle gebe es nicht.

Ich wagte den Versuch. Ein Container war etwa 15 Quadratmeter groß und sollte Platz für maximal acht Leute bieten; er war beheizt und hatte einen Wasseranschluss, war aber ansonsten unmöbliert und leer. Man musste sich auf den nackten Boden setzen oder legen. Als sich der Raum füllte, wurde es furchtbar eng. Und von wegen »Nachtruhe« und »unkontrolliert«! Fast jede zweite Stunde kam die Polizei und führte eine »Identitätskontrolle« durch. Das bedeutete, die Polizisten betraten unangemeldet den Container und blendeten jeden mit dem grellen Licht ihrer Taschenlampen. Man schreckte völlig verwirrt auf und hatte Angst. Der Griff zum Ausweis erfolgte schon mechanisch. Denn auch auf der Straße, bei Tag und bei Nacht, wurde ständig kontrolliert. Meine Kumpels meinten, das sei Zermürbungstaktik, die uns aus der Stadt vertreiben sollte.

Für mich Landstreicher war das nichts. Und auch die Stadtstreicher mieden die Container nach Möglichkeit. Hier ging es geradezu unmenschlich zu. Zudem war man nicht sicher und wurde bestohlen oder beraubt. Es hatten sich Cliquen gebildet und es herrschte das Recht der Stärkeren. Sie »regierten« einige der Container. Der Anführer ließ nur hinein, wer »Schlafgeld« zahlte. Es kam vor, dass einer verdroschen wurde, wenn er sich gegen den geforderten Preis wehren wollte.

In solchen Verhaltensweisen spiegelt sich die erbärmliche Lage, in der sich die Obdachlosen befinden. Und die Enge, die triste Unterkunft, die Konzentration sozialer Probleme auf kleinster Fläche führen zwangsläufig zu Aggressionen.

Man ist heute in keinem Übernachtungsheim mehr sicher. Die ständig wachsende Armut und Obdachlosigkeit führt auch zum Verfall der Werte und zum Verlust der Solidarität unter den Armen. Es wird geklaut, erpresst oder sonstige Gewalt angewendet. Leider hat sich diese Entwicklung bis heute nicht gewandelt.

✳ ✳ ✳

Uli war kein Einzelfall. Mit 15 Jahren ist er aus einem Elternhaus mit acht Kindern auf die Straße geschlittert. Er hatte einfach keinen Bock auf die Gesellschaft. Beim Frühstück hatte der Vater damals geschrien: »Uli, du kannst nicht ewig gegen den Strom schwimmen.«

Uli stand auf und antwortete: »Vater, ich muss. Wenn ich nicht gegen den Strom schwimme, erreiche ich die Quelle nie.«

Dann verließ er das Haus und stolperte drei Jahre lang durch die Drogenszene. Mit 18 zog er los und wollte sich die ganze Welt ansehen.

1996 war er 39 Jahre alt, nach eigenen Worten Alkoholiker und einer von 1,5 Millionen Obdachlosen in der Bundesrepublik. Aber Platte machte er seit fünf Jahren nicht mehr. Sein kleiner Wohnwagen stand in einer Wagenburg auf dem Rieselfeld vor den Toren Freiburgs. Was nach der Bebauung des Geländes aus ihm und seiner Minimal-Wohnung wurde, weiß ich nicht. Schade, dass solche Eigeninitiativen bei uns nicht auf Dauer geduldet werden. Sie könnten dem Staat viele Kosten ersparen.

Eines frühen Morgens traf ich in Konstanz ein und zog nach »Klein-Venedig«, einem Lagerplatz der Obdachlosen. Es ist eine lange Rampe auf der Seeseite des alten Güterbahnhofs, ein herrliches Plätzchen. Vor mir lag die Bucht, mein Blick glitt über die weite, in der Sonne glitzernde Fläche des Bodensees. Ruhig und friedlich schien es hier. Der große Schuppen schirmte den Verkehr und das geschäftige Leben ab. Hier, auf der langen Rampe, stapelten sich die Habseligkeiten der Menschen, die wie verpackte Bündel unter der Rampe friedlich nebeneinander schlummerten. Wortlos setzte ich mich in eine Lücke dazwischen und wartete ab, wohl wissend, dass jede meiner Bewegungen genau beobachtet wurde. Hier drehte sich jemand wieder in die alte Lage, dort zog einer seinen Hund näher an sich heran. Entwarnung! Ein Kommen und Gehen ist hier normal. Jeder tut, was er will. Aber die Gruppe schützt wie eine Wagenburg, die Menschen fühlen sich sicher. Ein paar Wortfetzen aus der späteren Unterhaltung beschreiben ihre Stimmung:

»Nur im Freien Platte machen, niemals in Wohnheimen der Stadt. Da kann es sein, du wachst morgens auf und Schuhe und Hose sind geklaut.«

»Allein ist es gefährlich nachts wegen der Lausbuben, nach der Disko. Jungs pissen uns an, schlagen uns. Wir wollen nur unsere Ruhe. Aber wir wehren uns, wenn's sein muss mit dem Vespermesser. Wir haben außer dem Leben nichts zu verlieren.«

»Nachher geht's arbeiten. Sitzung ist harte Arbeit: oft zwölf bis 16 Stunden sitzen wegen ein paar Mark. Das kann man nur mit Alkohol überleben.«

»Schnorren ist würdig, Stehlen ist unwürdig. Rumlaufen und die Leute anhauen, anmachen, ist unschön. Ich bin ein Sonderling, sitze gern allein. Brauche auch wieder Gesellschaft. Es ist Unterhaltung, man teilt.«

»Wir schlagen uns durch, ohne Verbrecher zu werden.«

»Wir kommen noch mal raus aus dieser Scheiße. Die Chance kommt.«

»Ich denke oft an meine verstorbene Frau und an meine Kinder. Ich träume von ihnen.«

»Ich war schon im Gefängnis. Das war eine sorgenfreie Zeit.«

»Mein erster Gedanke am Morgen? Was das Wetter macht, wie das Geschäft laufen wird, wo meine Bierflasche ist.«

»Ich freue mich übers Leben, hätte gerne noch ein paar Jahre. Wenn der Arsch kalt ist, habe ich keine Freude mehr.«

Als ich nach Stunden nochmals nach Klein-Venedig schaue, ist es menschenleer. Alle sind »auf Arbeit«, ihre Habseligkeiten liegen wie die Sperrmüllreste auf der Rampe und keiner vergreift sich daran. Ein Hauch von Aussatz liegt darüber.

✳ ✳ ✳

Zeitweise trug ich an der linken Hand den goldenen Ehering meines verstorbenen Vaters, den meine ebenfalls verstorbene Schwester hatte umarbeiten lassen. Er war für mich ein wichtiges Zeichen der Verbundenheit zu meiner Familie. Selbst dieses kleine Zeichen stieß bei Passanten auf Unverständnis: »Warum sitzt der hier und bettelt, obwohl er einen Goldring trägt?«

Manchmal antwortete ich: »Das ist meine Rente für acht Tage überleben.« Das Einzige, das ich besaß außer der Kleidung am Leib, wurde mir sogar auch noch missgönnt.

Die älteren Männer unter den Obdachlosen haben oftmals kein lebendiges Verhältnis mehr zu Frauen. Berührung, Zärtlichkeit, Sexualität gibt es für sie nicht. Ein Dreißigjähriger formulierte: »Ich bin im Existenzkampf so verstrickt, dass ich Frauen nur noch anschauen kann. Ich schaue sie mir an wie Waren im Supermarkt, die schön verpackt sind.«

Zu Kindern fehlt oft jede Beziehung. Selber ein Kind zu versorgen, ist undenkbar – wenn man sich nicht einmal selber versorgen kann. »Für Kinder bin ich 'ne Störung«, sagte ein junger Obdachloser zu mir.

Umso trauriger stimmt es mich, wenn ich im Milieu mit obdachlosen Familien zusammenkomme. Sie halten zwar auf Gedeih und Verderb zusammen. Doch der Ton ist rau und hart, und die Liebe ist hinter der Existenzsorge und Not kaum zu erkennen. Auch die Kinder haben wenig Zukunftsaussichten und kämpfen sich nur von einem Tag zum andern durch.

Eine ganz besondere Art des »Obdachs« ist der sichere und meist angenehme Aufenthalt bei ehemaligen Bekannten oder Freunden auf Einladung. In der Regel handelt es sich dabei um Essen und Unterkunft für eine

Nacht. In der Adventszeit oder um Weihnachten kommt es immer mal wieder vor, dass jemand einen Obdachlosen einlädt oder ihm sogar für längere Zeit ein Zimmer anbietet. Doch in den seltensten Fällen halten es die »Gäste« länger aus. Oft verschwinden sie nach ein, zwei Tagen plötzlich wieder, trotz allem Wohlstand, gutem Essen, sauberem Bett und hygienischen Verhältnissen und trotz aller Verbindlichkeit und bestem Bemühen der Gastgeber. Die Umstellung vom Milieu ins bürgerliche Leben ist unendlich schwer, weil in allem zu verschieden.

✳ ✳ ✳

Im Februar 1990 war ich einige Tage im Kanton Luzern in der Schweiz. Mein Freund und Abiturskollege Professor Dr. Friedrich Beutter nahm mich in seinem großen und schönen Chalet in Luzern auf. Tagsüber war ich zur »Erkundung« im Kanton unterwegs. So auch am Sonntag bei einem großen Narrentreffen in Willisau.

Dort überraschte ich in der großen Festhalle den Schultheiß (Regierungschef) des Standes Luzern, Regierungsrat Erwin Muff, beim Essen. Er zeigte großes Interesse an mir und meiner Lebensart, ließ mir eine Mahlzeit auftragen, und als er von meiner Armut überzeugt war, sicherte er mir lebenslange Steuerfreiheit zu. Dann bat er mich noch schriftlich, meinen Ministerpräsidenten Lothar Späth zu grüßen.

Wenn ich abends wieder bei Friedrich Beutter eintraf, hatte der schon ein köstliches Vesper bereitet. Anschließend holten wir aus seinem Weinkeller einige Fläschchen edler Tröpfchen und schwelgten stundenlang in Erinnerungen an unsere gemeinsame Jugend.

Als mein Freund und ich an einem Morgen durch Luzern wanderten und er mir die Stadt zeigte, staunte er über das Aufsehen, das wir beide als ein so ungleiches Paar erregten. Er spürte ein wenig, was ein Außenseiter täglich ertragen muss, und war tief betroffen.

Dann führte er mich durch die Theologische Fakultät. Er stand kurz vor seiner Emeritierung. Im Foyer trafen wir auf viele Studentinnen und Studenten, die ihn deswegen auf Bescheinigungen und Zeugnisse ansprachen. Als der Professor merkte, dass seine Begleitung Verwunderung auslöste, sagte er: »Sehen Sie, meine Damen und Herren, so spielt der liebe Gott! Wir haben miteinander Abitur gemacht. Er wurde Landstreicher, ich Theologieprofessor.«

✳ ✳ ✳

Mein Schulfreund nahm mich mit dem PKW mit nach Deutschland, ins Markgräfler Land, zu seinem Alterssitz. In Ballrechten-Dottingen besuchte ich das Grab des verstorbenen Landtagsabgeordneten Alfred Löffler, der mit Lothar Späth gut bekannt war, für den ich ein Foto machen ließ.

Ich zog dann weiter nach Freiburg und machte dem Erzbischöflichen Ordinariat meine Aufwartung. Eine Audienz beim Erzbischof bekam ich zwar nicht, aber der Domkapitular Hermann Ritter, ebenfalls ein Jugendfreund, empfing mich herzlich und gab mir eine Empfeh-

Besuch am Grab Alfred Löfflers in Ballrechten-Dottingen als
Botschaft für Ministerpräsident Lothar Späth

lung an die Pfarrer und Haushälterinnen der Diözese mit, die ich gut einsetzen konnte.

Am Kaiserstuhl kehrte ich dann im höchst gelegenen Pfarrhaus der Erzdiözese Freiburg ein, in Amoltern bei Endingen, bei den »Pfarrhof-Professoren«. Professor Rudolf Henning lebte hier im Ruhestand und machte zusammen mit meinem Freund Fritz Beutter die Wochenendpastoral und hielt Gottesdienste.

❊ ❊ ❊

Das Leben ohne Wohnung ist in der Regel ein Leben am Existenzminimum. Einfacher und primitiver geht es nicht.

Ich meine, dass uns hier die Obdachlosen viel voraus haben und uns in bestimmten Aspekten ein Modell der Zukunft vorleben. Am eigenen Leib habe ich erfahren, dass ein einfaches Leben möglich ist, dass man auf die meisten technischen Einrichtungen mit zum Teil unverantwortbarem Verbrauch von Energie verzichten kann, und ich habe umso mehr erkannt, dass der Wert der Dinge, auch der einfachsten, nicht geringer, sondern mehr geschätzt werden sollte.

Eine für unser Arbeitsverständnis kuriose Geschichte aus China erzählte mir ein bekannter Unternehmer. Er beliefert eine Weltfirma und war öfter vor Ort in einer ländlichen Gegend des chinesischen Riesenreiches. Als er wieder einmal dort war, sah er in den weitläufigen Anlagen des großen Unternehmens Dutzende von Chinesen, die den Rasen mit Scheren von Hand schnitten. Nach der Besprechung fragte er einen leitenden Mitarbeiter, wa-

rum sie sich bei einer so modernen Firma keinen Rasen-
mäher leisteten und die armen Menschen, für uns Euro-
päer unverständlich, zu einer so primitiven Arbeit ein-
setzten.

Der Chinese lächelte verständnisvoll und sagte: »Ich
weiß, bei Ihnen wären diese Menschen alle arbeitslos und
kosteten die Allgemeinheit viel Geld, wären aber unglücklich dabei, weil sie glauben, keinen Wert mehr zu
haben. Diese Menschen hier wissen, dass sie gebraucht
werden, sie haben ein Selbstwertgefühl und sind mit dem
geringen Lohn zufrieden. Sie sind bei ihrem einfachen
Leben glücklich. Schauen Sie sie doch an.«
Auch bei uns gibt es tatsächlich immer wieder Menschen,
die freiwillig ein einfaches Leben führen. »Berber«, die
aus Freiheitsdrang, Mut zur Einfachheit und Suche nach
Verinnerlichung einen Ausstieg wagen, den sie wesentlich leichter in einem Kloster – auch auf Zeit – hätten haben können.

Das Freiheitsverständnis in unserer bürgerlichen Gesellschaft ist ein sehr einseitiges. Auch Obdachlosen und
anderen armen Menschen sollten wir die Freiheit ihres
»So-leben-Müssens« zugestehen. Nur eine richtige Ba-
lance zwischen Freiheit und Verantwortung, Individuali-
tät und Sozialität, Selbstverwirklichung und Selbstzu-
rücknahme kann allen Menschen, arm und reich, die
Zukunft sichern.

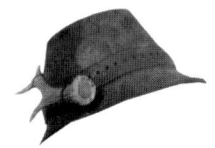

Unser tägliches Brot
gib uns heute

Essen ist ein Labsal, nicht nur für den Leib, sondern auch für die Seele. Das Herz schlägt beim Anblick eines üppig gedeckten Tisches höher und der Duft eines guten Mahles lässt einem das Wasser im Mund zusammenlaufen.

Bei allen größeren Familienfesten – zuerst mit den Kindern, später kamen die Enkel hinzu – war das gemeinsame Mahl nicht bloß eine Lebensnotwendigkeit, sondern der Höhepunkt des Tages.

In unserer Familie wird vor und nach dem Mahl gebetet. Dieser Brauch ist ansonsten heutzutage wohl eher die Ausnahme, aber mir scheint es ungeheuer wichtig zu sein, dass wir uns beim Anblick der Speisen daran erinnern, dass Sattessen keine Selbstverständlichkeit ist und dass es Millionen von Menschen gibt, die hungern und sogar verhungern müssen.

Wer von uns hat schon einmal richtig Hunger gehabt? Nicht, wenn er freiwillig eine Fastenkur macht oder um abzunehmen, sondern gezwungenermaßen. Die Gedanken kreisen um die Nahrungsbeschaffung, der einzige Zweck des Essens dient der Funktionsfähigkeit des Körpers. Essen kann man aber nur, wenn man etwas Essbares hat. Deshalb wird »auf Vorrat« gegessen, wenn es etwas zu essen gibt.

Auch mir ging es damit nicht anders: Eines Tages lief ich im Kloster Sießen bei den Franziskanerinnen schon vor 11 Uhr ein. Sie hatten eine neue Generaloberin. Die frühere hatte mir in meinem Wanderbuch versprochen, dass ich in Sießen eine Klostersuppe auf Lebenszeit bekäme. Jetzt wollte ich feststellen, ob dieses Versprechen auch bei ihrer Nachfolgerin, Schwester Judith, galt. Tatsächlich bekam ich nach kurzem Warten Audienz und dabei die Zusicherung, das Versprechen gelte unabhängig von der Person der jeweiligen Mutter Oberin. Aus der Klostersuppe wurde dieses Mal ein üppiges Mittagsmahl.

Gleich nach dem Essen machte ich mich auf den Weg nach Saulgau. Ich fragte nach dem Sozialamt. Am Samstag, so hieß es, sei das Amt geschlossen; ich solle zum Polizeiposten gehen. Dort wurde mein Name in eine Liste eingetragen und ich erhielt einen Essensgutschein, den ich im zentral gelegenen Altersheim einlösen konnte. Das Essen dort war wirklich gut, und mit etwas Mühe stopfte ich die letzten Bissen des Nachschlags in mich hinein.

Gleich hinter dem Altenheim lag das bekannte Hotel Kleber Post. Schon seit vielen Jahren durfte ich in diesem »Nobel-Hotel« zu einem kleinen, kostenlosen Imbiss einkehren, wenn ich auf dieser Route war. Das galt bei Hermann und Margarethe Kleber und später auch beim Junior-Chef Andreas Kleber. Als ich ihm beim Schlürfen meiner Suppe erzählte, dass dies heute schon die dritte Mahlzeit war, fragte er erstaunt, warum ich meinen Magen so strapaziere? Ich antwortete:»Woischt, i muss dann essa, wenn i was krieg!«

Kloster Sießen
7968 Saulgau 1

Max ist wieder gekomen
u. hat seine Suppe eingenomen
Nun geht er wieder fort —
an einen andern Ort.

Kloster Sießen,
in der Fastnacht 1967

i. A. Schw. M. Lolitha
Müller

Friedhofsbesuch bei Schwestern
Ewaldina u. Sr. Innogentis Hummel

Nr. E 8475176

28

Dreimal Suppe an einem Tag – so gut ging's mir selten: zuerst im Kloster Sießen ...

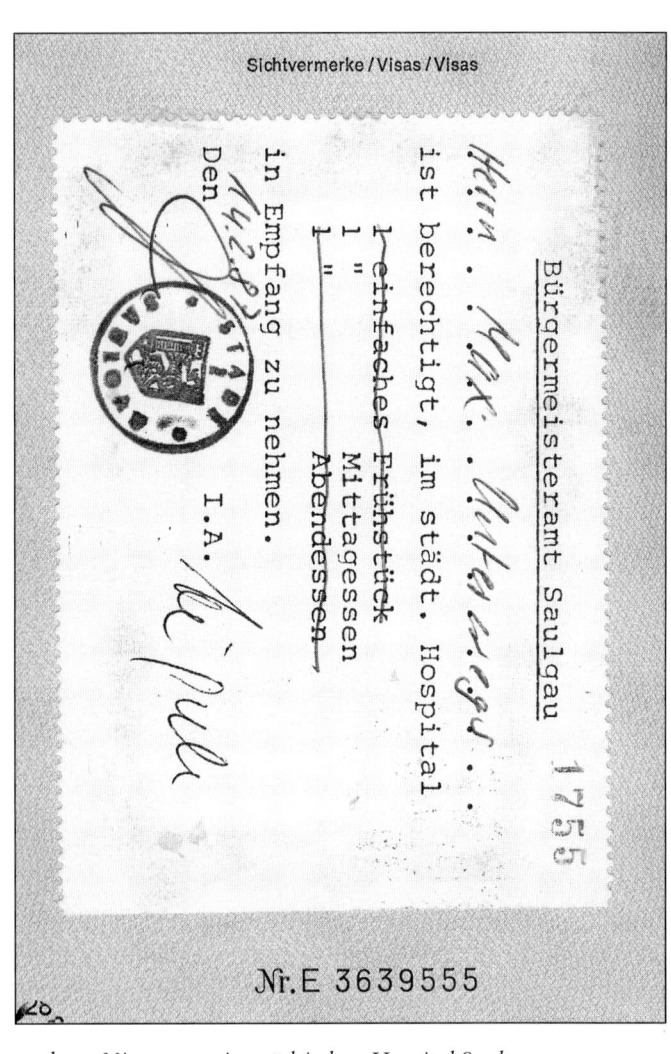

Bürgermeisteramt Saulgau

Herrn · Max · Nebaringer · · ·

ist berechtigt, im städt. Hospital

1 einfaches Frühstück
1 " Mittagessen
1 " Abendessen

in Empfang zu nehmen.

Den 14.2.20

I. A. Nüdel

1755

Nr. E 3639555

... dann Mittagessen im städtischen Hospital Saulgau ...

In diesem Jahr
bekam Max bei
uns eine Flädlesuppe,
Kümmelbrot und
Schmalz.

Hotel Kleber-Post GmbH
7968 Saulgau/Württ.

KLEBER-POST
★ Saulgau ★

Nr. E 3639555

... und dann noch ganz nobel Flädlesuppe im Hotel Kleber-Post.

Hungern und vollstopfen wechseln sich ab. Ein »Berber« isst äußerst unregelmäßig und in der Regel sehr einseitig und ungesund. Dazu kommt Alkoholgenuss als Ersatz für das Essen oder einfach nur, um das Elend dieses Lebens für kurze Zeit vergessen zu können. Dies sind unter anderem Gründe dafür, dass viele Obdachlose Magen- und Darm-Krankheiten haben und diese nicht auskurieren können.

Im Laufe des Berberlebens entwickelt sich ein Instinkt, der den Weg zum Essen weist. Man kennt die kostenlosen Ausgabestellen, man erfährt, wo das Essen billig ist, wo man Mitleid erwarten kann, wo der Wirt mit sich handeln lässt, aber auch, wo man besser nicht einkehrt.

Einen Vorteil hat der stete Kampf um das Essen: Die Unsicherheit, ob ich etwas bekomme, wo es für mich erschwinglich ist, wie ich an genügend Geld komme, um es mir kaufen zu können, all das hält mich in Schwung, setzt mich in Bewegung, sichert mir eine letzte Chance zur Rückkehr in die bürgerliche Gesellschaft, denn ich habe noch nicht resigniert und halte den Willen zur Resozialisierung in mir wach.

Auch ich hatte als Landstreicher Max meine »sicheren Häuser«, in denen ich freundlich aufgenommen wurde. Eines davon gehörte der Familie des Leiters der Tübinger Außenstelle der Landeszentrale für politische Bildung, Rolf Müller.

Familie Müller gab mir – auf Lebenszeit – die Garantie auf ein warmes Essen. Die Familienangehörigen wurden meine Freunde. Ich erinnere mich noch an das erste gemeinsame Mahl. Die ganze Familie saß mit mir am

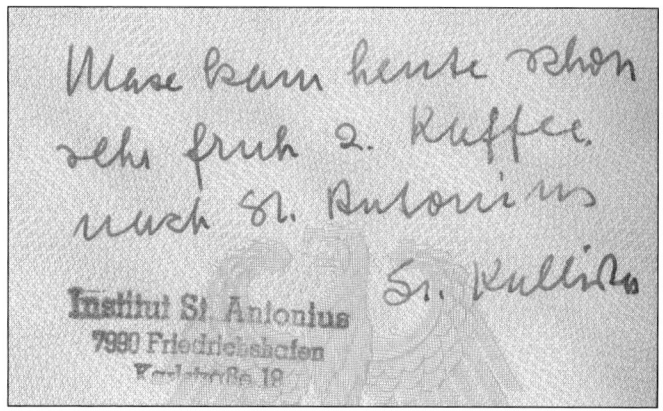

Die Schwester Kallista war eine sichere Anlaufstation.

Tisch. Die vier kleinen Buben, inzwischen erwachsen, konnten kaum essen, weil sie mich keinen Augenblick aus den Augen ließen. So außergewöhnlich, so interessant erschien ihnen dieser Gast der besonderen Art. Und der Vater Rolf machte mich für längere Zeit zum Thema seiner Gute-Nacht-Geschichten. Bei seiner Phantasie und literarischen Begabung wurde das Leben des »Max« bis ins Detail verklärt geschildert. Ich spürte das aus der Bewunderung, die mir aus diesen Kinderaugen bei der nächsten Begegnung entgegenstrahlte. Rolf und seine Frau kannten mein Doppelleben. Und da ich als Außenseiter zum Thema der Tagung passte, testete er 1995 mit meinem Auftritt die Reaktion der Tagungsteilnehmer auf der Konferenz der Referentinnen und Referenten der Landeszentrale für politische Bildung im »Haus auf der Alb« oberhalb Bad Urachs.

Max hat bei uns
5 Maultaschen in
der Brühe und ein
Stück Käs Knacha
gegessen. Er hat
wieder einmal von
seinem lebenslänglich-
en Recht auf
warmes Essen Gebrauch
gemacht.

Rolf Müller

Nr. H 2095359

Nicht nur gutes Essen, sondern auch eine familiäre Aufnahme genoss ich bei der Familie von Rolf Müller, dem Leiter der Tübinger Außenstelle der Landeszentrale für politische Bildung.

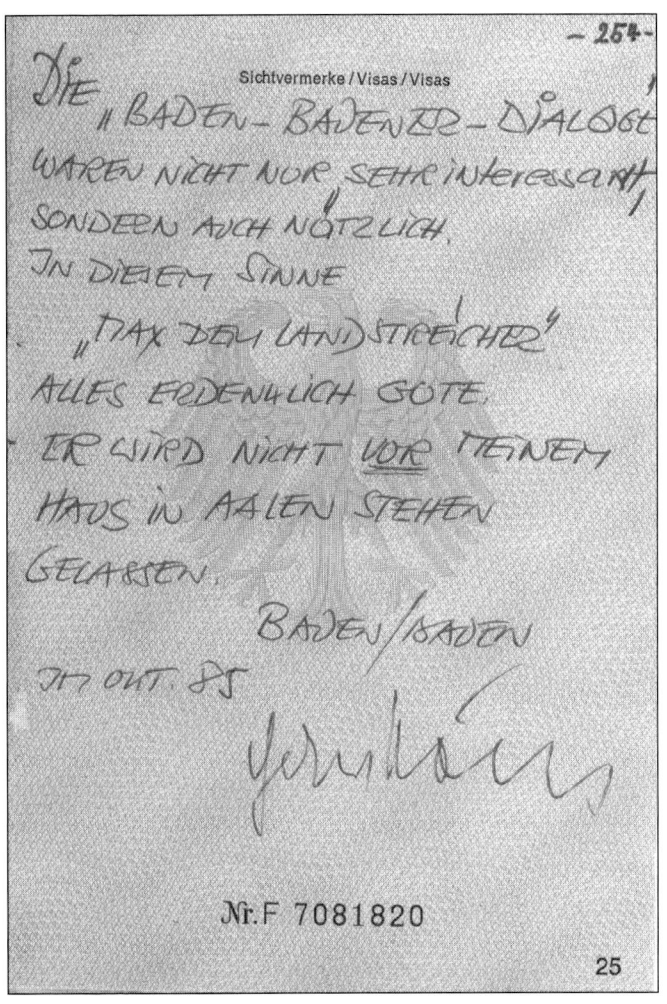

Sichtvermerke / Visas / Visas

DIE „BADEN- BADENER- DIALOGE"
WAREN NICHT NUR SEHR INTERESSANT
SONDERN AUCH NÜTZLICH.
IN DIESEM SINNE
„MAX DEM LANDSTREICHER"
ALLES ERDENKLICH GUTE.
ER WIRD NICHT VOR MEINEM
HAUS IN AALEN STEHEN
GELASSEN.
BADEN/BADEN
31 OKT. 85

Nr. F 7081820

25

Auch von Gerhard Höritz bekam ich ein freundliches Angebot.

Rolf Müller sagte mir, wann und wo die Veranstaltung stattfinden sollte, und ich traf, trotz klirrender Kälte in der vorausgegangenen kalten Nacht, rechtzeitig dort oben am Albtrauf ein. Als ich das Haus betreten wollte, wies mich eine »Hausangestellte« mit den Worten ab: »Wir lassen niemanden ein von Ihrer Sorte. Drunten, in Urach, gibt es genug Gasthäuser«, und schlug die Tür vor meiner Nase zu.

Nun musste ich wohl oder übel auf einer Bank in Sichtweite des Eingangsbereichs warten, bis Rolf Müller seinen »Überraschungsgast« suchte. Als er mich entdeckte, nahm er mich mit hinein und ließ mir zuerst einen Kaffee bringen. Die Dame von vorhin war ziemlich sauer und meinte: »Die hohen Herren brauchen sich wohl nicht an die Anweisungen zu halten!«

Dann folgte mein überraschender Auftritt. Ich klopfte an die Tür des Tagungsraumes – und betrat ihn. Zuerst schauten die Anwesenden mich erstaunt an, dann aber folgte die wohlwollende, aber reservierte Aufnahme ...

Im Alb-Boten vom 17. März 1995 war die Notiz des Pressereferenten der Landeszentrale zu lesen:

Landstreicher zu Gast

Max überraschte Tagungsteilnehmer im Haus auf der Alb.

Bad Urach. Max, der Landstreicher, testete die Landeszentrale für politische Bildung auf Fremdenfeindlichkeit. Bei der jüngsten Konferenz der Referentinnen und Referenten der Landeszentrale für politische Bildung am Montag und Dienstag in Bad Urach suchte Max, der Landstreicher, das Haus auf der Alb auf.

Max begnügte sich nicht nur mit einer Tasse Kaffee, sondern wollte auch wissen, ob er sich politisch bilden könne. So sprengte er die Referentenbesprechung, diskutierte und erzählte über eine Stunde lang von seinen Erfahrungen als Landstreicher und leistete damit auf seine Art einen Beitrag zu einem der Schwerpunktthemen der Tagung »Zukunftsbedeutung der politischen Bildung«.

Direktor Siegfried Schiele und sein Stellvertreter Karl-Ulrich Templ freuten sich bei aller Nachdenklichkeit über das zwar unerwartete, aber für die politische Bildung interessante Gespräch in Sachen Toleranz, Vorurteile und Fremdenfeindlichkeit in unserer Gesellschaft.

Max kam an und brachte seine Botschaft rüber, musste er sich doch in diesem Kreis nicht ganz und gar als Fremder fühlen. Er ist nämlich nur einige Monate im Jahr Berber und eigentlich gelernter Pädagoge als früherer Schuldirektor.

Für mich hatte sich der Besuch auf alle Fälle gelohnt, denn Direktor Schiele lud mich anschließend zu einem Mittagessen in diesem illustren Kreis ein.

Für viele Menschen beginnt der Tag mit einem Frühstück. Die Qualität dieses Frühstücks hängt ab von der persönlichen Situation und der Zeit, die dafür zur Verfügung steht, und die Spannweite reicht vom lukullischen Frühstücksbüfett bis zur Tasse Kaffee, die rasch im Stehen eingenommen wird.

Für die Obdachlosen gibt es keine festen Mahl-Zeiten. Mich treibt erst das Knurren meines hungrigen Magens aus dem Schlafsack, dann führt mich der Instinkt

Herzlichen Dank
dem lieben Max
für seinen über-
raschenden, um
nachdenklich
stimmenden Gesuch.

Sigfried Schiele

Der Direktor der Landeszentrale für politische Bildung, Siegfried Schiele, bedankte sich für meinen Besuch im Haus auf der Alb in Bad Urach.

oder die Überlegung zu etwas Essbarem. Mit den Jahren sammelt man Erfahrung, und die Kommunikation innerhalb der »Zunft« hilft – besonders in einer fremden Stadt. »Gewusst wo« ist das halbe Leben. Sichere Stationen sind die Bahnhofsmissionen, egal ob im Bahnhof Zoo in Berlin oder in Stuttgart, wo ich schon Stammkunde bin. In jeder größeren Stadt gibt es inzwischen Anlaufstationen für Menschen aus dem Milieu, die ihren Schlafplatz früh verlassen müssen oder erst gar keinen gefunden haben.

✳ ✳ ✳

Es gibt allerdings auch Städte, in denen es sehr schwer ist, zu einem Frühstück zu kommen.

Es war in Tübingen, ein eiskalter Vormittag im Januar, mit strahlend blauem Himmel und Sonnenschein. Ich hatte Hunger und nichts umsonst bekommen. So suchte ich lange, bis ich ein billiges Fladenbrot von meinem letzten Kleingeld kaufen konnte. Die Kostbarkeit im Arm zog ich mich zurück auf die menschenleere Terrasse hinter der Stiftskirche, ließ mich auf die Sandsteinstufen eines Portals sinken und genoss erst einmal die Wärme der grellen Wintersonne. Genüsslich biss ich in mein Fladenbrot – und war plötzlich nicht mehr allein. Zwei Tauben boten sich an, gemeinsam mit mir Mahl zu halten. Ein Gefühl der Dankbarkeit durchströmte mich. Es ging mir doch gut: Ich hatte zu essen, die Sonne wärmte mich und liebe, muntere Gäste nahmen mir die Einsamkeit. Doch mein Mund wurde immer trockener. Ich begann, das Brot hinunterzuwürgen, denn ich hatte ja nichts zu trinken. Oder doch? In der Tasche meines Anoraks musste doch noch ein kleiner Flachmann sein, den ich immer bei mir hatte und eigentlich nur als Medizin verwendete. Ich griff nach ihm und feuchtete meine Zunge etwas an. Schon besser ...

Aber dann, oh Schreck! Aus dem Haus gegenüber, durch einen Steg mit dem Kirchplatz verbunden, kam laut schreiend und gestikulierend, wie ein Prophet aus dem Alten Testament, ein Mann auf mich zu:

»Hier wird nicht gesoffen! Das ist alkoholfreie Zone! Verschwinde!«

Meine friedliche Idylle war auf einen Schlag zerstört. Ich sah die Gestalt drohend vor mir, packte meine Habseligkeiten zusammen und trottete davon. Ich war entsetzt. Nach wenigen Metern wollte ich mich auf die Mauer setzen, aber schon schallte es wieder aus dem Hintergrund: »Hau ab, verschwinde!«

Der Mann überwachte meinen Abgang. In der Kirche wollte ich jetzt keine Zuflucht suchen. Der feindselige Mensch schien mich immer noch wie ein Schatten zu verfolgen.

In der Stiftskirche lebten zu dieser Zeit Ausländer im Kirchenasyl. Irgendwie passte da etwas nicht zusammen: Mein Erlebnis eben vor der Kirche und das Asylangebot in der Kirche. Sobald mein seelisches Gleichgewicht wiederhergestellt sein würde, wollte ich mit dem »lieben Gott« sprechen. Er sollte sich darum kümmern, was im Umfeld »seiner Häuser« passierte und sich Menschen mit solch unchristlichem Verhalten einmal ernsthaft vornehmen. Sie bringen sonst seine »Firma« in Verruf.

Als ob er meine kritischen Gedanken gehört hätte, lenkte er meine Schritte auf die geschäftige Marktseite der Stiftskirche. Hier waren viele Menschen, Rentner, Hausfrauen, Studenten, Punks und wer sonst so um die Mittagszeit durch Tübingen geht oder sich auf diesem Platz, dem Holzmarkt, aufhält. Und inmitten des Trubels stand ein Wahlwerbestand der SPD mit Informationsmaterial, und ein großer, bärtiger Mensch war im Gespräch mit Bürgerinnen und Bürgern. Als er gerade mal »frei« war, ging ich auf ihn zu. Diese Vertrauen erweckende Person, ihre munteren Augen, ihre angenehme Stimme, ihre klugen und menschlichen Worte taten mir gut. In meiner Situation wirkte er wie ein Geschenk des Himmels: Es war der Thüringer Wolfgang Thierse, der spätere Bundestagspräsident. Diese aufmunternde Begegnung hatte mich überzeugt: Wolfgang Thierse lebt aus der richtigen Quelle.

Da ich in Tübingen kein Quartier ausfindig machen konnte, zog ich weiter in Richtung Reutlingen. Ich fuhr die paar Kilometer per Anhalter, kam dort aber erst bei Nacht an. Mein Durst war riesengroß, und so suchte ich ein noch geöffnetes Gasthaus. Ich brauchte ja nur ein Mineralwasser oder einen Kaffee. All meine Versuche in der Innenstadt scheiterten, und beim fünften Lokal gab ich ganz verzweifelt auf. Im ersten Gasthaus hatte ich mich kaum gesetzt, da kam der Ober und sagte: »Wir haben geschlossen.« Und das, obwohl noch viele Gäste anwesend waren. Alle Lokale waren in Wirklichkeit noch geöffnet. Beim zweiten kam die Bedienung an meinen Tisch und sagte klar und unmissverständlich: »Hier wer-

Um an die Quelle
zu kommen,
muß man gegen
den Strom schwimmen !

Wolfgang Thierse

29. 1. 92

Titzigen

Präsident des Deutschen Bundestags Berlin

Nr. E 4 1 5 9 3 6 2

Stelv. SPD-Bundesvorsitzender
Thüringen

»Um an die Quelle zu kommen, muß man gegen den Strom schwimmen!« Der damalige stellvertretende SPD-Bundesvorsitzende Wolfgang Thierse aus Thüringen hat mich sehr beeindruckt.

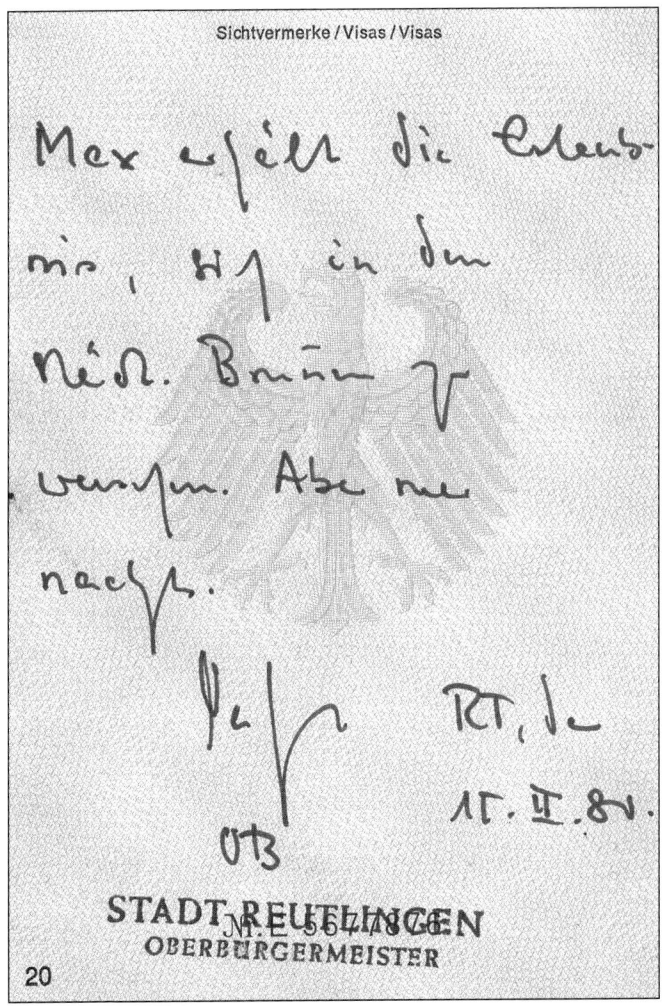

Der Reutlinger Oberbürgermeister Dr. Oechsle bescheinigte mir:
»Max erhält die Erlaubnis, sich in den städt. Brunnen zu waschen. Aber nur nachts.«

den Sie nicht bedient.« Beim dritten schickte mich der Chef selbst wieder weg und beim vierten durfte ich erst gar nicht durch die Tür. Unter üblen Beschimpfungen warf man mich hinaus.

Ich war am Ende. Doch dann fielen mir als Rettung die Reutlinger Brunnen ein. Bei einer Bürgersprechstunde 1980 hatte mir der damalige Oberbürgermeister Dr. Oechsle im Spaß »großzügig erlaubt«, mich nachts in den Brunnen zu waschen, und 1984 erhielt ich von ihm die explizite Genehmigung, mit den Hunden aus dem »Mäxle« zu »saufen«. Das »Mäxle« ist ein Ablauf des Reutlinger Zunftbrunnens, zwanzig Zentimeter über dem Boden gelegen, der speziell angelegt wurde, damit die Hunde daraus trinken können.

Ich schlurfte zum Zunftbrunnen, legte mich auf den Boden und stillte meinen Durst aus dem »Mäxle«. Schade, dass mich der Oberbürgermeister nicht sehen konnte, denn jetzt sollte der Hundebrunnen seinen Namen endlich zu Recht tragen. Danach suchte ich mir einen Platz zum Schlafen.

✳ ✳ ✳

Es war in den achtziger Jahren, die Arbeitslosigkeit nahm zu, es kamen immer mehr Asylsuchende und Aussiedler zu uns, da ging die Furcht um den eigenen Arbeitsplatz, um den geschaffenen Wohlstand im Lande um. Wie ein Barometer spürten wir Obdachlosen und alle anderen Randgruppen den zunehmenden sozialen Druck und die ziemlich frostige Atmosphäre. Während ich vorher, bei anständigem Verhalten, in jedem einfachen Gasthaus bedient wurde, geschah dies jetzt nur noch in maximal jedem fünften. Mit Neid und Angst wuchs automatisch die Ablehnung gegenüber den Randgruppen der Gesellschaft und die Fremdenfeindlichkeit. Leider ist »die Politik« unsensibel und erkennt die Gefahren dieser Strömungen viel zu spät. Sie reagiert darauf in der Regel zu bürokratisch und oft wie ein Elefant im Porzellanladen.

✳ ✳ ✳

Zum Thema »Alkohol« lässt sich natürlich auch so einiges anmerken und erzählen.

Anfang 1990, kurz nachdem Professor Dr. Walter Kasper Bischof von Rottenburg-Stuttgart wurde, suchte ich bei ihm um ein Gespräch nach.

Sein Sekretär und die Hausverwalterin, Schwester Edelgard, verrieten ihm nicht, was für ein Mann ihn sprechen wollte. Als er den Empfangsraum betrat und mich erblickte, stockte er kurz vor Überraschung. Im Laufe des Gesprächs zwischen Bischof und »Berber«, das übrigens für beide Teilnehmer aufschlussreich und viel interessanter war, als der schlichte Eintrag des Bischofs im Wanderbuch vermuten lässt, erlaubte ich mir die Frage: »Herr Bischof, warum bist du erschrocken, als du mich gesehen hast?«

»Wissen Sie, Max, der Alkohol …«

Nächste Seite:
»Herr Bischof, warum bist du so erschrocken, als du mich gesehen hast?« >>>

Max war am
3. Februar 1990 im
Ordinarriat
vorgesprochen

Walter Kasper.

**Prof. Dr. Walter Kasper,
Bischof von Rottenburg-Stuttgart.
Landstreicher Max war Gast und
Gesprächspartner im Bischofshaus**

Der Bischof dachte wohl, wie die meisten Menschen, dass alle »Berber« Alkoholiker sind.

Grundsätzlich kann ich sagen, dass in vielen Situationen der Erniedrigung, des Ausgeschlossenseins aus der Gesellschaft, der Verachtung und der Vorurteile das Leben eines Obdachlosen oft schwer auszuhalten ist und man dann mit Hilfe des Alkohols versucht, der Realität für einige Stunden zu entfliehen.

Hinzu kommt, dass einem Wohnungslosen keine Intimsphäre bleibt, sondern sich sein gesamtes Leben in der Öffentlichkeit abspielt. Es gibt also auch keine Rückzugsmöglichkeit für einen »heimlichen Rausch«. Dies wird von den meisten Mitmenschen übersehen, weil sie sich so etwas gar nicht vorstellen können. Und darauf gründet wiederum die irrige Ansicht, dass alle Obdachlosen Alkoholiker sind.

Dass das nicht stimmt, weiß ich aus eigenem Erleben. Ich erinnere mich, in einer Erhebung gelesen zu haben, dass etwa 35 Prozent der Obdachlosen alkoholabhängig sind. Schauen wir uns doch in unserem eigenen Umfeld und in unserer Gesellschaft um: Es gibt nahezu kein Ereignis, bei dem kein Alkohol getrunken wird. Oft in der Öffentlichkeit, zum Beispiel bei Empfängen. Ebenso wird zu Hause getrunken, in der Familie, mit Freunden oder Sportkameraden, am Stammtisch, im Festzelt, in der Kneipe, in der Gruppe. Für manche Zeitgenossen ist eine Feier oder ein Urlaub nur dann gelungen, wenn sie so richtig »einen drauf machen« und sich betrinken können. Und wer würde es wagen, an einer solchen »Selbstverständlichkeit« Anstoß zu nehmen?

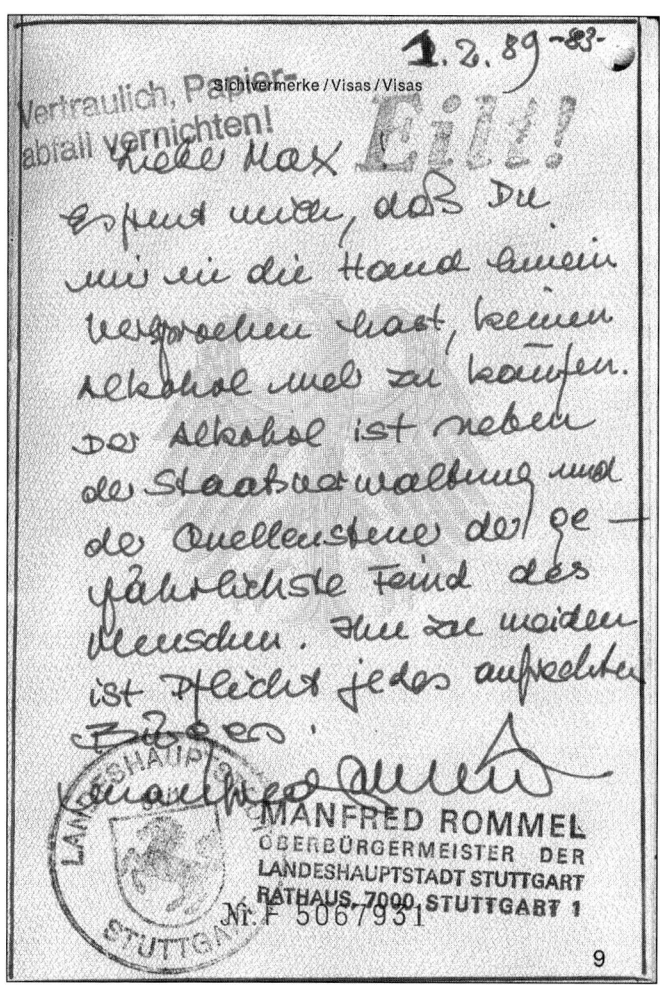

Sichtvermerke / Visas / Visas

1.2.89

Eilt!

Liebe Max

Es freut mich, daß Du mir in die Hand hinein versprochen hast, keinen Alkohol mehr zu kaufen. Der Alkohol ist neben der Staatsverwaltung und der Quellensteuer der gefährlichste Feind des Menschen. Ihn zu meiden ist Pflicht jedes aufrechten Bürgers.

MANFRED ROMMEL
OBERBÜRGERMEISTER DER
LANDESHAUPTSTADT STUTTGART
RATHAUS, 7000 STUTTGART 1
Nr. F 5067931

9

»Lieber Max! Es freut mich, daß du mir in die Hand hinein versprochen hast, keinen Alkohol mehr zu kaufen. Der Alkohol ist neben der Staatsverwaltung und der Quellensteuer der gefährlichste Feind des Menschen. Ihn zu meiden ist Pflicht jedes aufrechten Bürgers.« Manfred Rommel

Das Alkoholverbot auf öffentlichen Straßen und Plätzen, das manche Städte in ihren Polizeiverordnungen erklärt hatten, wurde durch eine Entscheidung des baden-württembergischen Verwaltungsgerichtshofs für nichtig erklärt.

✳ ✳ ✳

Auf dem Trip von Stockach nach Stuttgart im Februar 1986 machte ich in Reutlingen Halt. Im Auftrag unseres Ministerpräsidenten, Lothar Späth, war ich inkognito zum Beschützer des Delinquenten am Stockacher Narrengericht, Bundesfinanzminister Dr. Gerhard Stoltenberg, bestimmt worden, wie ich im Kapitel »Begegnungen mit der Fastnacht« erzählt habe. Über diesen Auftrag war der Bundesfinanzminister informiert worden; er stand in meinem Wanderbuch ebenso wie die Antwort Stoltenbergs an Ministerpräsident Späth. Diese Antwort sollte ich persönlich nach Stuttgart bringen.

Ich wollte mir den weiteren Weg dorthin ersparen, wagte mich in die Schalterhalle einer Bank am Marktplatz und fragte den nächsten Angestellten, ob es hier ein Telefon gebe. Er lachte mich aus ob dieser Frage.

»Selbstverständlich, sogar an jedem Tisch eines.«

Ich fragte weiter, ob er für mich Herrn Späth im Staatsministerium anrufen könne. Wieder lachte er mich aus, hielt mich für einen schrägen Vogel.

»Da ist die Telefonnummer«; ich hielt ihm den Zettel hin. Neugierig wie er war, wählte er die Nummer. Es meldete sich die Sekretärin, Elfi Menzel, aus dem Vorzimmer des Ministerpräsidenten. So überrascht erlebte ich selten einen Menschen – und brav erledigte er den Auftrag des »landstreichenden Botschafters Max«.

Die Banker hatten mich in ihrer Freude über das Gespräch mit dem Büro des Ministerpräsidenten zum Mittagessen in ihr Stammlokal eingeladen. Also ging ich dorthin. Mein hungriger Magen drängte mich, unvorsichtigerweise schon ein paar Minuten vor zwölf Uhr und ohne meine Gastgeber das genannte Lokal zu betreten. Leider blieb es bei einem Versuch. Kaum hatte ich die Gasthaustür geöffnet, erblickte mich der etwa vierzigjährige Wirt.

Er schrie: »Hau ab, Du Saukerl!«

Er hatte mich noch nie gesehen! Er kam in seiner Mächtigkeit auf mich zu und warf mich auf die Straße.

Ich weiß nicht, welcher Teufel mich ritt, als mir beim Aufrappeln die Idee kam, es jetzt im nicht allzu weit entfernten »Ratskeller« zu versuchen, einem der vornehmsten Lokale der Stadt. Man ließ mich ohne Schwierigkeiten hinein. Es waren erst wenige Gäste da. Die Tische waren festlich gedeckt, mit Kerzen und mit Blumen. Langsam schritt ich durchs ganze Lokal bis zur Theke. Dort fragte mich der Oberkellner, was ich wolle. Ich fragte vorsichtig und zögernd, was eine Suppe koste. Der Kellner spürte, dass mir der Preis zu hoch war, und als ich mich schon abwenden wollte, sagte er freundlich zu mir: »Mein Herr, setzen Sie sich, Sie sind mein Gast.«

Nächste Seite:
Die Reutlinger Banker betätigten die Überbringung der Nachricht von Gerhard Stoltenberg an Lothar Späth. >>>

Hiermit bescheinigen wir

kosten der kreissparkasse

Chefsekretärin des Ministe

ministerium Stuttgart,

MAX übermittelte die

Dr. G. Stoltenberg an den

Lothar Späth:

„DEM HERRN MINISTO

„DANK FÜR DAS GRO

WELCHES VORSORGLIC

Nach der Verurteilun

Minister Stoltenberg au

♡liche ~~Kreissparkasse~~ L.

7. FEB. 1986

Reutlingen

Nr. G 54871171

18

Sichtvermerke / Visas / Visas

x   ein Telefonat auf
Reutlingen mit der
präsidenten im Staats-
Frau ELFIE MENZEL.
ntwort des Bundesfinanz-
                    ministers
inisterpräsidenten

RÄSIDENTEN   BESTEN
üGIGE   ANGEBOT,
LNGENOMMEN WIRD.
        Stockad, 6.02.1986
        - Gerhard Stoltenberg -
Freispruch) verzichtete
tsyl in Baden-Württenberg
r Spät.

Kreissparkasse Reutlingen

G 5487171   A 14

7. FEB. 1986

19

195

Er wies mir den nächsten Tisch zu, einen großen, festlich gedeckten Tisch. Bald darauf brachte er mir einen Teller herrlicher Suppe und ein Körbchen mit verschiedenen Brotsorten. Ich genoss diese freundliche, vornehme Atmosphäre. Gleich nach dem Mahl erhob ich mich, um kein Aufsehen zu erregen. Mit einem von Herzen kommenden »Vergelt's dir Gott« verabschiedete ich mich von diesem guten Menschen. Lächelnd entließ er mich.

Lange Zeit machte es mich nachdenklich ... dieser Oberkellner war ein Ausländer.

Es war in den letzten Jahren wirklich nicht leicht, Einlass in Lokale zu bekommen. Provokativ versuchte ich es immer wieder. Oft gelang es nur mit Hilfe menschlicher, mitleidvoller Mitbürger. Fast nie hatte ich das Geld, um die angegebenen Preise zahlen zu können. In der Stuttgarter Schulstraße fragte ich in einem Café nach dem Preis für eine Tasse Kaffee. Ich sagte ehrlich, dass ich nur eine halbe bezahlen könne – und ich bekam die obere Hälfte. Jedes Mal funktioniert das nicht. Es kommt ganz aufs Personal und dessen Stimmung an. Wenn Bedienung oder Wirt fragen, ob ich zahlen könne – Vorsichtige tun dies –, decke ich meine »Karten« auf und frage, was ich für das Geld, das ich habe, bekommen kann. Dann bin ich von ihrem Wohlwollen abhängig. Vergisst es das Personal, mich nach meinem »Vermögen« zu fragen, wirkt aber anständig und tolerant, dann bin ich ehrlich. Ist es aber unfreundlich oder abweisend, dann bestelle ich einfach. Mit Spaß esse ich dann. Geht es aber ans Zahlen, hole ich aus meiner Parkatasche eine Hand voll Bettelgeld, meist rote Münzen, lege sie auf den Tisch und fange an zu zählen. Einmal, in Bad Schussenried, zählte ich 173 Pfennige. Dann warf mich der Wirt aus dem Lokal. So etwas kann vorkommen, aber wenigstens war ich satt!

Seit einigen Jahren werden »Rote« oftmals nicht mehr angenommen. In Deutschland sind sie keine Währung mehr. Beim Schnorren landen sie aber trotzdem noch im Hut.

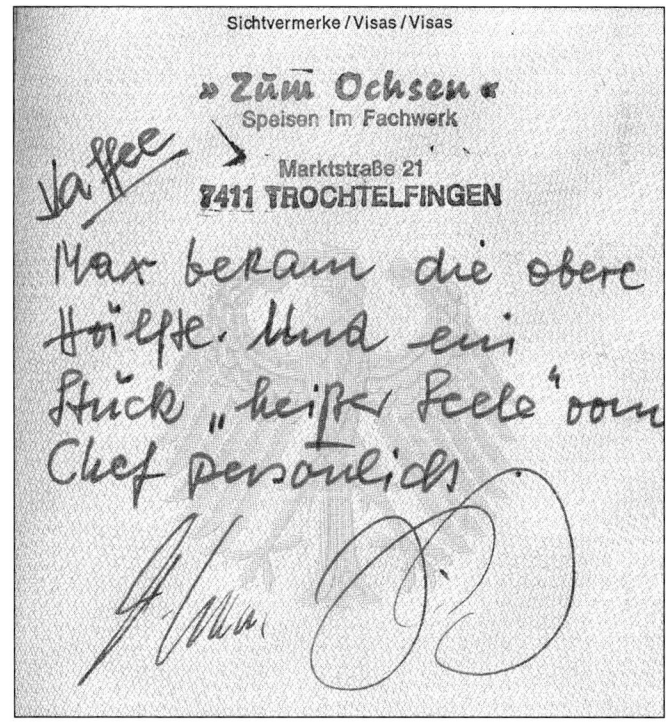

Ein wohlwollender Gastronom. Auch das gibt es ab und zu.

Einige Zeit nach dem 90. Geburtstag des Schriftstellers Ernst Jünger unterbrach ich meine Wanderung in Wilflingen, um ihn zu besuchen und seine Reaktion auf den ungewöhnlichen, unangemeldeten Besuch zu testen. Da im Forsthaus, wo er wohnt, niemand zu Hause war, setzte ich mich auf die Treppe vor dem Haus. Nach geraumer Zeit zockelte ein VW-Käfer an und hielt direkt vor der Treppe. Frau Jünger saß am Steuer. Ernst Jünger und seine Frau kamen vom Einkauf im nahen Riedlingen. Ich half beim Aussteigen, stellte mich vor und durfte mich gleich beim Ausladen der Einkaufstaschen nützlich machen. Dann nahm mich Ernst Jünger mit ins Arbeitszimmer und unterhielt sich angeregt mit mir über meine

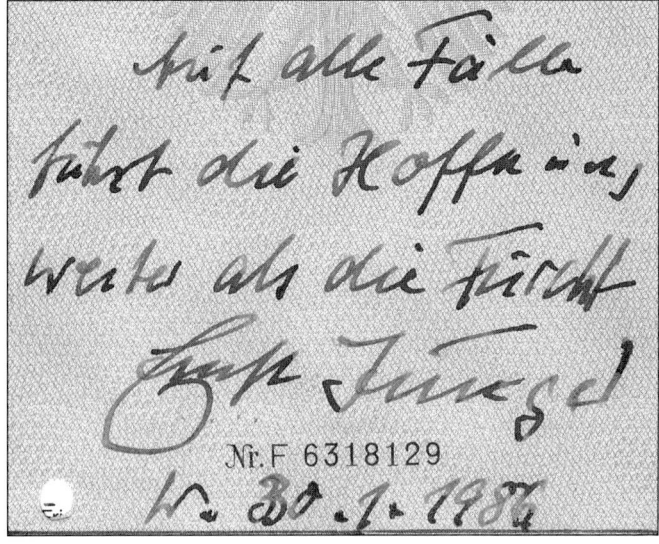

Ernst Jünger schrieb mir ins Wanderbuch: »Auf alle Fälle führt die Hoffnung weiter als die Furcht.«

Lebenssituation als Obdachloser. Er schien sich sichtlich über meinen Besuch zu freuen. Inzwischen hatte Frau Jünger in der Küche ein Wurstbrot bereitet und servierte es mir mit einem Glas Wein. Nach einer halben Stunde durfte ich mich wieder verabschieden. Der Schriftsteller wollte weiterarbeiten und seine Frau begann mit Kochen.

※ ※ ※

Im Pfarrhaus von Sankt Martin in Wollmatingen bei Konstanz ging es mir noch besser, als ich eines Abends dort klingelte. Auch Pfarrer Kistner freute sich über meinen Besuch. Schon Jahre zuvor hatte er mir in seinem früheren Pfarrhaus in Baden-Baden Einlass und eine Mahlzeit gewährt. Auch heute durfte ich gemeinsam mit ihm und seiner Haushälterin zu Abend essen.

Eine ganz andere Situation erlebte ich ein Jahr nach der Wende in Freiburg. Ich hatte die Marke für ein Sozialessen in der Tasche. Doch der Weg zur Ausgabestelle war mir zu weit. Etwas Schnorrgeld klimperte im Sack. So ließ ich mich im Kaufhof von den Rolltreppen in das oberste Geschoss bringen. Ich suchte mir ein billiges Gericht zusammen und ging mit meinem Tablett zur Kasse. Die Kassiererin nannte mir den Preis. Ich holte eine Hand voll Bettelgeld heraus und begann zu zählen. Die Frau wurde leicht unruhig und half mit. Es war aber nicht genug. Da schüttelte ich mein ganzes Geld aufs Tablett und wir suchten gemeinsam die größten Münzen, wie Zehnpfennigstücke, heraus. Es war ein selten köstliches Bild. Hinter mir standen, erstaunlich geduldig und interessiert zuschauend, etwa fünfzehn Wartende.

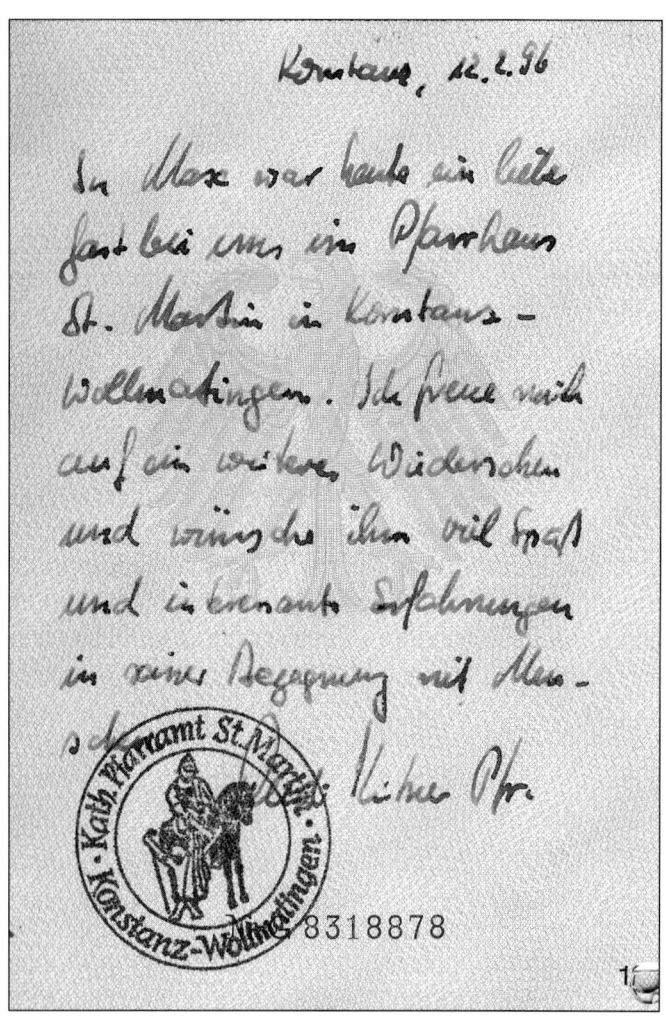

Pfarrer Kistner in Wollmatingen empfing mich herzlich.

Da es noch relativ früh war, waren nur wenige Plätze im Restaurant belegt. Ich suchte mir an einer Fensterfront mit herrlichem Blumentrog einen Platz an einer langen Tafel aus. Es wurde zwölf Uhr, das Lokal füllte sich, doch mein Tisch blieb frei. Ich genoss die freundliche und für meine Verhältnisse ungewohnt schöne Atmosphäre. Endlich wagte sich ein älteres Ehepaar an meinen Tisch, jedoch nur an das andere Tischende; sie ließen drei Plätze Zwischenraum. Die Herrschaften kamen vom Einkauf. Sie bestellten, das Essen kam, die Frau nickte zu mir herüber und aß. Ihr Mann gegenüber rührte das Essen nicht an. Wenn ich nicht hinübersah, blickte er böse zu mir her. Schaute ich ihn an, wandte er den Blick ab. Seine Frau ermunterte ihn zu essen, doch er wollte nicht. Ich ergötzte mich an diesem Spiel. Der Mann konnte nicht essen, weil ich am Tisch saß! Er tat mir leid. Ich aß auf, so rasch ich konnte, und verschwand. Die Frau nickte mir wieder zu, obwohl der Mann böse vor sich hinbrabbelte. Als er mich nicht mehr sah, begann er endlich zu essen. Schade, es hatte mir dort so gefallen, und jetzt verdarb ich einem anderen Menschen den Appetit …

Freundschaften zwischen Gastronomen und Landstreichern sind eher selten. Der ehrenwerte Berufsstand hat mehr Sorge, diese »Exoten« könnten die erhofften Gäste abschrecken und, von Ausnahmen abgesehen, ist es ja auch so. Gegen das Trinken haben die Wirte sicher nichts, wohl aber gegen Kundschaft, die kein Geld in die Kasse bringt, die sich nicht »anständig« benehmen kann. Bei »bürgerlichen« Besoffenen deckt Geld das Fehlverhalten zu.

Trotz berechtigter und verständlicher grundsätzlicher Schwierigkeiten zwischen diesen beiden Gruppen, habe ich unter den Gastwirten gute Freunde gefunden.

Jeden Fastnachtssonntag zog es mich nach Rottenburg, über zwei Jahrzehnte lang. Der Tag begann früh im »Stern«; danach besuchte ich den Gottesdienst, war Gast auf dem Stadtempfang, ging dann zum Mittagessen nach Sankt Klara, als einziges männliches Wesen im Konvent der Franziskanerinnen, und sah danach dem Narrenumzug vom Balkon des Rathauses zu.

Als ich vor Jahren das erste Mal die Stadt besuchte, hatte so früh am Morgen nur der »Stern« auf, und am Stammtisch saßen noch einige »Überbleibsel« der vergangenen Narrennacht. Der Wirt ließ mich wie selbstverständlich ins Lokal und am Stammtisch Platz nehmen. Es war der Kroate Kamilo Ziric, ein souveräner und menschlicher Mann. Er schenkte mir auf meinen Wunsch einen Kaffee ein und drängte mir nicht, wie sonst üblich, Alkohol auf. Seine Frau brachte mir noch etwas zu essen. Kamilo hatte mich ins Herz geschlossen; er hatte einfach Erbarmen mit mir und lud mich ein, auf jedem Durchmarsch im »Stern« vorbeizuschauen. Als ich im Jahr darauf wieder erschien, warteten schon zwei der damaligen Stammtischbrüder. Beide holten eine Plastiktüte, gefüllt mit Brot, Wurstbüchsen und Bierdosen hervor und versorgten mich so für Tage mit Essen. Einfache Menschen hatten in mir als »Berber« auch den Menschen gesehen und sich mit ihm verbrüdert. Auch so etwas gibt es in unserer Gesellschaft!

»Don Kamilo« und seine Familie waren über all die Jahre meine Freunde. Vor dem Tode seiner krebskranken

Frau konnte ich ihr noch eine herrliche rote Rose zum Dank überreichen, denn zahlen durfte ich nie, und nie vergesse ich die strahlenden Augen dieser jungen Frau.

Als ich 1998 wieder in die Stadt kam, gab es den »Stern« nicht mehr. Wo er gestanden hatte, war nur noch eine Baugrube. Kamilo war in seine Heimat Kroatien zurückgekehrt, wo er über Jahre mit vielen LKW-Ladungen Hilfsgütern von Deutschland aus geholfen hatte.

Den zweiten guten Freund unter den Gastronomen fand ich in Klaus Knorn, Inhaber des Gasthofes »Achalm« in der Mauerstraße in Reutlingen. Zufällig wehte es mich zur Mittagszeit dort hinein. Ich flog nicht hinaus, im Gegenteil, er ließ mich in einer Ecke Platz nehmen und wies die Bedienung an, mir eine Suppe zu servieren.

So ist Klaus! Er ist in seinem Betrieb der absolute Herr. Einen anderen »Berber« hätte er vielleicht aus Rücksicht auf seine Gäste gar nicht ins Lokal gelassen. Merkwürdig, am Landstreicher Max hatte er gleich Gefallen gefunden und wir wurden im Laufe unserer seltenen Begegnungen zu Freunden.

Als ich am Rosenmontag 1987 wieder einmal dort einkehrte, durfte ich mich sogar an den Stammtisch setzen. Nach einigen fröhlichen Stunden in einer netten Runde wurde ich dort feierlich als Mitglied aufgenommen.

Es ist seltsam, nicht? Max wurde Mitglied eines bürgerlichen Stammtisches, mit honorigen Bürgern. »Trinker aller Klassen, vereinigt Euch!« Ist das der Grund – oder einfach nur Menschlichkeit?

Meine kroatischen Freunde nahmen mich immer gerne im Gasthof Stern in Rottenburg auf.

Max hat heute, am Fasnet-Sonntig in St. Klara am Narren-Essen teilgenommen und sogar Messer u. Gabel benützt. Gehorsamst hat er den Brief vom „Sanktus" abgeliefert. Wir wün-schen ihm gute Wei-terreise!

Rantatura, 2...

Nr. F 1167322

Als einziger männlicher Gast durfte ich am Fasnetssonntag am Narrenessen in Sankt Klara teilnehmen.

Sehr angenehm sind oft die Zusammentreffen mit Künstlern und Medienleuten. Sie haben keine Scheu vor Exoten; bei ihnen kommt es mehr auf den Esprit an, auf den man bei »Berbern« allerdings seltener trifft. Wenn doch, dann hat das für diese Leute einen besonderen Reiz. So durfte ich einmal mit Kristina Reichert einen guten Hagnauer genießen. Wir hatten uns während der Pause einer Veranstaltung, bei der sie für den SDR die Dreharbeiten leitete, eher zufällig im Foyer der Stadthalle getroffen. Nach dem Bekanntmachen teilte sie bei einem netten Gespräch ihren köstlichen Rotwein mit mir.

Ein Höhepunkt ist es immer wieder, wenn ich bei Freunden oder Bekannten eingeladen werde. So zum Beispiel bei der gastfreundlichen Sekretärin meines Schulkameraden Professor Dr. Fritz Beutter im Markgräfler Land. Was für Köstlichkeiten dort aufgetischt wurden: Kässpätzle mit Salat und badischer Gutedel vom Bio-Winzer Wendelin Brugger. Und dazuhin war die Gastgeberin auch eine exzellente Geigenspielerin. Bei der Gelegenheit machte ich auch gleich noch einen Besuch im Pfarrhaus Ballrechten. Für ein Vesper hatte ich immer Platz im Sack.

Die Einladung zu einer Tasse Kaffee nehme ich ebenfalls immer gerne an. Dabei ist natürlich das Drumherum viel interessanter und die Wirkung meiner Person auf das Umfeld wichtiger als das Getränk. Zum Beispiel bei einer Sitzung des Senats der Fachhochschule Reutlingen, wo mich der Rektor, Professor Obieglo, als ältesten Studenten der Hochschule vorstellte.

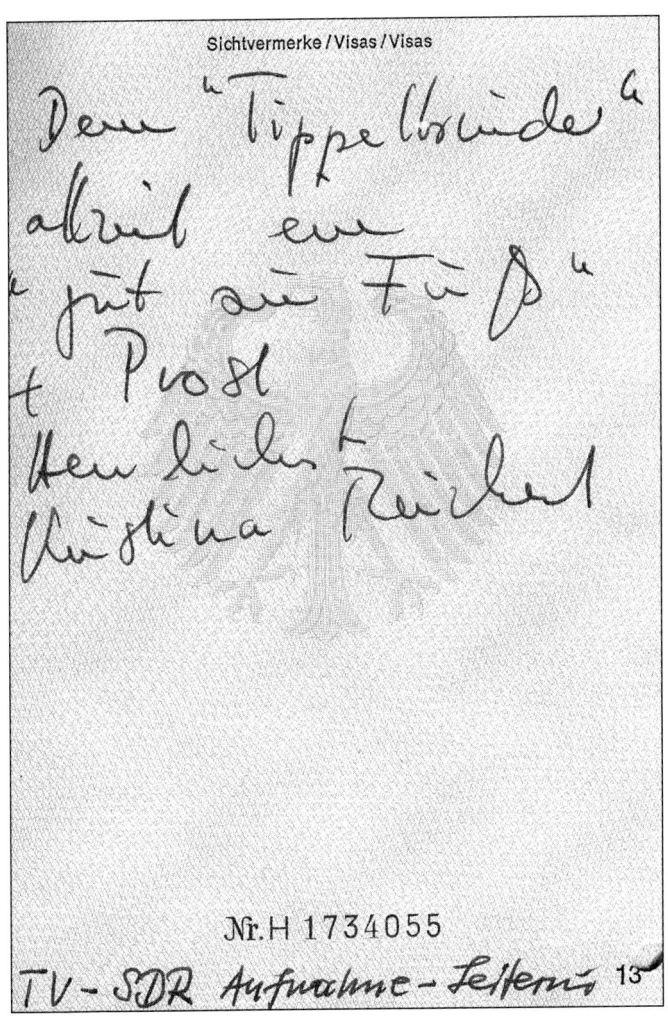

Dem "Tippelbruder"
abril ein
" gut au Fü ß "
+ Prost
Herr lichs +
Christina Reichert

Nr. H 1734055

TV - SDR Aufnahme - Fetters 13

Kristina Reichert teilte bei einem zufälligen Zusammentreffen ihren Wein mit mir.

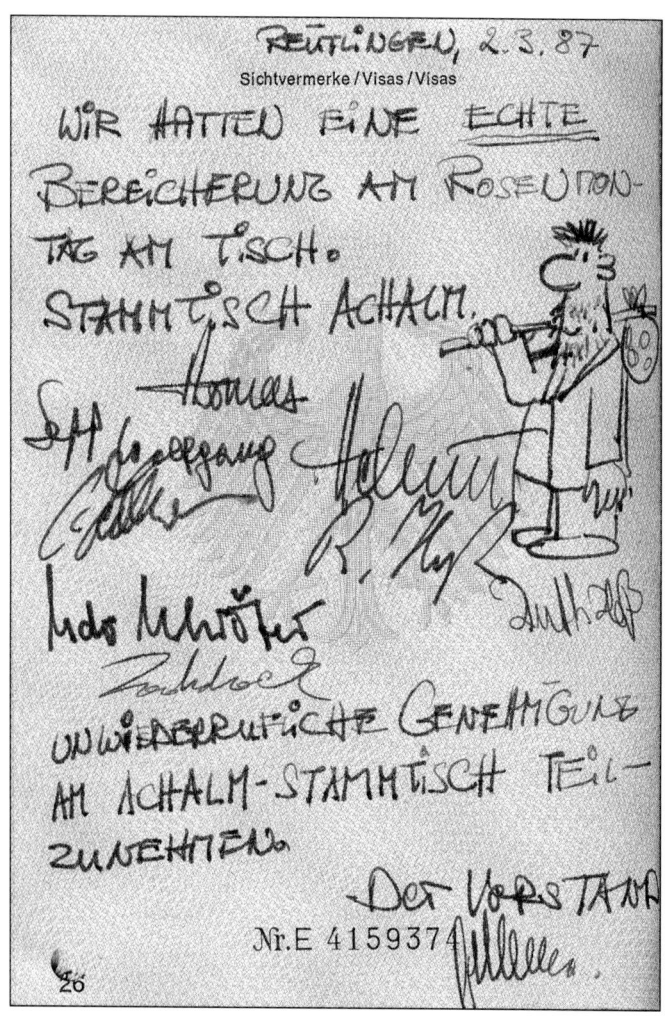

REUTLINGEN, 2.3.87

Sichtvermerke / Visas / Visas

WIR HATTEN EINE ECHTE
BEREICHERUNG AM ROSENMON-
TAG AM TISCH.
STAMMTISCH ACHALM.

UNWIDERRUFLICHE GENEHMIGUNG
AM ACHALM-STAMMTISCH TEIL-
ZUNEHMEN.

Nr. E 415937

DER VORSTAND

Klaus Knorn und der Achalm-Stammtisch in Reutlingen wurden mir zu guten Freunden.

Eines haben wir
gemeinsam:
Wir sind Landstreicher
und streifen durch die
Welt.
Hauptsache wir sind
zufrieden.

Klaus v. Klitzing

1. 2. 86

Leider gibt es noch keinen
speziellen Nobelpreis für
Landstreicher!

Nr. G 5486810

Nobelpreisträger Prof. Dr. Klitzing

Auch der Nobelpreisträger Klaus von Klitzing hat mich eingeladen.

Sichtvermerke — Visas — Visas

11·01·89

Max war heute
hier um mich für
das Jahr 1989 zu
immatrikulieren.

FACHHOCHSCHULE FÜR
TECHNIK U. WIRTSCHAFT
Reutlingen

Ich freue mich, dass wir
welch einen originellen
Studenten haben.

11.1.89 Nr. D 23329

Rektor der FHS+ ExAL.

An der Fachhochschule für Technik und Wirtschaft in Reutlingen
wurde ich als ältester Student geführt.

Auf seinen Wunsch war ich zwanzig Semester lang als Student der Wirtschaft und Außenwirtschaft an der Fachhochschule Reutlingen eingeschrieben, die ich als Landstreicher aber nur gelegentlich besuchte. Den Stempel in meinem Studentenausweis musste ich jedoch immer persönlich erneuern lassen.

Trotz all der gut gemeinten Gesten und Einladungen empfindet man sich doch manchmal als vorgeführt, zur Schau gestellt, in der Würde verletzt. Doch kaum einer denkt darüber nach, dass »die da unten« so fühlen könnten.

* * *

Ein besonderes Menü wurde mir 1987 zuteil. Für das Buch »Original schwäbisch – Schwäbische Originale« von Josef Thaller und Bruno Hausch sollten von mir Fotoaufnahmen gemacht werden, da ich in diesem Buch als Schwäbisches Original abgebildet werden sollte. Dazu musste ich im Fotostudio erscheinen. Da Gerda und Bruno Hausch passionierte Köche sind, konnte ich mir mit den für ein Kochbuch bereiteten Vollwert-Menüs den Bauch voll schlagen. Dies war der Lohn für meine Arbeit als »Model«.

* * *

Am Rande von Narrenempfängen und Prunksitzungen traf ich immer wieder mit Vertretern der Bundeswehr zusammen.

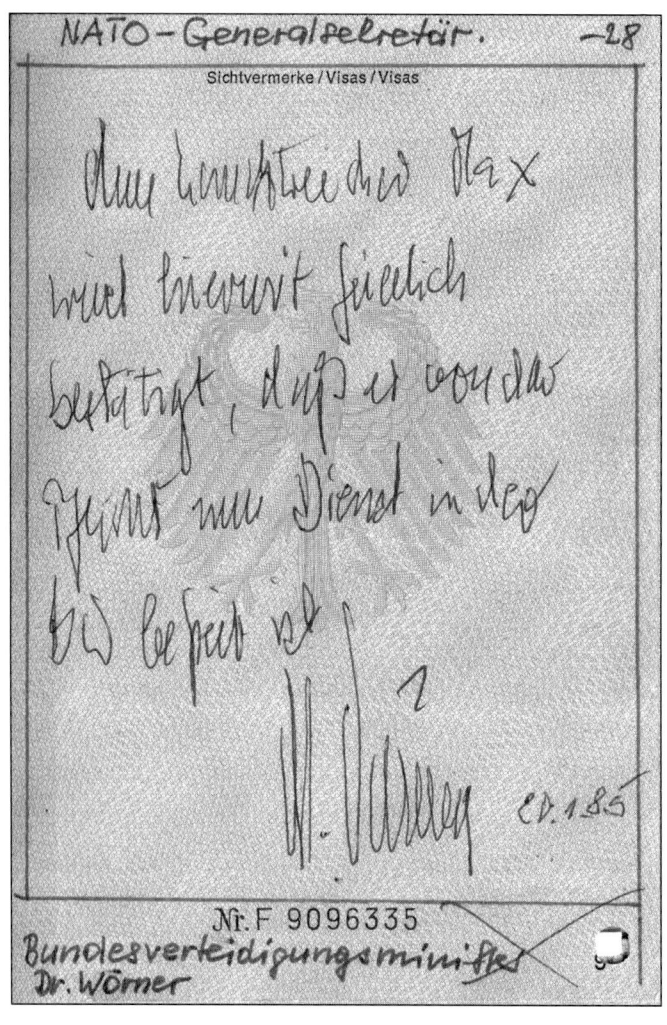

Sichtvermerke / Visas / Visas

Nr. F 9096335
Bundesverteidigungsminister
Dr. Wörner

*Der damalige Bundesverteidigungsminister Dr. Manfred Wörner
bewahrte Max vor der Marschierschule der Bundeswehr.*

Aufgrund unser mehr-
maligen Begegnungen in
der närrischen Lande im
Laufe der Jahre ist es uns
ein Anliegen, den „Max
Unterweg" noch lange am
Leben, Laufen und Wirken zu
halten. Ich gebe hiermit den
Gutschein für eine
„ausgiebige Truppenverpflegung
in der Kaserne in Meßstetten"
Gegeben zu Wilflingen, 28. 1. 90

Nr. H 7352307 f. Un

Ley, Hauptmann   19

Gutschein für eine ausgiebige Truppenverpflegung in der Kaserne
in Meßstetten. Hauptmann Ley ist es ein Anliegen, »Max Unterwegs« noch lange am Leben, Laufen und Wirken zu halten.

Wenn Offiziere im Gespräch erfuhren, dass ich in meiner Jugend bei der Luftwaffe war, dann wurde das »Kameradenherz« weich, auch angesichts des »Berbers«, und ich erhielt die Einladung zum Essen in der betreffenden Garnison oder auf dem Flugplatz. Ein einziges Mal nahm ich eine solche Einladung an ...

Können Sie sich einen »Berber« in der Schlange der Essensausgabe in einer Bundeswehrgarnison vorstellen? Es war ein Spießrutenlaufen!

* * *

Den Slogan »die Polizei, dein Freund und Helfer« wendete ich in jeder Gegend meines weiten Wandergebietes an. Im Laufe der Zeit gewann ich immer mehr Erfahrung im Umgang mit diesen Beamten. Wenn in meinem Wanderbuch eine »Unbedenklichkeitserklärung« der Polizei stand, war die Scheu vor meiner Erscheinung nur noch halb so groß. Begegnete mir Misstrauen, dann zeigte ich den Eintrag im Buch: »Guck mal, d' Polizei hat nix gega mi!« Durch den bloßen Vermerk, dass erkennungsdienstlich nichts gegen mich vorlag, beruhigten sich die meisten Gemüter schnell wieder.

Doch einfach war es nicht, einen Beamten zum Eintrag zu bewegen. Es war weder üblich noch gesetzlich vorgesehen. Darum musste ich immer eine Mitleid erregende Story erzählen. Ersuchte ich um eine Aufenthaltsgenehmigung für einen Tag, wurde ich oft aufs Einwohnermeldeamt verwiesen. Fehlschlag! Hatte ich aber schon die von mir geforderte Genehmigung von der Polizei, hatte ich so eine Art »Freibrief« und war fein he-

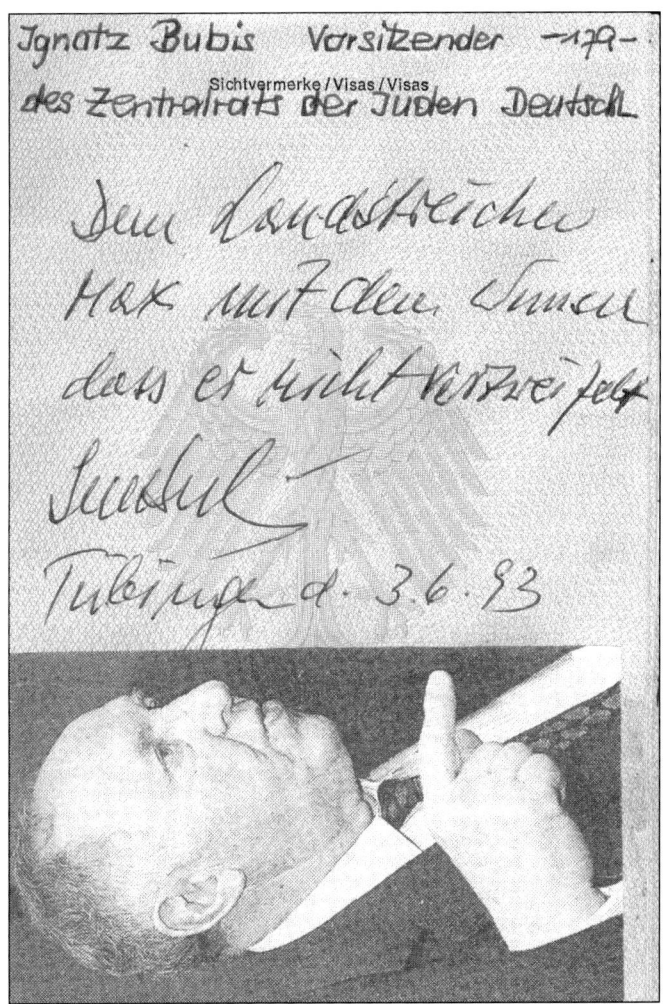

Gute Wünsche von Ignatz Bubis, dem damaligen Vorsitzenden des Zentralrates der Juden in Deutschland.

raus. Manche Polizisten konnte ich dazu bewegen, den Computer abzufragen, ob etwas gegen mich vorliege. Ein Negativ-Bescheid im Wanderbuch half mir über Monate weiter.

Als ich eines Tages wieder einmal eine mir bekannte Dienststelle der Kriminalpolizei aufsuchte, sagte der Chef erstaunlicherweise: »Das ist aber schön; Sie kommen gerade recht.«

Er erzählte mir, dass sie gerade zwei neue Kollegen zugeteilt bekommen hätten. Und bei der Kripo war es anscheinend üblich, die Neuen zum Einstand erst einmal zünftig auf den Arm zu nehmen.

Er fragte mich, ob ich gegen eine Flasche guten Weines bereit sei, ihm zu helfen. Ich sagte natürlich zu. »Freunde« muss man sich schließlich erhalten. Die Operation wurde bis ins kleinste Detail besprochen. Man würde den beiden also erzählen, ich sei wegen Schnapsdiebstahls in einem Großmarkt und wegen exhibitionistischen Verhaltens verhaftet worden. Dieser »schwere Fall« wurde den Neuen übergeben, die von einem »alten Hasen« unterstützt wurden. Diese drei nahmen mich also in die Mangel. Ich wurde fotografiert, meine Fingerabdrücke wurden genommen, und ich wurde zwei Stunden verhört. Telefonanrufe kamen von Zeugen, die allerdings in benachbarten Dienstzimmern saßen, und vieles mehr wurde inszeniert. Der Alte spielte so echt, dass den Neuen keine Zweifel kamen. Erst als ich zum Ortstermin ins Polizeiauto stieg, wurde die Aktion abgebrochen und die geleimten Neuen über die reale Situation informiert. Sie waren stinksauer. Die Versöhnung wurde tüchtig begossen; selbstverständlich war auch ich dabei. Und ich bekam die versprochene Flasche Wein. Die Polizeidienststelle hatte anschließend allerdings Schwierigkeiten, den »Fall« ungeschehen zu machen, das heißt meine Daten wieder zu löschen, denn sie waren, wie bei der Polizei üblich, unter fortlaufenden Nummern festgehalten worden. Und niemand wollte, dass mir daraus Nachteile entstehen sollten.

＊ ＊ ＊

Bei einem meiner zahlreichen Klosterbesuche kam ich auf eine weitere hilfreiche Möglichkeit, an Essen heranzukommen und einen Vertrauensvorschuss zu erhalten.

Nach der gastfreundlichen Speisung, meist in einem separaten Zimmerchen in der Nähe des Eingangs, bekam ich stets einige wohlgemeinte Ratschläge mit auf den Weg. Auch die Frage nach Gott und dem Gottesdienstbesuch klang an. Wenn jetzt in meinem Buch ein solcher Nachweis vorzuweisen gewesen wäre, hätte ich sagen können: »Schau her, Schwester, hier steht schwarz auf weiß, dass ich in der Kirche war.«

Und fortan ließ ich mir nach Möglichkeit jeden Gottesdienstbesuch vom jeweiligen Pfarrer im Wanderbuch bestätigen.

Während der Fasnetszeit besuchte ich zuerst die Narrenmessen, bevor ich versuchte, mich bei Empfängen

Nächste Seite: Als Schreibunkundiger habe ich die erkennungsdienstliche Aufnahme bei der Polizei in Sigmaringen nur mit drei Kreuzchen unterzeichnet. >>>

EDV-ABFRAGE DURCHGEFÜHRT	
Datum	*14. 02. 84*
Anl. Ausdruck(x)	*negativ*
Handzeichen	
DASTA SIGMARINGEN	

Kriminalhauptkommissar

16

EREINFACHTE ERKENNUNGSDIENSTLICHE BEHANDLUNG

58

Aufnehmende Dienststelle, Tel. Nr. (f. Vorausmeldung)

:um   Zeit   TB-Kennzeichen   TB-Nummer

um der ed. Behandlung	Aufnehmender Sachbearbeiter
4.2.84	Kirchmaier

ordnende Dienststelle	Zuständiges LKA
Sigmaringen	Stuttgart

ikt/Anlaß

Landstreicherei

Polizeidirektion
- Kriminalpolizei -

7480 Sigmaringen

des ed.
Behandelten

✗ ✗ ✝

Rechter Zeigefinger

(Schrabünkrüchig

abgerollt

17

einzuschleichen. Anfangs waren die Pfarrer erstaunt, wenn ich nach dem Gottesdienst in der Sakristei erschien und sie bat, in meinem Wanderbuch zu bestätigen, dass ich am Gottesdienst teilgenommen hatte.

»Der liebe Gott weiß doch, dass du in der Kirche warst, warum soll ich es dann noch reinschreiben?«

»Aber die Schwester an der Pforte im nächsten Kloster weiß das nicht.«

Vor allem die Pfarrer, die die Narrenmessen lasen, waren frei und weltoffen, und im Laufe der Zeit wuchsen auch meine Erfahrung und meine Phantasie im Begründen dieses Ansinnens.

Ein Pfarrer und Dekan verweigerte mir allerdings konstant den Eintrag. Dem Mesner tat ich leid, und so bezeugte er an Stelle des Dekans meinen Gottesdienstbesuch. Dem Pater, der die Bettelpredigt gehalten hatte, schenkte ich zum Hohn einen Zehnmarkschein. Er war erstaunt und freute sich – und mir kam das mehrfach wieder herein, denn »spenden macht reicher!«

Der Münsterpfarrer in Freiburg bestätigte mir bei einem Vesper in seinem Haus in der Herrengasse: »Max hat heute im Münster in Freiburg den Gottesdienst besucht, am 35. Jahrestag des Todes von Erzbischof Dr. Konrad Gröber.«

Fast alle Pfarrer luden mich im Anschluss an den Eintrag in mein Wanderbuch zum Imbiss ins Pfarrhaus ein. In den letzten Jahren entschuldigten sie sich häufig und meinten, ich müsse aber mit Pulverkaffee vorlieb nehmen, da sie keine Haushälterin hätten. In Freiburg

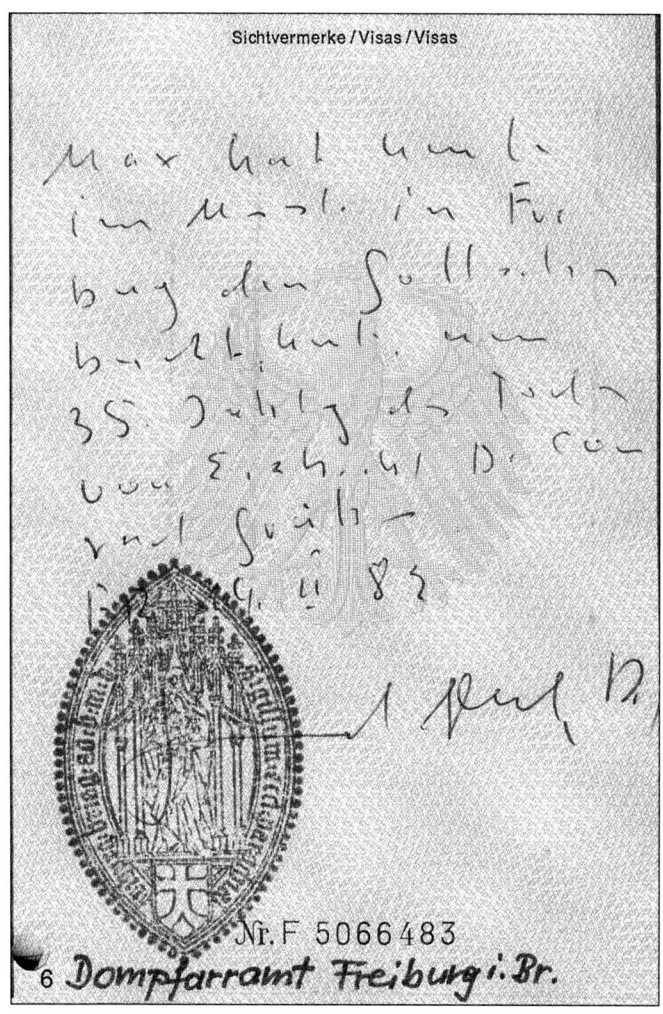

Nr. F 5066483

6 Dompfarramt Freiburg i. Br.

»Max hat heute im Münster in Freiburg den Gottesdienst besucht, am 35. Jahrestag des Todes von Erzbischof Dr. Konrad
Gröber«. Dompfarramt Freiburg im Breisgau

Erhalten für die diversen
DM 10.— in dem Beutel
19-1-1982   P. Wolg Huw

M. Zweih

87.
Pater Wolfgang Huwe, Simbabwe

Der Hochw. Herrn Dekan Guek
muß erkannt haben, daß MAY
Deine Kirchensteuer zahlt.

Nr. F 5227121

Gottesdienst Münsto Zwiefalten

Sichtvermerke / Visas / Visas

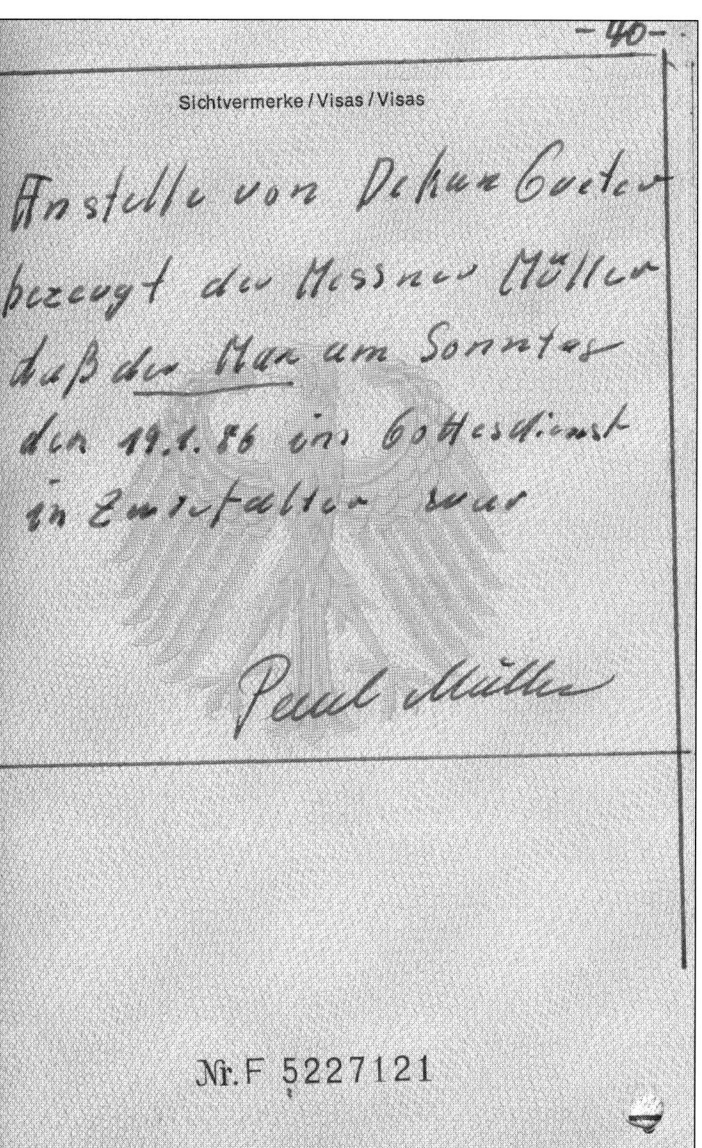

Anstelle von Dehan Goeter
bezeugt der Messner Müller
daß der Man am Sonntag
den 19.1.86 im Gottesdienst
in Zweifalten war

Paul Müller

Nr. F 5227121

wärmte ich mich anschließend noch in der Akademie auf, bei einer Tasse Tee mit der Sekretärin am Empfang.

Eine Ausnahme ist es, wenn ein Kloster einem Obdachlosen zwei oder drei Tage Gastfreundschaft erweist, wie die Patres auf dem Schönenberg bei Ellwangen oder das Bildungshaus Sankt Bernhard in Rastatt im Rheintal.

Als ich einmal bei der Künstlerin Schwester Sigmunda May in Stuttgart vorbeischaute, war bei ihr im Atelier eine kranke junge Obdachlose. Sie durfte bleiben, bis sie wieder auf die Straße konnte. Schwester Sigmunda genießt seitdem im Obdachlosen-Milieu größtes Ansehen.

* * *

Beim Peterskeller in Salzburg stieß ich auf Verse des Hofpoeten Karls des Großen, Mönch Alkuin, aus dem Jahre 803:

Der du hier über die Straßen ziehst, bleib stehen, Wanderer, die wenigen Verse betrachte beflissenen Geistes! Obwohl unwegsam, wie du sie siehst, zweifach ist reich sie an Würde:
Hier führt zur Schenke sie den, der zu trinken verlangt; da zur Bibliothek den, der strebt nach Weisheit der Bücher –
Wähle aus, welcher Weg dir jetzt zu Belieben, o Wanderer, entweder zu trinken den Wein oder zu studieren die heiligen Bücher.
Wenn trinken du willst, wirst Münzen zahlen du müssen, zu studieren wenn du verlangst, umsonst kannst du haben, wonach du suchst.

Vom 18. – 20. April 88
war „Mat, der Land-
sfreicher" Gast im
Haus Schönenberg,
an dessen Pforte
manches seiner
„Kollegen" nicht
im saust anklopfen.

P. Hermann

Nr. D 2694946

Das Haus Schönenberg gehört zu den Ausnahmen, die für mehr als eine Nacht Herberge bieten.

Der Hinweis auf geistige oder geistliche Nahrung ist wichtig, auch für »Berber«. Ich erinnere mich an den Mann in der Vesperkirche in Stuttgart, der Shakespeare las.

Die von Januar bis zum Palmsonntag täglich geöffnete Vesperkirche in der Kirche Sankt Leonhard in der Stuttgarter Innenstadt geht zurück auf das Jahr 1982. Pfarrer Koch und sein Kirchengemeinderat wollten der öffentlichen Abfütterung der Obdachlosen in der Pfarrstraße ein Ende setzen. Sie stellten hierfür die Sakristei der Leonhardskirche zur Verfügung. Annähernd dreihundert Menschen können seither täglich ihr Essen im geheizten Raum einnehmen. Diakoniepfarrer Martin Friz führt die Vesperkirche nach Pfarrer Koch weiter.

Doch bekommen die Besucher hier nicht nur genug zu essen, sondern auch geistlichen und medizinischen Beistand; letzteren nicht nur für sich selbst, sondern auch für ihre Tiere. Eine allgemeine Krisen-, Sozial- und Schuldnerberatung bietet konkrete Hilfe bei vielen Lebensfragen. Auf Wunsch erhalten die Gäste sogar einen Haarschnitt.

Die »Stuttgarter Vesperkirche« hat Schule gemacht, sie wurde zum Modell einiger weiterer Einrichtungen, unter anderem auch in Reutlingen.

Im Reutlinger General-Anzeiger vom 19. November 1997 war zu lesen:

Armut hat viele Gesichter. Es gibt die ganz armen Hunde, die bettelnd und unübersehbar in der Fußgängerzone kauern. Es gibt andere Arme, die sich ihrer Be-

dürftigkeit schämen und sich mühsam kaschieren. Hin-
schauen und die Armut wahrnehmen – das will ohnehin
keiner, obwohl heutzutage jeder selbst schnell abrutschen
kann. Die Zahl bedürftiger Menschen, darunter erschre-
ckend viele junge, steigt in Reutlingen dramatisch an.
Kirchen und Wohlfahrtsverbände wollen dieser Entwick-
lung nicht tatenlos zusehen: Mit ihrer Vesperkirche, die
Mitte Januar startet, setzen sie ein Zeichen der Solidarität
und der Menschlichkeit. In der Nikolaikirche bekommen
sozial Schwache vier Wochen lang Essen, Getränke – und
menschliche Wärme. »Diese Leute sollen nicht Außensei-
ter sein«, erklärt der frühere Marienkirchen-Pfarrer und
Mit-Initiator Klaus Kuntz, »sondern gemeinsam mit an-
deren würdig bewirtet werden.«

Ein weiteres »Kind« der Reutlinger Vesperkirche ist seit
April 2000 das Lobbyrestaurant »Unter den Leuten«,
eine Begegnungsstätte mit preiswertem Essen für Gäste
mit Berechtigungsschein und viele Solidaresser. Es ist das
ganze Jahr über von Montag bis Freitag geöffnet.

Dass die Vesperkirche nicht bloß eine kurzfristige
Hilfe ist, sondern auch Motivation zur Dauerhilfe für
Arme und Bedürftige, zeigt die ebenfalls 1995 erfolgte
Gründung des Vereines »Schwäbische Tafel«: In 15 Lä-
den werden Backwaren, Obst und viele andere Lebens-
mittel, zum Großteil mit abgelaufenem Verfallsdatum,
sehr, sehr günstig an Bedürftige abgegeben. Mittlerweile
gibt es solche »Tafeln« auch in anderen Bundesländern.

Staatsministerium
Richard-Wagner-Straße 15
7000 Stuttgart-1

Sichtvermerke / Visas / Visas

25. 2. 8?

[handschriftlicher Text, weitgehend unleserlich]

Ministerialdirektor
Dr. Lorenz Menz
Staatsministerium
Richard-Wagner-Str. 15
7000 Stuttgart 1

Nr. F 2359727

Chef der Staatskanzlei, Dr. Menz

Max wird vom Staatssekretär Dr. Lorenz Menz zum ehrenamtlichen Mitarbeiter der Staatskanzlei ernannt.

Vorprogrammiertes Elend

Krankheit und Tod im Obdachlosen-Milieu

Mit Krankheit und Tod bei Obdachlosen habe ich mich – oft unfreiwillig – intensiv auseinander gesetzt. Im Jahre 1983, zwei Tage nach Weihnachten, war ich mit meiner Familie und Verwandten im Kloster Sießen, dem Mutterhaus der Franziskanerinnen. Meine Klostertante war gestorben. Als wir in der Aufbahrungskapelle von ihr Abschied nehmen wollten, fanden wir dort zwei Särge vor. Von ihren Mitschwestern erfuhr ich dann, dass in dem anderen Sarg ein verstorbener Obdachloser lag.

Er muss wohl gespürt haben, dass es mit ihm zu Ende geht, und bat an der Klosterpforte um Aufnahme. Er war für die letzten zwei, drei Tage seines Lebens in Liebe aufgenommen und auf den nahen Tod vorbereitet worden, nach einem schwerer Leben voller Mühsal und Ausgegrenztheit. Wir können uns kaum vorstellen, was es für einen »Berber« bedeutet, in menschlicher Würde sein irdisches Leben vollenden zu können und kirchlich beerdigt zu werden. Ich kann mir gut vorstellen, dass seine letzten Tage in dieser liebevollen Geborgenheit für ihn bereits wie ein Paradies waren und alle Unbill seines Lebens über die Jahrzehnte auf der Straße aufwogen.

Das Bild der beiden gleich aussehenden Särge in der Kapelle hat einen tiefen, bleibenden Eindruck in mir hinterlassen. Ich war traurig über den Tod meiner geliebten Tante, die mehr als sechzig Jahre ihres Lebens uneigennützig in den Dienst Gottes und der Menschen gestellt hatte, und konnte mich doch gleichzeitig darüber freuen, dass einem »Berber« durch diesen menschenwürdigen Tod noch ein wenig Gerechtigkeit zuteil wurde.

* * *

In Hessen wurden 1995 Armengräber zum Streitfall zwischen Sozialbehörden und Krankenhäusern. Die Sozialämter hatten sich seit gut einem Jahr geweigert, die Bestattung für die Ärmsten der Armen zu bezahlen; Kliniken und Pflegeheime, häufig letzter Aufenthaltsort der Sterbenden, wollten nicht auf den Beerdigungskosten sitzen bleiben.

Dass in der Folge des Streits Kliniken dazu übergingen, arme Schwerkranke abzuweisen, schließen die Beteiligten aus. Dass dies aber inzwischen bundesweit geschieht, ist eine traurige Tatsache.

Fälle wie der eines aidskranken Drogenpatienten in Frankfurt geben zu denken: Von einer Klinik abgewiesen, lag der 38 Jahre alte Mann schließlich elf Tage mit Lungenentzündung und Fieber in einem anderen Krankenhaus, bevor er Ende Juli als »soweit erholt« entlassen wurde. In der Nacht darauf starb er in einem Krisenzentrum für Drogenkranke:

»Er ist sozusagen würdevoll in einem Notschlafbett verreckt, um nicht würdelos von einem Krankenhaus nach dem anderen abgewiesen zu werden«, kommentierte die Zeitschrift der Integrativen Drogenhilfe die Situation. Solche Vorfälle seien kein Einzelfall, meinen Drogen- und Obdachlosenhelfer.

»Wegen ungeklärter Kosten wird kein Krankenhaus Patienten ablehnen«, sagt indes der Justitiar der Krankenhaus-Betreibergesellschaft. – Ob er es wohl weiß?

Früher wurden sie meistens in Armen-Massengräbern beigesetzt, heute werden sie in anonymen Gräbern als »Namenlose« bestattet: die Landstreicher, Tippelbrüder, die unbekannten Umherziehenden, deren Todesursache oftmals ungeklärt bleibt. In den letzten Jahren ist in verschiedenen Gemeinden, unter anderem von Caritas und Diakonie, angeregt worden, auch diesen Toten ein würdiges Begräbnis zu verschaffen.

Die Presseagentur AP berichtet von einer »Begräbnisbruderschaft« in der Gelsenkirchener Kirchengemeinde Sankt Augustinus. Nichtsesshafte, deren Familie oder Verwandte man nicht kennt, sollen auf ihrem »letzten Weg« begleitet werden. Zahlreiche so genannte Tippelbrüder haben sich dieser Gemeinschaft angeschlossen.

In Gemeinden, die »mit Obdachlosen leben«, ist würdevolles Sterben und Begrabenwerden möglich. Doch leider bleibt dies noch immer die Ausnahme.

Von einer solchen Ausnahme berichtet Caroline Methner in der »Welt« vom 3. Oktober 1996:

Eddy ist, krebskrank, in seiner »Wohnung« im Obdachlosenheim gestorben. Fast bis zuletzt hat er in seinem eigentlichen Zuhause, in der Suppenküche, geholfen. Heute um 16.45 Uhr begraben Freunde ihn mit einem Fackelzug auf dem Alten Friedhof Sankt Michaelis [...]

Am 24. September 1996 verstarb

Edgar Vogt

genannt Eddy

im Alter von 58 Jahren

Seit über 10 Jahren kam er jeden Tag von seinem Wohnheim in Schöneberg zur Suppenküche von St. Marien-Liebfrauen in Kreuzberg und hatte dort seinen festen Stammplatz am Spültisch. Täglich wusch er zwischen 150 bis 350 Teller, Plastikbecher, Gabeln, Messer und Löffel. Er schälte Kartoffeln, verlas Gemüse, kehrte den Hof und war immer fröhlich. Er unterstrich seine bescheidene, einfache Lebensart stets mit einem Schuss stärkender Flüssigkeit. Alle Obdachlosen, die nach Kreuzberg kommen, haben Eddy zum Freund.

Wir freuen uns, bekannt geben zu können, dass Eddy jetzt seinen Platz gewechselt hat. Er sitzt beim himmlischen Hochzeitsmahl ganz oben an der Tafel und nun sind andere dran, ihn zu bedienen.

Dies zeigen an:
Georg Schlüter, Pfarrer von St. Marien-Liebfrauen,
Die Mitarbeiterinnen und Schwestern der Suppenküche,
die Mitbewohner und Kumpels vom Wohnheim.

Wir machen für Eddy einen Fackelzug im Rahmen der Begräbnisfeier am Mittwoch, dem 30. Oktober 1996, um 16.45 Uhr auf dem Alten St. Michaels-Friedhof, Hermannstr. 191 (nahe U-Bahnhof Leinestraße).

Wir laden alle Freunde von Eddy, die Obdachlosen, die Mitbewohner vom Wohnheim herzlich ein. Um 16 Uhr startet ein Bus von der Suppenküche in der Wrangelstraße. Kostenlose Fahrkarten verteilen ab sofort die Schwestern.

Da oben, man darf es glauben, sitzen dann einträchtig der Tellerwäscher Eddy Vogt und der Schuster Wilhelm Voigt und prosten den Freunden da unten zu mit 'ner Molle und 'nem Korn ...

Reflektieren wir an dieser Stelle doch mal die Worte aus Lukas 10, 25-37 »Der barmherzige Samariter« in der Übersetzung von Walter Jens:

Ein Schriftausleger, der Jesus auf die Probe stellen wollte, ging auf ihn zu: »Du bist ein Lehrer, sag, was muss ich tun, um das ewige Leben zu gewinnen?«

»Du kannst doch lesen«, sagte Jesus, »was steht im Gesetz?«

»Lieben wirst du den Herrn, deinen Gott«, antworte-te der Schriftausleger, »mit deinem Herzen, deiner Seele und deinen Gedanken – mit all deiner Kraft! Lieben wirst du den, der ein Mensch ist wie du – dein Bruder! Du wirst ihn lieben, wie du dich selbst liebst!«

»Du hast richtig geantwortet«, sagte Jesus, »tu es, und du wirst leben.«

Der Schriftausleger wollte sich rechtfertigen: »Wer aber ist mein Bruder«, fragte er, »was heißt ›ein Mensch wie du‹?«

»Es gab einen Mann«, begann Jesus, »der von Jerusa-lem nach Jericho ging und, zwischen den Gebirgen und der Ebene, den Räubern in die Hände fiel. Die warfen ihn nieder, zogen ihn aus, schlugen ihn halbtot und ließen ihn liegen: So fand ihn ein Priester, der zufällig den glei-chen Weg ging wie er. Der sah den Mann – und ging wei-ter. Später kam ein Levit an die Stelle; auch er sah den

Mann – und auch er ging weiter. Schließlich kam ein Sa-
mariter vorbei, und als der den Mann sah, hatte er Mit-
leid mit ihm, trat auf ihn zu, wusch seine Wunden mit Öl
und Wein aus, verband sie, hob den Mann auf sein Last-
tier und brachte ihn zu einer Herberge. Dort versorgte er
ihn und blieb bei ihm bis zum anderen Tag. Dann gab er
dem Wirt zwei Silberstücke: ›Das ist für die Pflege‹, sagte
er, ›wenn du mehr brauchst, will ich dir’s bezahlen. Ich
komme zurück.‹

»Was meinst du?«, fragte Jesus, »wer von den dreien
stand dem Überfallenen bei? Wer ist ihm Bruder gewe-
sen?«

Da sagte der Schriftausleger: »Der Barmherzige ist es
gewesen«, und Jesus antwortete ihm: »Tu, was der Sama-
riter getan hat. Geh – und sei wie er!«

Nach nahezu zweitausend Jahren hat diese biblische
Geschichte nichts von ihrer Aktualität verloren.

* * *

V on meinen vielen Konfrontationen mit der Krankheit unter den Obdachlosen möchte ich eine heraus-
greifen:

Eines Nachts, gegen 23 Uhr, war ich nach einer Deka-
natsrats-Sitzung im Zentrum der Kreisstadt Sigmaringen
auf dem Weg zu meinem Wagen, den ich vor dem Haus
meiner Schwägerin geparkt hatte. In der Fußgängerzone
rief aus der dunklen Nische eines Ladeneingangs jemand
nach mir. Ich ging hinüber und sah im Halbdunkel auf
den Stufen einen Obdachlosen sitzen, der vor Schmerzen
stöhnte. Er zeigte mir die Ursache seiner Schmerzen: An

der rechten Hüfte hatte er eine offene Wunde, so groß, dass ich meine beiden Fäuste hätte darin unterbringen können. Ein einziger solcher Anblick genügt, uns zu zeigen, wie es mit unseren Obdachlosen wirklich aussieht, und welche Scheu sie vor den Ämtern und Institutionen mit all ihren Schranken und Barrieren haben. Erst wenn sie bei lebendigem Leibe fast verfaulen, wagen manche den Schritt zur Hilfe. Da ich kein Geld bei mir hatte, bat ich ihn, sich nicht von der Stelle zu rühren, bis ich mit Hilfe käme, um ihn ins Krankenhaus zu bringen. Meine Schwägerin rief das Rote Kreuz an. Als ich mit meinem Wagen zurückkam, war der Rettungswagen schon da. Es war erschütternd, wie herzlos die »hauptamtlichen Menschenhelfer« den sich vor Schmerzen krümmenden Menschen mit lauten Kommandos in den Rettungswagen bugsierten, ihm den Sack mit seinen Habseligkeiten nachwarfen und ihn ein »besoffenes Schwein« nannten.

Ein bösartiges Fehlurteil. Ich wusste, dass der Obdachlose nicht unter Alkohol stand, und beschwerte mich energisch gegen diese Behandlung. Ich konnte nur hoffen, dass er im Krankenhaus ordentlich versorgt werden würde. Nachdem ich sonst viele Einsätze positiver Hilfsbereitschaft des Roten Kreuzes erlebt habe, hoffe ich bloß, dass dieser äußerst schockierende Vorfall eine Ausnahme war.

* * *

Meine eigenen Erfahrungen und Erlebnisse mit Krankheit und Tod von Obdachlosen decken sich weitgehend mit dem, was Pfarrer Joachim Ritzkowsky im Dezember 1993 unter dem Titel »Sterben auf Berlins Straßen« niederschrieb:

Der erste Mensch, den ich auf der Straße von Berlin sterben sah, war Hans Breitfeld. Er wohnte in der öffentlichen Frauentoilette auf dem Mittelstreifen der Gneisenaustraße an der Kreuzung mit dem Mehringdamm.

Ich war durch einen Krankenpfleger, Georg, und einen Langzeitarbeitslosen, Alberto, die sich in der Kreuzberger Szene auskannten, auf ihn aufmerksam gemacht worden. Von allein hätte ich ihn nicht bemerkt, da mein Weg zwar fast täglich in der Nähe, aber nicht nah genug an der Toilette vorbeiführte.

Ich war damals (1990) aus Berlin-Zehlendorf nach Kreuzberg an die Kirchengemeinde Zum Heiligen Kreuz gekommen und hätte niemals für möglich gehalten, was ich seitdem auf den Straßen hier gesehen und erfahren habe.

Unsere Versuche, Hans Breitfeld in ein Heim zu bringen, scheiterten. Wir hatten einen Übernahmeschein vom Sozialamt für ihn. Aber er wollte nicht mehr. Er wollte lieber »auf der Insel« bleiben, wie er seinen Ort nannte. Er ging an Krücken, schleppte sich mehr, als dass er ging, schaffte nur wenige Schritte, hatte Ungeziefer und Wasser in den Beinen. Das Einzige, was er manchmal tat, um sich helfen zu lassen, war: Er ließ sich fallen. Dann kamen Polizei und Krankenwagen, er wurde kurz versorgt, landete aber bald wieder auf der Verkehrsinsel.

Er lebte noch bis in den Sommer. Tag und Nacht lag er auf der Bank vor der Toilette – braun gebrannt. Wer ihm ins Gesicht blickte, konnte ihn für einen Menschen halten, der gerade aus dem Urlaub gekommen war. Aber er war schon völlig von Tieren zerfressen. Einmal griff er in seine Hose, das heißt in das Fleisch seines Beines, und hatte in der Hand lauter Maden, Tausende von Maden ...

Damals begann auch meine Bekanntschaft mit Manfred Lehmann, den ich später im Gemeindehaus polizeilich anmeldete, damit er Ausweis, Sozialunterstützung und Krankenschein bekam. Hierfür erhielt ich im Herbst 1993 eine Anzeige wegen einer »Ordnungswidrigkeit« und wurde 1995 wegen »mittelbarer Falschbeurkundung« (dem Ausstellen einer falschen Urkunde, dass der Obdachlose im Gemeindehaus wohnt) zu 2500,- DM Strafe auf ein Jahr zur Bewährung verurteilt. 1996 wurde ich freigesprochen.

Ein Bekannter hatte mir gesagt, auf der Frauentoilette am Halleschen Tor würden Obdachlose wohnen. Es seien mehrere Männer, alle voller Läuse. Einer von ihnen habe einen offenen Darmausgang, aber keine Tüten. Die Scheiße flösse in die Kleider. Der Gestank sei bestialisch. Es folgte ein ziemlich mühsamer Versuch, Tüten zu bekommen, danach viele Versuche, Hilfe zu organisieren. Aber es stellte sich heraus, dass es praktisch niemanden gab, der half. Ich lernte damals, dass es Menschen gibt, die faktisch in kein Gefängnis oder Krankenhaus aufgenommen werden. Manfred Lehmann war und ist einer von ihnen. Wie oft ist er nachts auf der Toilette zusammengeschlagen, getreten und beraubt worden! Er wurde manchmal in die Notaufnahme gefahren, wo man ihn kennt und wo er in der (überlasteten) Erste-Hilfe-Station verbunden wurde. Regelmäßig aber kehrte er in die Toilette zurück. Zur Feier des Heiligen Abends in unserer Gemeinde 1993 kam er mit geschwollenem Auge und blutverkrustetem Gesicht. *Jemand hatte von ihm Geld gewollt, zwei Feuerzeuge und 3 DM abgenommen und ihn mit dem Schuh ins Auge getreten.*

Als ich ihn kennen lernte, lebten außer ihm noch drei andere Männer in der Frauentoilette, einer von ihnen, Rudi, ist inzwischen tot. Man fand ihn auf der Straße auf dem Hermannplatz. Irgend jemand wusste, dass er gestorben war, und sagte es mir. Ich musste lange telefonieren, bis ich die Leiche ausfindig machen konnte. Menschen, die mehrfach überfallen worden sind, haben keine Papiere mehr und werden als Unbekannte ins Leichenschauhaus eingeliefert. Dort fand ich auch die Spur von Rudi, so dass wir – einige Obdachlose und auch Angehörige – ihn beerdigen konnten ...

Mir wurde damals klar, dass das System der ärztlichen Versorgung im Bereich Obdachlosigkeit ergänzt werden muss. Zwar ist dem Gesetz nach – über die Sozialämter – für alle Menschen gesorgt (sowohl was Sozialhilfe, Unterkunft als auch ärztliche Versorgung betrifft), aber das steht auf dem Papier. In Wirklichkeit ist für viele Menschen nicht gesorgt.

Pfarrer Ritzkowsky, der im Januar 2003 viel zu früh verstorben ist, entschied sich damals, zwei Wege parallel zu gehen. Einer war der Weg auf die Straße. Er wollte die Obdachlosen persönlich kennen lernen, ihre Geschichte und ihre jeweilige Situation. Er ließ sich die Orte zeigen, wo sie hausten, wo sie übernachteten, wo sie Platte machten, wo sie schliefen. Wichtig war ihm, die Menschen zu kennen, die in der Nähe seines Gemeindehauses lebten, ohne eine Wohnung zu haben.

Statt zu sagen, sie leben auf der Straße, hätte er auch sagen können, sie sterben auf der Straße. Es ist erschreckend, wenn man sich verdeutlicht, wie jung viele dieser »Straßenmenschen« sind. Obdachlose werden nicht alt, und sie sehen meist viel älter aus, als sie in Wirklichkeit sind. Die Wohnungslosigkeit zehrt an ihren Kräften. In den Wärmestuben und Notunterkünften bin ich meist der Älteste. Viele sind unter dreißig, oft unter zwanzig Jahre alt.

Als Pfarrer begleitete Ritzkowsky natürlich bürgerlich lebende Menschen bis zu ihrem Tod. Und so schlug er bald auch den Weg ein, in seiner Arbeit und seinem Leben mit Obdachlosen für diese Sterbebegleitung zu leisten.

※ ※ ※

Seit vielen Jahren fordern haupt- und ehrenamtliche Helfer und Kenner der Szene eine Sicherstellung der medizinischen Versorgung von wohnungs- und obdachlosen Bürgern und Bürgerinnen – und zwar unabhängig von der Kostenübernahme.

Notwendig wäre eine Krankenversorgung, bei der sich die Kranken nicht – wie üblich – eine Versichertenkarte oder einen Überweisungsschein besorgen und dann zu einem niedergelassenen Arzt oder einer Ärztin gehen müssen, die sie gegebenenfalls in ein Krankenhaus einweisen. Wir brauchen Ärzte, Ärztinnen, Schwestern und Sozialarbeiter, die zu den Obdachlosen hingehen – und dort erst einmal, behutsam und die Anonymität wahrend, diesen Menschen die Angst vor Amtspersonen, Ämtern und Formularen nehmen. Weil sich eine solche »ambulante medizinische Versorgung« bis heute nicht durchsetzen konnte und die bestehenden Hürden dafür erhöht wurden, sind im Laufe der Jahre immer mehr Hilfseinrichtungen entstanden. Einzelpersonen, Einrichtungen der Kirchen und der Wohlfahrtsverbände haben gehandelt, zum Teil auch mit Unterstützung der Kommunen.

Eines der ersten Beispiele ist mir aus Wien bekannt. Schon seit vielen Jahren holt dort der »Cari-Bus« auf verschiedenen Plätzen der Stadt die kranken Obdachlosen ab, bringt sie zur ambulanten Versorgung und wieder zurück an die Ausgangsorte.

Dass auch in Berlin in den letzten Jahren eine unbürokratische medizinische Versorgung für Wohnungslose initiiert worden ist, ist im Wesentlichen ein Verdienst von Caritas und Diakonie und wird auch von der Berliner Ärztekammer nach besten Kräften unterstützt.

Kernstück dieses medizinischen Streetworks ist das seit Januar 1995 operierende Arztmobil. Hierfür wurde ein Kleinbus mit den Gerätschaften einer Arztpraxis ausgestattet. So ausgerüstet fahren ein Arzt, eine Krankenschwester und ein Sozialarbeiter durch die Stadt, um an bekannten festen Haltepunkten Station zu machen und die bedürftigen Menschen vor Ort zu untersuchen und mit dem Nötigsten zu versorgen.

Seit November 1992 hat die Caritas im Franziskanerkloster in der Wollankstraße in Berlin-Pankow auf der dort bestehenden Krankenstation bessere diagnostische und therapeutische Möglichkeiten als in dem engen Arztmobil. Dort werden an zwei Tagen der Woche Sprechstunden abgehalten, bei denen ebenfalls eine Ärztin, eine Krankenschwester und ein Sozialarbeiter anwesend sind.

Neben der Notfallbasisversorgung vor Ort dienen diese medizinischen Sprechstunden vor allem der Motivation, den eigenen Körper und die eigene Gesundheit wieder wahrnehmen zu lernen, und dazu, ein gewisses Vertrauen in das bestehende Gesundheitssystem aufzubauen. Endziel ist die Weiterleitung zu niedergelassenen Ärzten. Eine einfache Kostenübernahme erfolgt im Wartezimmer durch den Sozialarbeiter. Wer dies nicht wünscht und anonym bleiben will, hat trotzdem Zugang zur kostenlosen medizinischen Betreuung.

Die medizinische Versorgung umfasst somit auch den sozialarbeiterischen Aspekt. Die Erkrankungen vieler Wohnungsloser haben ihre Ursachen in ihrem sozialen Umfeld. Eine Heilung ist dann ohne die Klärung sozialer und verwaltungstechnischer Fragen nicht möglich. Daher versucht der Sozialarbeiter zusätzlich, den Patienten eine möglichst individuelle und niederschwellige Hilfestellung anzubieten.

Inzwischen sind in anderen Bezirken weitere überregionale Pflegestationen eröffnet worden.

Vor Jahren kümmerte sich in Nürnberg der Franziskanerbruder Martin um die Obdachlosen. Er besuchte sie auf den Plätzen und betreute sie medizinisch;

er ging mit ihnen zu Ärzten und in die Ambulanz der Krankenhäuser. Sein größter Wunsch war damals, im Bahnhof einen Raum zum Verbinden zu bekommen.

In Freiburg übernimmt die Caritas mit der »Pflasterstube« diese Hilfsfunktion.

Die Finanzierung der Arbeit in der »Pflasterstube« hängt entscheidend von Spendengeldern ab.

Ich erinnere mich gerne an meine Aufenthalte dort; an die freundlichen Helfer und die Geduld des Leiters, Richard Matern, und wie natürlich man mit mir, dem »stadtfremden Berber«, dort umgegangen ist. Ich bekam Tipps fürs Mittagessen, das Sozialamt, die eventuelle Übernachtung in der Klarastraße 100. Im Winter 1996 war keine gute Atmosphäre in Freiburg gegenüber Außenseitern. – Umso mehr genoss ich für eine Stunde die friedliche Atmosphäre der »Pflasterstube«, bevor ich mich auf den Weg durch die Stadt machte.

✳ ✳ ✳

Deutschlands erstes modernes pflegerische Heim für allein stehende, alte, obdachlose Männer wurde 1996 in Oberschleißheim bei München eröffnet. Die für damals 14,6 Millionen DM aus Kirchensteuermitteln errichtete Wohnanlage kann 55 pflegebedürftige Menschen aufnehmen. Sie soll dazu beitragen, dass obdachlose Menschen im Alter nicht abgeschoben, sondern in ihrer Krankheit auch bis zum Sterben begleitet werden können.

Das Pflegeheim Sankt Benno war ein Geschenk der Münchner Erzdiözese an den Katholischen Männerfür-

Pflaster-Stube u. Beratung bei Caritas Freiburg

Sichtvermerke / Visas / Visas

Max war heute, am
26. 1. 96 beim Caritasverband
Freiburg Stadt e.V. in
der "Pflasterstub",
und zwar auf eine Tasse
Kaffee und zur Beratung.

Eine Übernachtungsmöglichkeit
wäre im städtischen Obdachlose heim Ukerastr. 100 zu
finden.

Nr. G 1350418

Hervorragende Beratung und Betreuung bekommt man in der Pflasterstube in Freiburg. Ich wurde immer freundlich aufgenommen.

sorgeverein anlässlich des 500. Jahrestags der Weihe der Münchner Frauenkirche. Damit wurde an die alte kirchliche Tradition angeknüpft, nicht nur Kirchen zu bauen, sondern auch soziale Einrichtungen zu schaffen. In München leben nach Angaben des Männerfürsorgevereins mindestens 600 Menschen auf der Straße. Etwa 10 000 leben in Obdachlosenunterkünften, Heimen, Billig-Pensionen oder in rechtlich ungesicherten Wohnverhältnissen.

✻ ✻ ✻

Die Aussichten auf eine generelle Besserung der Versorgung kranker Obdachloser in Deutschland sind alles andere als gut. Das habe ich selbst als Bürger dieser Republik am eigenen Leibe erfahren. Anfang des Jahres 2001 musste ich stationär im Krankenhaus behandelt werden, wurde aber, trotz meines sehr schlechten Gesundheitszustandes, nach nicht einmal zwei Wochen entlassen. Die Begründung des Chefarztes lautete: Chronisch kranke alte Menschen dürfen, ohne Rücksicht auf den medizinischen Befund, maximal zwei Wochen behandelt werden. – Wenn einem das nach 55 Jahren freiwilliger Mitgliedschaft in der AOK passiert, was kann dann ein Obdachloser erwarten?

Obwohl sich die Mehrzahl der Menschen in unserer Gesellschaft den Obdachlosen gegenüber gleichgültig oder auch ablehnend verhält, der Tod eines Menschen auf der Straße trifft fast jeden sehr tief; er schockiert, schreckt auf, lässt innehalten.

So geschah es auch in Reutlingen. Auf den Stufen der Marienkirche, im Zentrum der Stadt, war 1990 ein Obdachloser erfroren. Dieses traurige Ereignis machte den damaligen Pfarrer der Marienkirche, Klaus Kuntz, und seine Gemeindemitglieder tief betroffen und gab Anlass zur Gründung des »Arbeitskreises Obdachlose« der Marienkirche. Zusammen mit anderen Wohlfahrtseinrichtungen hat der Arbeitskreis seither durch seine beispielhaften Aktionen und Einrichtungen Reutlingen zu einem Modell der Wohnungslosenhilfe gemacht. Auch nach seiner Pensionierung ist Pfarrer Klaus Kuntz der Motor der Obdachlosen-Hilfe geblieben. Mit Freude unterstütze ich seine Arbeit seit Jahren mit Spenden.

✳ ✳ ✳

Der »Mitternachtsbus« in Hamburg, der »Kältebus« in Berlin und die vielen leer stehenden Häuser in anderen Städten, die im Winter als »Erfrierungsschutz« eingerichtet und freigegeben werden, sollen Obdachlose vor dem Kältetod bewahren. Und trotzdem schlägt das Schicksal Jahr für Jahr im Winter grausam zu, und Obdachlose müssen jämmerlich erfrieren.

Für obdachlose Frauen ist das Hilfe-Angebot äußerst dürftig. Für sie gibt es zu wenig Heimplätze. So wurde eine junge Mutter mit ihrem Säugling in einem ver-

Nächste Seite: Pfarrer Klaus Kuntz setzt sich seit langen Jahren mit der Reutlinger Vesperkirche und dem von ihm mitgegründeten »Arbeitskreis Obdachlose« für Bedürftige ein. >>>

Sichtvermerke / Visas / Visas

№ D 6888375

10

Sichtvermerke / Visas / Visas

Dem treuen Freund und
Wohltäter der Obdachlosen,
Herrn Friedrich Bröbele
(genannt "Berber Max")
ein herzliches Dankeschön und
Vergelts Gott für seine erneute
Spende von 200,- DM zu-
gunsten von Reutlinger Obdachlosen-Projekten.

Ihr Klaus Knoth
Pfarrer i.R., verantwortlich für
den "Arbeitskreis für Obdachlose"
und die "Reutlinger Vesperkirche"

RT, am Nikolaustag, 6. Dez. 1999
Nr. D 6888375

7

wahrlosten Heim untergebracht, in dem hauptsächlich Männer leben. Toiletten und Duschräume sind nicht nach Geschlechtern getrennt und lassen sich zudem nicht von innen abschließen. Als sie von betrunkenen Bewohnern sexuell belästigt wurde, verließ sie fluchtartig das Haus ...

Die Frankfurter Sozialarbeiterin Elfi Ilgmann-Weiß sagt aus Erfahrung: Obdachlosigkeit kann auch Frauen aus der Mittelschicht treffen.

Die Lehrerin Eva L. wurde durch eine psychische Erkrankung aus der Bahn geworfen, verlor Familie und Wohnung. Sieben Jahre irrte sie durch Frankfurts Straßen. In einer kalten Winternacht erfror die 48-Jährige. Vermutlich wurde sie in ihrer Todesnacht aus einer schützenden Unterführung vertrieben. Vierzig obdachlose, mit Schlafsäcken bepackte Trauergäste gaben der Verstorbenen das letzte Geleit. Nicht nur Minusgrade machten der Frau in ihren letzten Lebensjahren zu schaffen. Erfroren ist sie auch an der sozialen Kälte. Wegen ihres zerlumpten Anblicks wurde sie oftmals nicht einmal bedient, wenn sie sich etwas zu essen kaufen wollte.

* * *

Gewalt gegen Obdachlose ist ein weiteres Problem, das seit Jahren immer mehr um sich greift. Seit Anfang der neunziger Jahre hören die Mitarbeiterinnen und Mitarbeiter der Wärmestuben und Notunterkünfte immer mehr schreckliche Berichte von Gewalttaten gegen schlafende Obdachlose. Eine besonders schlimme Erfahrung für mich war der Verlust der Sicherheit und des Vertrauens auch innerhalb der Szene. Während es früher eine Art Ehrenkodex gab, und ich als wandernder »Berber« in einer fremden Stadt spontan die nötigen Informationen, Unterstützung und Hilfe bekam, führte die ständig steigende Zahl der Wohnungslosen und Armen regelrecht zum Kampf um Übernachtungsplätze und um gute Orte zum Schnorren. Als ich mich einmal in einer Großstadt an eine stark bevölkerte Passage setzte, spürte ich nach kurzer Zeit einen spitzen Gegenstand zwischen meinen Rippen und ein »Kollege« flüsterte mir ins Ohr: »Verschwinde!«

Misstrauen, Futterneid, Konkurrenz dominierten plötzlich und machten den Aufenthalt in den Unterkünften problematisch. Selbst innerhalb der Szene kam es zu Raub, Erpressung, Diebstahl und immer mehr Schikanen. Mancher wurde im Schlaf seiner Kleider beraubt. Man konnte weder draußen, auf Platte, noch im Haus ruhig schlafen.

Bekanntermaßen war es schon lange gefährlich, sich in der Nähe von Jugendtreffs, von Diskotheken oder ähnlichen Orten aufzuhalten oder von Skinheads beim Platte machen entdeckt zu werden.

Am tiefsten hat mich der menschenverachtende Ausspruch getroffen, den ich im Laufe meiner Berberzeit drei Mal zu hören bekam: »Da hat man im Dritten Reich einen zu wenig vergast!«

Doch damals konnte ich mir nicht vorstellen, dass es bald zur Eskalation kommen werde. Eine teuflische Menschenverachtung macht Obdachlose in den Augen mancher zu Freiwild, das man totschlagen kann:

Frankfurt, Mai 1990: Drei Obdachlosen wurden im Schlaf die Schädel eingeschlagen.

Karlsruhe 1994: Ein Obdachloser wurde in der Bahnhofswartehalle angezündet und verbrannt.

Balingen 1996: An einem Grillplatz wurde ein Obdachloser totgeschlagen.

Freiburg, 2. Februar 1996: Ein Obdachloser wurde unter einer Brücke gefoltert und erschlagen.

Selbnitz/Sachsen, 1. Januar 1997: Jugendliche verletzten zwei Obdachlose schwer.

Greifswald, 25. Januar 1997: Vier Jugendliche erschlugen einen Obdachlosen.

Greifswald, 26. November 2000: Unterdessen ist in Greifswald erneut ein Obdachloser mit großer Wahrscheinlichkeit Opfer eines Gewaltverbrechens geworden. Der 42-Jährige wurde nach Angaben der Ermittlungsbehörden am Samstag tot in der mecklenburg-vorpommerschen Hansestadt aufgefunden. Untersuchungen im rechtsmedizinischen Institut ergaben, dass der Mann offenbar an schwersten Kopfverletzungen gestorben ist, die auf eine Straftat hinweisen, wie die Polizei mitteilte. Die Ermittler riefen die Bevölkerung zur Mithilfe bei der Aufklärung des Todesfalls auf.

Erst Ende Juni hatten ebenfalls in Greifswald Jugendliche einen wohnsitzlosen Mann totgeprügelt. Übergriffe auf Obdachlose mit tödlichem Ausgang hatte es im vergangenen Sommer zudem in Ahlbeck und Wismar gegeben. In allen Fällen hatten die Vernehmungen der Täter rechtsextremistische Motive ergeben.

Die Gewalttaten gegen Obdachlose sind so furchtbar, dass manche sich fragen, ob so etwas in unserer Gesellschaft überhaupt möglich ist.

Dabei wird nur ein Teil dieser Gräueltaten durch die Medien bekannt gemacht. Meist erscheinen nur kurze Artikel in der Lokalpresse. Nur ganz wenige »sensationelle« Fälle werden von den überregionalen Medien verbreitet. Ist die Sensationslust des Publikums gestillt und die Einschaltquote gesichert, dann geht man wieder zur Tagesordnung über. Nach dem kurzfristigen Mitleid mit den Obdachlosen sind sie wieder vergessen und ohne Lobby.

Doch erlebe ich auch immer wieder Menschen, auf die die furchtbaren Ereignisse so tief wirken, dass sie sich für Obdachlose einsetzen. Einer davon ist ein ehemaliger hoher Kriminalbeamter in Stuttgart. Er leitete eine Sonderkommission, welche neun Morde an Obdachlosen in Baden-Württemberg aufklären sollte. Von diesen Gewalttaten erfuhr die Öffentlichkeit damals kaum etwas. Nach seiner Pensionierung setzte er seine ganze Erfahrung, Zeit und Kraft für die Obdachlosen ein. Unter anderem stellte er ihnen auch Zimmer in seinem Hause zur Verfügung, damit sie einen Wohnsitz nachweisen konnten.

Er hatte in den Medien vom Landstreicher Max gehört und wünschte einen Gesprächstermin mit mir. Nach einigem Bemühen trafen wir uns am 23. Oktober 1991 in einer Klinik in Baden-Baden, in der ich mich stationär aufhielt. Er war extra aus Stuttgart angereist. Das mehrstündige Gespräch war für uns beide eine Bereicherung.

Mit meinen Wünschen
erzählte mir heute
Max aus seinem
Leben.

Ich habe daraus
gelernt.

Baden Baden
23. 10. 91

Erich Dengler

Nr. D 1577159
Kripo-Beamter a.D. Stuttgart
20 kam zum Gespräch auf Stbl. angereist.

*Der ehemalige Stuttgarter Kripo-Beamte Klaus Dengler küm-
merte sich schon während seiner Dienstzeit in besonderem Maße
um Obdachlose.*

Jede weitere Erfahrung und neue Erkenntnis kann wieder als Hilfe an Obdachlose weitergegeben werden.

Im Rückblick auf mein zeitweiliges Leben als »Berber« bin ich sehr dankbar, dass ich mit einigermaßen heiler Haut davonkam, abgesehen von Beschimpfungen, Schlägen, Drohungen, großer Menschenverachtung, die mir entgegengebracht wurde, Arrest und mehr.

Doch welche Ironie des Schicksals: Als angesehener Bürger, nicht als »Berber«, wurde ich als 74-Jähriger mitten in der Nacht auf meinem eigenen Grundstück von einem zwanzigjährigen russischen Aussiedler nach mehreren Angriffen – wohlgemerkt, ohne Grund und ohne jegliche Gegenwehr – niedergestoßen und erlitt danach schwere Verletzungen.

❊ ❊ ❊

Wie es manchmal große Risse im Erdreich gibt, so geht ein Riss durch unsere Gesellschaft und teilt sie in Reich und Arm. Erschreckend auffällig ist dies im Gesundheitswesen. Während die Ärmsten der Armen Schicksale erleiden, wie beschrieben, und ihnen in Einzelfällen, trotz aller Dementis, sogar medizinische Behandlungen verweigert werden, schwimmen die Reichen im Geld und können sich die extremsten Behandlungen leisten.

Man kann ruhig sagen, dass das schon immer so war. Aber vor fünfzig Jahren erlebte ich es selbst noch sozialverträglich. Damals konsultierte ich einen bekannten Arzt, dessen kostspielige Methoden von der Kasse nicht bezahlt wurden. Bei einem Brutto-Monatsgehalt von 180 Mark als junger Lehrer bezahlte ich ihm pro Behandlung zehn Mark.

Gleichzeitig war ein Unternehmer in der Praxis, der für die gleiche Behandlung 300 Mark hinblättern musste.

Im heutigen System werden Arme und Alte weitgehend vernachlässigt, während sich extrem Reiche alles leisten können und das selbst noch über ihre Krankenversicherungen finanziert bekommen.

✳ ✳ ✳

Eines hat man als Obdachloser mehr als andere Menschen: Zeit. Und wenn der Alkohol sich nicht gerade negativ auswirkt, Zeit zum Nachdenken, auch über den Tod. Für viele hat er seinen Schrecken verloren. Er steht so oft hinter einem, und für manchen erscheint er wie eine Erlösung vom Elend dieser Welt. Ein Obdachloser hat fast nichts, was ihn auf Erden hält. Er strebt nicht nach Besitz und vergänglichen Werten.

Auf dem Friedhof in einer fremden Stadt, gut versteckt hinter Hecken und Grabmalen, beobachtete ich die Menschen während einer Beerdigung. Den meisten Anwesenden war anzusehen, dass es sie nicht sonderlich berührte, dass jedem von uns zu guter Letzt nur ein Leichenhemd und ein Sarg bleibt. Ein »Berber« wird sich nie darüber Gedanken machen müssen, was mit seinem »Besitz« einmal geschehen wird. Für Augenblicke empfand ich eine innere Fröhlichkeit und wurde mir meiner Freiheit bewusst. Nur für kurze Zeit, denn dann riss mich mein knurrender Magen aus meiner Euphorie. Als ich durch die Scheiben der Leichenhalle das stehen gebliebene Opferkörbchen sah, vergrub ich meine Hände tief in den Taschen meines Parkas und schritt von dannen.

In der warmen Jahreszeit halte ich mich gerne auf Friedhöfen auf. Ich lege mich auf ein verstecktes Bänkchen und genieße die Ruhe, umgeben von Blumen und Vogelgezwitscher. Meine Flasche bleibt dann im Sack. Dieses Paradies will ich ganz bewusst erleben und nehme es mit allen Sinnen auf. Verirrt sich ein Besucher in meine Nähe, so geht er fast pietätvoll an mir vorbei, etwas verwundert, aber ohne Scheu: Von diesem Ort kann man nichts mitnehmen, hier gibt es auch nichts zu verteilen. Hier ist Endstation.

Erfahrungen
mit Christen und Kirchen

Die Religiosität der »Berber«

Würde man die Leute auf der Straße fragen, ob sie die »Berber«, die Obdachlosen, für gläubige Menschen halten, käme als Antwort bestimmt das gängige Vorurteil: »Nein«. An den Orten, wo landläufig das Gläubig- und Frommsein gezeigt wird, nämlich in der Kirche, im Gottesdienst, sind die »Berber« nicht oder nur sehr selten anzutreffen. Doch ohne eine persönliche Beziehung zu diesen aus unserer Gesellschaft ausgegrenzten Menschen ist es sehr schwer, diese Frage zu beantworten.

Armut hatte sich zu allen Zeiten »vor der Tür« abzuspielen. Doch in bestimmten Gegenden unserer Erde und auch bei uns in früheren Zeiten, als das gesamte gesellschaftliche Leben von der Religion geprägt war, da wurde Armut als von Gott gegeben akzeptiert und toleriert. Im Mittelalter durften sich die Armen zur Gottesdienstzeit vor den Kirchen niederlassen und Almosen entgegennehmen. Arme und Krüppel (Behinderte) boten damals, und bieten in anderen Religionen heute noch, eine willkommene Gelegenheit, seine Glaubenstreue in der Öffentlichkeit zu dokumentieren und das Wort der Schrift zu erfüllen:

Bergpredigt: »Was ihr den Geringsten meiner Brüder und Schwestern getan habt, das habt ihr mir getan.«

1. Johannes 3,17: »Wenn ein reicher Mann seinen Bruder Not leiden sieht und sein Herz vor ihm verschließt, wie kann er dann behaupten, er liebe Gott?«

2. Korintherbrief 8,13.14: »Ihr sollt nicht selber Mangel leiden, damit anderen geholfen wird. Aber im Augenblick habt ihr mehr, als die andern. Darum ist es recht, dass ihr denen helft, die in Not sind.«

Was vor Jahren kaum möglich war, sieht man heutzutage vereinzelt wieder: Obdachlose, die in der Nähe einer Kirchentür sitzen, wenn die Leute zum Gottesdienst gehen; besonders in den Zeiten, in denen die Menschen sentimental und demzufolge spendierfreudig sind, wie zum Beispiel an Weihnachten. Manchen Kirchgängern ist anzusehen, dass sie dieser Anblick stört, doch die meisten tolerieren die Schnorrer, viele werfen auch eine Münze in den Hut. Ganz langsam gewöhnt sich unsere Gesellschaft wieder an den Anblick der Armut. Sie ist nicht mehr zu übersehen, und die Medien wagen es in den letzten Jahren immer häufiger, darüber zu informieren.

Als ich vor mehr als vier Jahrzehnten anfing, als Landstreicher auf Reisen zu gehen, war es für mich selbstverständlich, am Sonntag den Gottesdienst zu besuchen. Ich muss ehrlich zugeben, dass ich zunächst sehr gehemmt war, in einer solchen Aufmachung das Gotteshaus zu betreten. Und noch mehr Schwierigkeiten hatten die anderen Besucher damit. Bescheiden hielt ich mich weit hinten oder an der Seite auf, um möglichst wenig aufzufallen. Aber es half nichts. Erstaunt und verächtlich schauten sie auf mich. Durch meinen Anorak hindurch spürte ich, dass man in einem solch unwürdigen Gewande nicht im Gotteshaus zu erscheinen hat. Ich war unerwünscht. Mein Anblick war für fast alle Frommen ein Ärgernis. In der Bank rückten die Besucher von mir ab und ließen einen Platz frei zwischen mir und sich. Einerseits verstehe ich das ja. Man hatte seine fest gefügte Vorstellung von Anstand, Würde und Ehrfurcht vor Gott bis hin zum »hochzeitlichen Gewande«. Exotisches, Fremdartiges passte da nicht hinein. Ähnlich vorsichtig begegnete man ja auch den ersten afrikanischen oder asiatischen Priestern, die bei uns Gottesdienst hielten.

Ich war froh, wenn ich in einen festlichen Gottesdienst mit Weihrauch geriet und der gottgefällige Duft des Weihrauchs meine eigene, etwas herbe Duftmarke überdeckte.

Übersehen wurde ich beileibe nicht in der Kirche. Von allen Seiten wurde ich heimlich beobachtet: Der macht ja auch das Kreuzzeichen, der kann ja noch das Vaterunser, der singt ja mit. Das hatte man von diesem ... gar nicht erwartet. Und wenn ich dann auch noch zur Kommunion ging, dann wusste es auch noch der Herr Pfarrer aus erster Hand. Sonst hätten ihm einige seiner treuen Seelen sicher umgehend von mir berichtet. Vor vielen Jahren ließ mich auch der eine oder andere Pfarrer merken, dass ich nicht in seine Kirche passte oder dass ich kein Kirchensteuerzahler war.

Immer wieder stellte ich mir vor, wie es wohl Jesus ergehen würde, wenn er noch einmal als Mensch bei uns auftauchte. Wahrscheinlich würde er von den meisten Christen gar nicht erkannt werden. Sicher wäre er über manche Entwicklung in der Kirche und in unseren Gemeinden enttäuscht und traurig. Vielleicht würde er in ein Asylantenheim eingewiesen oder in einer Notunterkunft für Obdachlose landen; er, der Asylant und Flüchtling aus Bethlehem.

Zwei sehr unterschiedliche Reaktionen gab es von zwei verschiedenen Pfarrern auf den Besuch des »Berbers« Max. Beide meinten es gut mit mir; doch jeder auf seine eigene Art.

An einem Sonntag in der Fastnachtszeit war ich in dem kleinen Donaustädtchen Mengen. Bibelfeste Einwohner lassen sich übrigens nicht davon abbringen zu behaupten, ihre Stadt sei viel älter, als die schönen alten Fachwerkhäuser dokumentieren. Sie werde schon in der Bibel, in der Bergpredigt erwähnt: »... sie lagerten in Mengen ...«.

Ich hatte die Sonntags-Narrenmesse besucht und wollte anschließend die Bestätigung vom Pfarrer, erreichte ihn aber nicht mehr in der Sakristei. Ich wanderte also gemächlich zum abseits liegenden historischen Pfarrhaus. Behutsam klingelte ich. Die Wohnung schien in einem oberen Geschoss zu sein. Erst bewegte sich der Vorhang, dann schaute eine ältere Haushälterin vorsichtig zum Fenster raus. Ich trug mein Anliegen vor. Es dauerte, dann öffnete sie die Haustür, bat mich aber nicht hinein.

Noch einmal trug ich mein Anliegen vor und übergab ihr das Wanderbuch zum Eintrag. Sie ließ mich vor der Haustür stehen und stieg die Treppe hinauf. Einige Zeit verging. Ich hatte den Eindruck, dass die beiden, insbesondere der alte Pfarrer, Angst hatten, mich ins Haus zu lassen oder gar, mich in der Wohnung zu empfangen. Die Zeit verging, ich hatte mich auf die kalten Steinstufen gesetzt. Dann ging die Tür wieder auf. Die Haushälterin übergab mit das Buch und sagte entschuldigend:

»Der Herr Pfarrer möchte nicht eintragen.«

Auf der leeren Seite des Buches steckte ein Zehnmarkschein. Ich wollte ihn erst nicht annehmen, da ich nachher beim Narrenempfang zu essen und trinken bekommen sollte. Doch die Dame wollte ihn nicht zurücknehmen. »Der Herr Pfarrer besteht aber darauf.«

»Gott vergelt's ihm.«

Ich ließ ihm durch seine »mutige« Haushälterin danken und ging nachdenklich zum Narrenmahl, sehr langsam. Ich brauchte Zeit, um mich auf den Trubel einzustellen, der mich nun erwartete.

Der Herr Pfarrer hatte, wie erwartet, ein gutes Herz, aber das »Gesicht der Armut« schien ihn zu verunsichern.

Weniger irritiert reagierte Monsignore Anton Scheible, Pfarrer in Großengstingen auf der Alb, Rundfunkbeauftragter der Diözese, begnadeter Seelsorger, Mediensprecher, Schauspieler, Künstler und ein guter Mensch. Ihn besuchte ich auf dem Durchmarsch. Es war erst sieben Uhr am Morgen, als ich sah, dass in seinem Arbeitszimmer bereits Licht brannte.

FRÜHER BESUCH VON MAX BEI

Pfr. Anton Scheible

Nr. C 7575609

Anton Scheible, Pfarrer in Großengstingen, hat mich auch um sieben Uhr morgens schon mit Humor empfangen.

Ich klingelte, musste kurz warten und durfte dann hinauf. Er war noch nicht schwarz gekleidet und blickte etwas verwundert drein ob des frühen Besuches. Da seine Haushälterin noch nicht anwesend war, bereitete er selbst ein einfaches Frühstück zu. Wir teilten es brüderlich und hielten einen intensiven Gedankenaustausch. Die angeregte Unterhaltung hinterließ beim Abschied in uns beiden das Gefühl: »Morgenstund hat Gold im Mund«.

Leider ist dieses menschliche Goldstück, mein lieber Freund, nach langer Krankheit 1998 gestorben.

* * *

Wie ist denn das mit der Religiösität dieser Berber?«, fragte mich einmal ein bekannter Bischof im Gespräch.

Falls wir überhaupt eine Beziehung zu Gott haben, lernen wir doch von Kindheit an: Alles Gute kommt von Gott. Es fällt schwer, sich vorzustellen, wie einem Menschen zumute ist, der nur noch Negatives erlebt, der in »der Scheiße steckt«, keine Zukunft und Hoffnung mehr hat, der in der Gosse liegt oder am Rande kauert und die tausend Wohlstandsbrüder und -schwestern an sich vorbeigehen sieht, ohne Teilnahme.

Das nährt den Hass auf die Gesellschaft. Und die meisten Menschen unserer Gesellschaft sind doch Christen. Oder etwa nicht? Da taucht die quälende Frage auf: Warum gerade ich? Wo ist denn in meiner Not der »gute Gott«? Wie hilft mir jetzt, wo ich sie brauche, die Kirche, die Gemeinde?

Es wäre heilsam für uns alle, wenn wir einmal im Leben in diese Außenseiter-Situation kämen, um den tiefen Sinn der folgenden Worte zu verstehen, die ausgerechnet neben dem Bild eines im Bombenhagel beschädigten Kruzifixes, ohne Arme und Beine, zu lesen waren: »Christus hat nur unsere Hände, um die Gebrechlichen zu tragen; Christus hat nur unsere Füße, um die Notleidenden zu begleiten.«

Die einzige Bibel, die die meisten Menschen lesen und verstehen können, sind wir Menschen. Nur über diesen persönlichen Kontakt und Verbundenheit mit den Menschen ist Gott für diejenigen »am Rande unserer Gesellschaft« noch erfahrbar. Aber unseren Kindern und Jugendlichen geht es doch genauso! Liebe, Vertrauen und damit Glaube an Gott ist nur über die Liebe und das Vertrauen der Eltern oder anderer Mitmenschen erfahrbar. So, wie sich die Institution Kirche oder Gemeinde oft darstellt, erreicht sie nichts.

Der Kontakt mit der Religion beschränkt sich für manche meiner Brüder und Schwestern aus dem Milieu das Jahr über, aber besonders im Winter, auf den Besuch der leeren Kirchen. Ein Kirchenraum mit seiner Wärme und Stille kann ein Ersatz für die fehlende menschliche Wärme sein. Immer, wenn ich über die Stuttgarter Königstraße wandere, frierend und hungrig, zieht es mich hinein in die Bischofskirche Sankt Eberhard. Das Getöse der geschäftigen Großstadt bleibt hinter mir und klingt nur noch als fernes Rauschen nach. Eine wohlige Wärme, die schützende Dämmerung und eine heilende Ruhe überkommen mich und hüllen mich ein, wenn ich mich abseits auf einer Bank ausstrecken kann. Mein Blick bleibt an der Kirchendecke hängen, es könnte auch der Sternenhimmel sein. Oft ertappe ich mich im Zwiegespräch mit Gott, wie Don Camillo. Oft hadere ich auch mit ihm, ganz nach Gefühlslage. Er hört mir geduldig und verständnisvoll zu, zwar von oben, aber das lässt sich im Liegen nicht anders erwarten.

Wenn mein Magen anfängt zu knurren, setze ich mich auf die Kirchenbank, krame einen Rest des Frühstücks von der Franziskusstube aus der Anoraktasche und genehmige mir einen Schluck Rotwein. Auf das fröhliche »Prost« verzichte ich pietätvoll.

Während der darauf folgenden »Siesta« fällt mir auch der »Hausherr auf Erden« ein. Am Abend in der Notunterkunft ließ ich mein Gespräch mit ihm durch einen des Schreibens kundigen Kollegen auf einem Blatt Papier festhalten und sandte es mit der Post an seine Eminenz, den Herrn Bischof Walter Kasper in Rottenburg.

STUDGARD IM JANUAR

LIBER HER BISCHOF.
I WAR EN DEINER SCHENEN KIRCHE IN STUAGET. HAN ME GWERMD OND AUS-GRUAT. I SAG VERGELDS GOTT.
ZALT HAN E NIX. ABER I HAN EXDRA FIR DI BEDDET.
ALLES GUADE OND VILE GRISSE,
DEIN x x x (Max)

Übersetzt: Stuttgart, im Januar
Lieber Herr Bischof, ich war in Deiner schönen Kirche in Stuttgart. Habe mich gewärmt und ausgeruht. Ich sage »Vergelt's Gott«. Bezahlt habe ich nichts, aber ich habe extra für Dich gebetet.
Alles Gute und viele Grüße, Dein x x x (Max)

Wie ich später von der Haushälterin des Bischofs, Schwester Edelgard, erfuhr, soll sich der Bischof sehr gefreut haben. Leider konnte er einem Wohnungslosen nicht antworten.

* * *

Aus Angst vor Kunstdiebstahl sind heute oft auch die katholischen Kirchen geschlossen. Das finde ich äußerst schade! Kunst kann man sichern, aber der Kunst wegen Menschen im Freien frieren lassen?

Unsere älteste Tochter hat mich schon vor vielen Jahren beeindruckt mit einem Satz, der mir bedenkenswert scheint. Sie war damals noch junge Lehrerin und lebte in »Jaffa-Möbeln«. Mit anderen europäischen jungen Menschen arbeitete sie zusammen am Aufbau der Jugend-Begegnungsstätte Masseo bei Asissi, wofür sie einen Großteil ihres Verdienstes abzweigte. Bei ihr übernachteten immer wieder durchreisende Jugendliche; sie hatte ein offenes Haus. Als ich sie fragte, ob sie denn keine Angst habe, man könne sie bestehlen, war sie ganz erstaunt und meinte: »Wenn jemand diese Dinge notwendiger braucht als ich, soll er sie mitnehmen.« Basta!

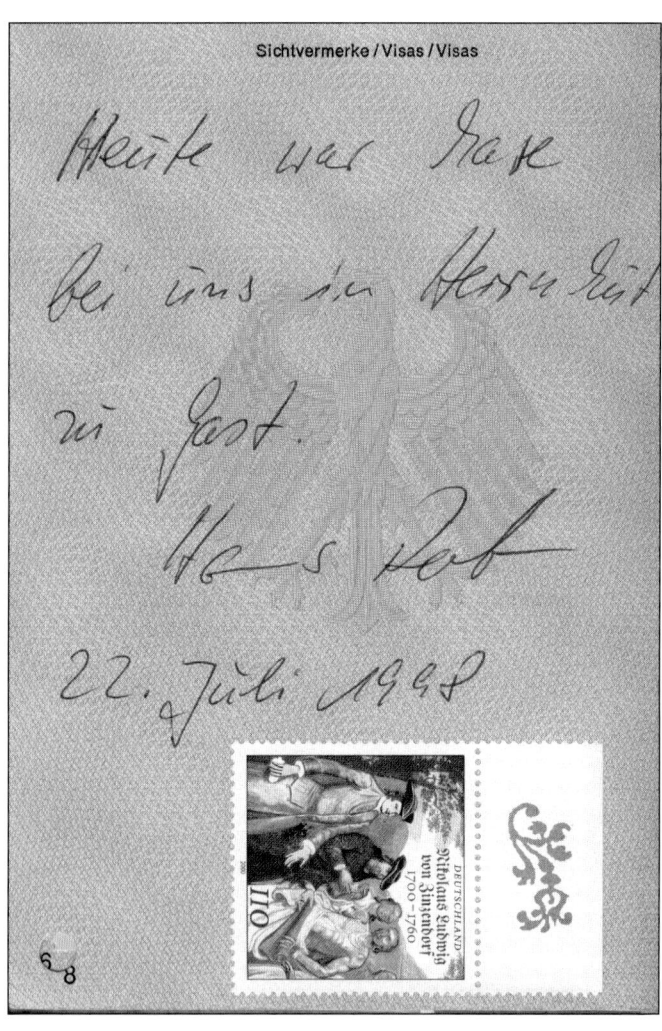

Der Referent für Öffentlichkeitsarbeit Hans Reeb empfing Max und führte ihn durchs Haus.

Sichtvermerke / Visas / Visas

Unserm Freund Mar-
tin er schröcklichen Ge-
wand des Landwecker-
attestieren die hierows,
dass er uns am 20. Febr
1981 um 2 Stück
Knödel und Kaffee
geschädigt habe,
nachdem wir den
Schalk aber sein Er-
scheinigs bold all-noch
lebend übersteden lette
Trippel – trippel – hoorig!

Nr. E 5677890 B, + F. H .

Superior und Pfarrer in Hegne

*Freundliche Aufnahme beim Superior des Klosters Hegne, Franz
Heinzmann*

Auf meinen Touren am Bodensee hielt ich im Laufe der Jahre immer mal wieder Einkehr im Kloster der Kreuzschwestern in Hegne. Dabei besuchte ich das Grab und später die Kapelle der 1987 selig gesprochenen Schwester Ulrika Nisch. Ihr einfaches, bescheidenes Leben kann besonders von einem »Berber« nachempfunden werden, auch wenn dieser sicher nicht die tiefe Gläubigkeit dieser Frau besitzt.

Als ich nach Jahren wieder dort auftauchte, gab es eine neu eingerichtete »Theodosius-Stube« für Obdachlose, die sich dort aufhalten und essen durften. Ich kam mit der freundlichen Schwester Rosia-Maria ins Gespräch und erzählte ihr von meinen regelmäßigen Besuchen am Grab der Schwester Ulrika. Meine Mutter hatte in Ehingen eine Zeit lang in der gleichen Straße wie die Familie Nisch gewohnt und kannte Ulrika aus persönlichen Begegnungen. Die Schwester war so erfreut darüber, dass sie mir beim Abschied eine Medaille an einem Kettchen als Geschenk um den Hals legte.

Es war Jahre zuvor, da wagte ich nach der Klosterspeisung einen Besuch beim Superior des Klosters. Er wohnte in einem Haus ganz in der Nähe. Ich kannte ihn und seine Schwester, die ihm den Haushalt führte, recht gut. Ein Jahr zuvor war ich mit ihm als Pilger im Heiligen Land gewesen. Von meinem »Berberleben« wusste er nichts. Seine Schwester öffnete die Tür; sie stutzte kurz, lud mich dann aber freundlich in die Wohnung, wo der Herr Pfarrer gerade bei Nachmittags-Kaffee und Kuchen saß. Ich durfte tatsächlich mit ihm am Tisch sitzen! Als ich mich nach einer vorsichtigen Unterhaltung zu erkennen gab, fielen die beiden aus allen Wolken. Sie staunten

zuerst und empfanden dann herzliche Wiedersehensfreu-
de. Nach einem ausgiebigen Gedankenaustausch durfte
ich gestärkt und mit einem Dank an Schwester Ulrika im
Herzen weiterziehen.

✳ ✳ ✳

Sehr weh tut Obdachlosen der häufige Vorwurf, Fau-
lenzer zu sein, die nichts arbeiten wollen, sondern von
der Arbeit anderer leben. Dass wir vor dem »Absturz«
auch gearbeitet hatten und dass Schnorren schwere Arbeit ist, darüber machen sich die meisten Menschen keine
Gedanken. Ich hatte das Geschimpfe satt und wollte mir
einen »Alibi-Eintrag« in meinem Wanderbuch verschaffen. Auf dem Trip entlang der Donau kam ich an den
Klöstern Obermarchtal und Untermarchtal vorbei und
wagte mich in die Kirchliche Akademie Obermarchtal.
Der Herr am Empfang bedauerte, nichts für mich tun zu
können, trug aber meine »Arbeitswilligkeit« in mein
Wanderbuch ein. Im Kloster Untermarchtal, dem großen
Mutterhaus der Vinzentinerinnen, machte ich es ebenso.
Dort bekam ich zuerst etwas zu essen. Der Schwester
Mechtildis an der Pforte tat ich Leid. Sie bedauerte sehr,
dass derzeit keine Stelle im Garten und auf dem Hof frei
war. Beim Abschied regnete es heftig, und als Schwester
Mechtildis sah, dass ich keinen Schirm hatte, bat sie mich
zu warten. Nach kurzer Zeit kam sie mit einem großen,
schwarzen Nonnenschirm zurück: »Unsere liebe Schwester Vianna ist gestern gestorben. Hier haben Sie ihren
Schirm. Sie braucht ihn nicht mehr, und Ihnen ist damit
geholfen.«

Max, der Landstreicher wollte gerne im Kloster arbeiten, alle Arbeitsstellen waren besetzt mit einer Träne im Knopfloch hat er sich verabschiedet.

Untermarchtal

Schw. Mechtildis

Bildungshaus
7934 Untermarchtal
Alb-Donau-Kreis
Nr. E 5677857

7

In Kloster Obermarchtal und Kloster Untermarchtal habe ich mich auf Arbeitssuche vorgestellt.

Das Namensschild »Vianna« war am Schirm eingenäht. Seit diesem Tag ist er mein treuer Begleiter, als Stock und Schirm, bei Sonne, Regen und Schnee. Schwester Mechtildis war glücklich, dass sie mir doch noch helfen konnte.

Jahre später besuchte ich meine »Wohltäterinnen« auf dem Friedhof des Klosters. Bei den gleich aussehenden Grabsteinen der Schwestern war es gar nicht leicht, die richtigen zu finden. Schwester Mechtildis liegt direkt neben der Schwester Vianna Wochner, deren Schirm ich heute noch benutze.

In vielen Klöstern bekam ich neben Wegzehrung, guten Ratschlägen und wohlgemeinten Lebensweisheiten auch ein Medaillon. Ich trage diese Anhänger mit Stolz, als Symbol meiner Einstellung, wie meine Kumpels ihre Tätowierung und ihr Eisen.

In Bekond an der Mosel traf ich den lustigen Dechanten Alfred Knauf aus Trier. Er scheint den Umgang mit Landstreichern gewohnt zu sein und hat mich sogar eingeladen nach Trier. Dort sprach ich auch im Bischöflichen Priesterseminar, um die jungen Theologen schon früh an ihre soziale Aufgabe zu gewöhnen.

Sichere Wegzehrung und – wenn nötig – Unterkunft verschafften mir einzelne Klöster, indem sie mir an ihre Niederlassungen Grüße oder Nachrichten mitgaben, die nicht sehr eilig waren.

So wurde ich von den Schwestern des Klosters Wald nach mittelalterlichem Brauch zum »Bruder absens« ernannt. Diese Brüder hatten früher die Botengänge von

Der »frater absens« des Klosters Wald erhält die Genehmigung, ständig abwesend zu sein.

Kloster zu Kloster erledigt. Ich sollte Grüße an das Mutterhaus Günterstal und Schwester Hieronyma in Tauberbischofsheim übermitteln. Die Franziskanerinnen von Sießen sandten mich nach Friedrichshafen, Rottenburg und nach Stuttgart.

»Dienste« dieser Art stärken das Selbstwertgefühl und gleichen die Demütigung des Schnorrens und die Spenden ohne eine Gegenleistung aus. Der Kontakt mit Menschen, die mir ohne Vorurteile offen begegnen, tut gut.

* * *

Als Einzelbeispiel tatkräftiger christlicher Zeugenschaft in unserer Kirche muss ich unbedingt den Limburger Bischof Franz Kamphaus vorstellen: Bis zu seiner Bischofsweihe 1982 war er Leiter des Priesterseminars und Professor für Pastoraltheologie in Münster. Bekannt wurde er unter anderem durch seine scharfe Kritik am Golfkrieg, sein Engagement für arme Länder und durch die »Aktion Konfliktberatung« für schwangere Frauen.

Sein bischöflicher Wahlspruch heißt: »Den Armen das Evangelium verkünden«. Dieser Bischof spricht, wie er lebt: einfach, direkt, einprägsam – ein Prediger aus Leidenschaft. Er ist kein Taktiker, sondern argumentiert gerade heraus. Sein unbeirrtes Festhalten an unbequemen Themen mag für manche etwas Querulantenhaftes haben. Unbeirrt verfolgt er das, wovon er überzeugt ist. Und das ist oft nicht das, was die Menschen gerne hören wollen.

Den Schwachen helfen – darin sieht Kamphaus seine Berufung. Für sie ist er bereit zu kämpfen. In den achtziger Jahren, auf dem Höhepunkt der Asyldebatte, stellte er einer Flüchtlingsfamilie aus Eritrea seine Wohnung in der bischöflichen Residenz zur Verfügung und bezog zwei Zimmer im Priesterseminar. Dieses kompromisslose Verhalten verursachte großen Aufruhr.

Wenn Kamphaus in den Glitzertürmen Frankfurts einen Vortrag vor Bankern hält, erinnert er sie daran, dass auch in Deutschland die Armen immer ärmer und die Reichen immer reicher werden. »Wir wollen immer mehr Besitz«, kritisiert er, »aber irgendwann besitzen wir nicht mehr, sondern sind besessen.« So spricht der spartanisch lebende Mensch, der sich sein Müsli zum Frühstück selbst bereitet, der ein altes, klappriges Auto fährt, und der statt eines fürstlichen Bischofsalärs das Gehalt eines Pfarrers bezieht – und selbst dieses hält er im Übrigen noch für zu hoch.

Eine Trauung wie aus dem Bilderbuch

Im Reutlinger General-Anzeiger war am 1. Februar 1999 in einem Bericht von Ulrike Glage zu lesen:

Die Braut: ganz in weiß mit einem Blumenstrauß. Der Bräutigam: im schicken schwarzen Zweireiher, wie aus dem Ei gepellt. Der Brautwagen: ein Mercedes mit Blumengebinde. Und die Festgäste mit der einen oder anderen Träne im Knopfloch. Die Hochzeitsglocken läuteten nicht. Aber der Chor jubilierte und alle in der Nikolaikirche sangen aus voller Kehle mit.

Eine Trauung wie aus dem Bilderbuch: Mit einem glückseligen Paar, das sich erst feierlich das Ja-Wort und dann einen dicken Kuss gab. Und einer strahlenden Festgesellschaft. Einige sahen ein bisschen zerzaust aus, die Kleidung zerschlissen. Im Kirchgang standen Rucksäcke. »I'm a trampy«, sang der Reutlinger Gospelchor zum Auftakt der Zeremonie. Auch wenn es Alma und Manni an diesem Tag kaum anzusehen war: Es war eine stilechte Berberhochzeit, die am Samstag in der Reutlinger Vesperkirche gefeiert wurde.

Natürlich traute Klaus Kuntz, früher Marienkirchenpfarrer, und für die Obdachlosen seit jeher eine der wichtigsten Bezugspersonen, die beiden. [...]

Mit ihrer kirchlichen Trauung in der Vesperkirche ging für das Paar, das mittlerweile eine Wohnung gefunden hat, ein Traum in Erfüllung. »Bürgerlich« sind die beiden, die so weit weg von aller Bürgerlichkeit leben, seit zweieinhalb Jahren verheiratet. Doch der Segen vom »big boss«, so Manni, der gehört nach ihrer Ansicht zu einer Ehe unbedingt dazu. »Gott sag ich nicht«, erklärt Manni – und meint natürlich nichts anderes, denn er und seine Frau sind streng gläubig.

Die Hochzeit in der Vesperkirche rundet aber eine Liebesgeschichte ab, die trotz aller Schattenseiten romantisch ist. Manfred, gebürtig aus Leverkusen, lernte Alma vor über zwanzig Jahren in Riederich kennen. In der Spedition ihres Cousins fuhr er Lastwagen. Damals lief alles in geordneten Bahnen: Manni hatte seinen Job, Alma wohnte bei den Eltern. Geschnackelt, sagt Manni, hat es damals schon – »im Prinzip«, denn passiert ist erstmal nichts.

Nur »im Prinzip« auch deshalb, weil es Manni in Riederich nicht hielt. Erst zog es ihn zurück in seine Heimat. Dann machte sein Arbeitgeber pleite. »Da saß ich schlagartig auf der Straße.« Manfred wurde zum Weltenbummler. Israel, Kreta, Frankreich, Afrika – »ich war«, sagt der schmale Mann mit dem grauen Bart und den langen Haaren, »ein Tramp«.

Und Alma? Sie hatten sich längst aus den Augen verloren, doch ihre Lebensgeschichten verliefen ganz ähnlich. Sie rückte aus von Zuhause, kam in ein Heim. Eine Ausbildung konnte sie nicht abschließen. Wie Manni schlug sie keine Wurzeln. Sie trampte dahin und dorthin, lebte ein Jahr in der Türkei. Probleme mit den Eltern, der Tod eines Freundes – irgendwann war sie am Ende mit ihren Kräften, verlor allen Halt und landete auf der Straße.

Dort – genauer: in einer Hütte in Tübingen – traf sie vor drei Jahren Manni wieder. Jetzt hatten die jungen Leute von damals ein gemeinsames Schicksal: Beide waren »Berber« geworden. Das verbindet. [...]

Ein Jahr lang führten sie eine »Straßenehe«. Der Winter kam, die Nächte wurden kalt. Dank Förster Jo Schempp wurden sie in der Grillhütte im Wasenwald »sesshaft«. Doch irgendwann kehrten sie zurück in die Stadt. Besuchten die Vesperkirche. Lernten neue Leute kennen – und bekamen eine kleine Wohnung. Jetzt war das Glück fast perfekt. »Wenn man den richtigen Partner gefunden hat, dann macht das einfach Laune, in einer richtigen Wohnung zu leben«, erklärt Manni. Der 42-Jährige hat derzeit gesundheitliche Probleme. »Aber«, betont er, »wenn ich topfit bin, geh ich wieder malochen«.

Auf Rosen, hat Klaus Kuntz bei der Trauung gesagt, waren Alma und Manni nie gebettet. Aber die Liebe hat ihnen geholfen, Boden unter die Füße zu bekommen. Jetzt sieht ihre Zukunft ein bisschen rosiger aus.

Manni starb 2002. Ich nahm am Begräbnisgottesdienst teil.

Ausstieg
aus dem Ausstieg

Über Modelle und Versuche der Resozialisierung

»Ich fühle mich elend. Drei Stunden sitzen und nur drei Mark!«

»Die Mitmenschen sind herzlos, das tut weh.«

»Meine Mutter fehlte, die Heimat fehlte. Komme nicht mehr raus. Keiner will mich. Ich bekomme keine Chance mehr.«

»Ich brauche Alkohol um Sitzung zu machen und Alkohol um Platte zu machen.«

»Eltern tot, ich vier Jahre. Schwester von Russen ermordet. Ich landete bei Pennern. Gute Kameradschaft. Brachten mir Tricks bei und Möglichkeiten zum Essen und zum Schlafen. Ohne ihre Hilfe wäre ich schon längst tot.«

»Furchtbar, jemanden ansprechen zu müssen. Im Sitzen geht's leichter.«

»Es gibt wohl einen Gott, aber warum verlässt er uns? Ich empfinde mich als menschlichen Mist.«

»Habe zur Änderung keine Kraft mehr.«

»Wir liegen auf der Straße, aber keiner fragt, warum wir da liegen.«

»Ich sehe Menschen, die anscheinend glücklich sind. Finde mich mies. Bin unglücklich, dass ich niemanden habe. Möchte nicht alleine sein. Das kann kaum ein Mensch.«

»Ich habe viele Fehler gemacht. Es muss doch Menschen geben, die uns eine Chance geben.«

»Ich könnte auch was anderes machen, komme aber nicht raus. Keine Hoffnung. Also weiter Platte.«

»Auch andere wollen raus. Zum Aufgeben dieses elenden Lebens fehlt die Basis: Mensch, Wohnung und Arbeit.«

In diesen Aussagen von Obdachlosen kommt auch der Wunsch und die Hoffnung zum Ausdruck, ein anderes, ein »normales« Leben zu führen. Der Ausstieg aus ihrem Leben in der Gosse, zurück ins so genannte bürgerliche Leben ist jedoch so schwer, dass es nur wenige schaffen, und meist nur mit besonderer Hilfe. Der Staat, die Behörden in ihrer unpersönlichen, abweisenden und oft abschreckenden Art sind zu einer solchen Hilfe nicht in der Lage. So sind die Menschen auf Einrichtungen der Kirchen und Wohlfahrtsverbände angewiesen. Diese sind für die Bedürftigen wie Rettungsinseln, getragen von Menschen, die meist ehrenamtlich arbeiten, die offen, tolerant und voller Nächstenliebe sind. Und wie bei Schiffbrüchigen im weiten Meer gehört eine Menge Glück dazu, eine solche rettenden Insel zu erreichen.

Mit einer derartigen Rettungsinsel vergleichbar ist der Dornahof in Altshausen, getragen vom Verein für Soziale Heimstätten in Baden-Württemberg e.V., Stuttgart. Schon in den zwanziger Jahren des letzten Jahrhunderts war er Herberge für Handwerksburschen. Nach dem Zweiten Weltkrieg wurden die Einrichtungen modernisiert und erweitert. Ihr eindeutiger Schwerpunkt liegt auf der Resozialisierung von gesellschaftlichen Außenseitern, auch von Obdachlosen. Daneben gibt es Übernachtungsmöglichkeiten für durchziehende Landstreicher.

Das Gesundheitsamt Sigmaringen hatte mir bei einer Routineuntersuchung eine Empfehlung für den Dornahof mitgegeben. Also kreuzte ich eines Tages dort auf und meldete mich. Ich musste lange auf dem Flur warten und erlebte dort die Verabschiedung zweier jüngerer Bewohner. Sie hatten hier eine Ausbildung gemacht und sollten nun in ihr neues Leben nach Ravensburg und Biberach gefahren werden. Dort erwartete jeden von ihnen ein Arbeitsplatz und ein Zimmer. Mit gut gemeintem Rat und Ermahnungen wurden sie vom Heimleiter verabschiedet. Ich war voller Zweifel, ob sie den Einstieg in ein bürgerliches Leben schaffen würden. Über ihre Vergangenheit würden sie vorerst mit niemandem sprechen können, nur ihr Vorgesetzter war informiert. Sollten sie keinen Kontakt zu ihren Kollegen finden, fühlten sie sich nach der Arbeit bestimmt einsam. Die Gefahr des Alkoholrückfalls war also sehr groß, so kurz nach dem Entzug. Ohne weitere Betreuung über längere Zeit war ein dauerhafter Erfolg ihrer Wiedereingliederung in die Gesellschaft zweifelhaft.

Ich wurde aus meinen Gedanken gerissen; der stellvertretende Leiter, Diakon und Sozialarbeiter, Herr Schneider, holte mich in sein Büro. Nach einem längeren Gespräch über mich und meine Situation machte er mich mit der Einrichtung bekannt: Nichtsesshafte, die den Willen zum Wiedereinstieg haben, dürfen drei Monate bis zu einem halben Jahr hier bleiben. Sie leben in einer

Wohngruppe; jeder hat dabei seinen eigenen Schlafraum. Es gibt ein Kurzausbildungsangebot: Man wird in einem bestimmten Arbeitsfeld, zum Beispiel mit den Materialien Holz, Metall und Kunststoff, eingelernt und erhält ein entsprechendes Zertifikat. Die Länge der Ausbildung wird individuell nach dem eigenen Arbeitsrhythmus bestimmt.

Herr Schneider führte mich durch die Unterkünfte und die Werkstätten. Hier konnte ich stundenlang verweilen, um mich in Ruhe umzusehen. Das Mittagessen durfte ich inmitten vieler Kollegen im Speisesaal einnehmen. Die Kontaktaufnahme war vorsichtig, aber ich wurde als Neuer akzeptiert.

Am Spätnachmittag war ich nochmals zum Ergebnisgespräch bei Herrn Schneider. Ich sprach mich lobend aus über das Haus und seine Einrichtung. Ich hätte mich für die Abteilung Holz entschieden; da ich mich aber spontan nicht zum Aufenthalt entschließen konnte, bat ich ihn um Verständnis. Er hatte einen guten Eindruck von mir, machte mir Mut und gab mir das Angebot, im Dornahof zu leben, schriftlich.

Meine späteren Freunde, Max Keller, Angestellter im Dornahof, und der Bürgermeister von Altshausen, Kurt König, beide Kenner dieser Szene, erzählten mir, wie schwer diese Resozialisierungsversuche waren und dass die Erfolgsquote bei nur drei bis fünf Prozent liege, trotz des großen, auch finanziellen Aufwandes.

Nächste Seite: Diakon Schneider bestätigt mir die Aufnahme im Dornahof, Altshausen, bei Bedarf. >>>

Ich bestätige
Herrn Max, daß
es hier bei mir seinen
Sozialhilfe bedarf
bespechen konnte und
wir bei Bedarf bereit
sind, ihn hier im
Rahmen der Sozialhilfe

Nr. H 7352337

20

Nach §72 BSHG
in die Betreuung
des Dornahofes
aufzunehmen.

G. Schneider   17.01.90

Dipl. Soz. Arb.

DORNAHOF
Verein f. Soziale Heimstätten in Baden-Württ. e.V. Stuttgart
7963 Altshausen-Württ.
Telefon 07584 / 1006

Nr. H 7352337

Diakon Schneider. stellv. Chef.   21

In Reutlingen hat seit vielen Jahren die Arbeiterwohl-
fahrt die Betreuung der Nichtsesshaften übernommen.
Unterstützt wird sie dabei vom AKO, dem »Arbeitskreis
Obdachlose« der Marienkirche unter der Leitung von
Pfarrer Klaus Kuntz. Neben einem umfassenden Betreu-
ungs- und Beratungsangebot wurden hier in den vergangenen Jahren Einrichtungen geschaffen, die wenigstens
einzelnen Nichtsesshaften die Chance bieten, auf Dauer
von der Straße wegzukommen.

Ein heruntergekommenes Haus, ursprünglich von der
Stadt als »Erfrierungsschutz« für den Winter zur Verfügung gestellt, wurde zu einem Aufnahmeheim umgebaut.
20 Prozent der Sanierungskosten erbrachte die Arbeiter-
wohlfahrt durch Eigenleistung von Obdachlosen und
Langzeitarbeitslosen. Das Haus bietet Platz für zwölf
Personen, die in vier Wohneinheiten mit jeweils einem
Einzel- und einem Doppelzimmer leben. Betreut werden
sie von einem Sozialpädagogen.

Im Arbeitsprojekt »Neue Hoffnung« sind zwölf Lang-
zeitarbeitslose beziehungsweise Obdachlose in einer
neu eingerichteten Werkstatt oder bei einem Transport-
unternehmen beschäftigt. Die Anschubfinanzierung für
dieses Projekt kam vom Regierungspräsidium Tübingen
und vom Land Baden-Württemberg, Zuschüsse gab der
Landeswohlfahrtsverband.

Ein Problem belastet die Betreuer: Die beiden Einrichtungen sind keine Dauereinrichtungen. Die Teilnahme ist auf eineinhalb Jahre beschränkt. Die Gefahr, dass
die Menschen dann vor dem Nichts stehen und wieder
auf der Straße landen, ist groß: Billige Wohnungen für

Alleinstehende sind Mangelware, und die Chancen auf dem Arbeitsmarkt sind sehr schlecht.

Nach Ansicht aller Beteiligten wäre es sinnvoll, subventionierte Arbeitsplätze für solche Problemgruppen zu schaffen, die nicht befristet sind. Trotz aller Unzulänglichkeiten sind solche Einrichtungen für viele die einzige Möglichkeit, von der Straße wegzukommen, sich an einen normalen Arbeitsrhythmus zu gewöhnen und ihr Selbstwertgefühl zurückzuerhalten.

Zur selben Zeit entstanden auch die drei »Oasen«. Mit ihnen bin ich besonders verbunden; sie gehören zu den Obdachlosen-Projekten, die ich unterstütze. Nacheinander wurden hierbei von der Stadt Reutlingen alte Häuser im Herzen der Altstadt zur Verfügung gestellt. Motor des Unternehmens war Pfarrer Kuntz. Die Planung wurde von einem Architekten ehrenamtlich übernommen. Unter Aufsicht und der Anleitung von Handwerkern und Sozialarbeitern arbeiteten Obdachlose an ihrer späteren Wohnung. Selbstverständlich zahlen sie eine angemessene Miete. Sie können ein geregeltes Leben führen und haben die Möglichkeit, sich eine Arbeitsstelle zu suchen. War ein Projekt abgeschlossen, begann sofort die Suche nach einem weiteren Haus.

Bei der Einweihung der Oase II war ich wieder eingeladen und besuchte den »Berber Attila«, Peter Nemes, in seiner neuen Wohnung, die mit gespendeten Möbeln gemütlich eingerichtet war. Zwanzig Jahre lang hatte er unter einer Tübinger Neckarbrücke Platte gemacht und war überglücklich, nun in seiner eigenen Wohnung leben zu können.

14.01.1998

Eine interessante und
erstaunliche Begegnung
mit „Max" bei der
Einweihung der Oase II
in Reutlingen verbunden
mit den besten Wünsche
Ihr Jürgen O. Fuchs
- BM. Reutlingen -

№. H 1687233

Bm. Jürgen ~~Fuchs~~, Reutlingen

Bürgermeister Jürgen Fuchs traf ich bei der Einweihung des zweiten Obdachlosenhauses in Reutlingen, Lederstraße 30

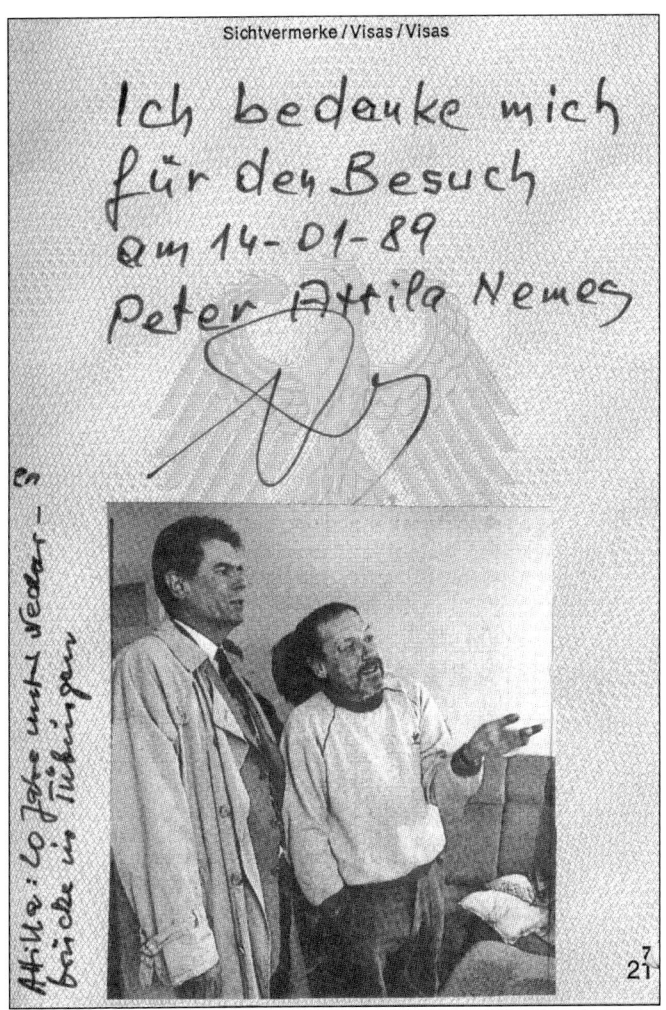

Ich bedanke mich
für den Besuch
am 14- 01- 89
Peter Attila Nemes

Attila: Lo Jago unter Jedar —
brücke in Tübingen

7
21

Ich war bei Attila zu Besuch in der neuen Wohnung. Hier führt
er den interessierten Bürgermeister Fuchs herum.

Aber trotz eigenem Zuhause im Wohnheim oder einer »Oase« wäre es falsch, die Menschen ohne weitere Begleitung sich selbst zu überlassen. Menschliche Verbundenheit und Hilfe ist die Voraussetzung für einen dauerhaften Erfolg. Diese Aufgabe haben die Sozialpädagogin Rita Wilde und ihre Kollegin Julia Schäfer übernommen. Sie unterstützen Männer und Frauen, die schon seit längerer Zeit in den Einrichtungen der AWO betreut werden. Das Ziel ist, die Menschen auf Dauer weg von der Straße zu holen, ihnen ein selbst verantwortetes Leben in einer eigenen Wohnung zu ermöglichen, so dass sie irgendwann auch einen Arbeitsplatz finden können. Sie sollen sich im Alltagsleben wieder zurechtfinden – auch mit seinen angenehmen Seiten wie Freizeitaktivitäten.

Schlimm war eine Abfuhr, die ihre Gruppe erleben musste. Nach einem wunderschönen Ausflug auf die Schwäbische Alb, auf das Schloss Lichtenstein und zur Nebelhöhle wollten die beiden Frauen und ihre fünf Schützlinge zum Abschluss in Reutlingen noch eine Kleinigkeit essen gehen. Als sie vor einem italienischen Restaurant die Karte studierten, teilte ihnen der Kellner mit, es gäbe kein warmes Essen mehr. Schon vorher waren verschiedene Anläufe gescheitert, weil viele Lokale geschlossen hatten. Etwas entnervt und hungrig marschierte die Gruppe deshalb in das Lokal nebenan. Man setzte sich, erzählt Rita Wilde, an einen Tisch und studierte die Karte. Lange kümmerte sich niemand um sie. Irgendwann sei der Wirt aufgetaucht und habe einem aus der Gruppe etwas ins Ohr geflüstert.

»Lasst uns gehen«, habe der erschrocken gesagt und dann erzählt, was der Wirt zu ihm gesagt hat:

»Ihr werdet nicht bedient, wir wollen euch hier nicht«.

Als die Frauen beim Kneipenwirt nachhakten, bekamen sie dasselbe zu hören.

»Ich habe richtig Magenweh gekriegt«, sagt Rita Wilde, »so etwas ist mir noch nie passiert. Das ist doch eine unglaubliche Diskriminierung und für unsere Leute eine richtige Demütigung«.

Einige Jahre zuvor erlebte ich als »Berber« das Gleiche im selben Lokal, als ich dort auf Einladung einiger Bankangestellten zu Mittag essen wollte, und ich kann sehr gut nachvollziehen, wie sich die Gruppe fühlte. Wohlgemerkt waren die Mitglieder der Gruppe optisch keineswegs dem Obdachlosen-Milieu zuzuordnen.

Auf einen Artikel im Reutlinger General-Anzeiger über diesen Vorfall erwiderte am 16. August 2000 ein Leserbrief von Klaus Kuntz:

Betrifft Artikel »Abfuhr für ehemalige Obdachlose«

Der Bericht über die diskriminierende Behandlung von sieben Reutlinger Bürgern in einem Reutlinger Lokal hat mich tief erschüttert. Ich hätte es nicht für möglich gehalten. Da kehrt eine Gruppe von fünf ehemaligen Obdachlosen mit ihren beiden Begleiterinnen vom Projekt »Betreutes Wohnen« von einem wunderschönen Ausflug zurück, will zum feierlichen Abschluss noch gemeinsam essen gehen – und wird vom Gastwirt aus dem Lokal hinauskomplimentiert mit der Begründung: »Solche Leute wollen wir hier nicht.«

Diese menschenverachtende Einstellung erinnert doch verdächtig an Zeiten, in denen man Schilder aufstellte »Juden sind hier unerwünscht«. Oder an Pöbeleien rechtsradikaler Banden gegen Obdachlose.

Übrigens, die fünf genannten Männer haben ihr schweres Los der Obdachlosigkeit gottlob hinter sich, dank intensiver Bemühungen der Reutlinger AWO, die ihnen eine Wohnung und zum Teil eine Beschäftigung vermittelt hat. Und der Arbeitskreis Obdachlose (AKO) hat mit unzähligen Spenden Reutlinger Bürger drei »Oasen« mit 13 Appartements ausgebaut, damit ehemalige Obdachlose sich wieder ins normale Leben einfinden können. Dies gelingt am ehesten durch »Betreutes Wohnen«. Die beiden Sozialpädagoginnen leisten hervorragende Arbeit. Sie helfen ihren Schützlingen ihre Existenz zu sichern – beispielsweise durch Gesundheitsvorsorge und Suchtbehandlung, durch Anleitung zu Wohnungspflege und Wäschepflege, durch Förderung des Zusammenlebens und der Geselligkeit, durch Hilfe bei der Arbeitssuche und bei der Freizeitgestaltung. Alles mit dem Ziel, ein selbst verantwortetes Leben einzuüben! Ich selbst kenne einige, die es wirklich geschafft haben.

Höhepunkte im Projekt »Betreutes Wohnen« sind die Tagesausflüge. Der letzte dieser Art hätte so erfreulich enden können, wie er begonnen hatte – wenn jener Gastwirt sich gastlich gezeigt hätte. Ich würde ihm gerne eine Lektion in Sachen Gastlichkeit anbieten: Er darf im nächsten Winter die »Reutlinger Vesperkirche« besuchen. Oder schon jetzt und jederzeit das Restaurant »Unter den Leuten« im Sozialen Zentrum Unter den Linden, ein

»Kind« der Vesperkirche. All die vielen Helferinnen und Helfer haben nie einen gastronomischen Kurs absolviert. Aber sie bringen ihre Menschlichkeit mit.

Klaus Kuntz.

Schade, dass wir auch in einer Stadt mit vorbildlichen sozialen Einrichtungen für Obdachlose solche Entgleisungen erleben müssen.

Der südamerikanische Bischof Helder Camara schrieb passenderweise:

Wenn der Nächste uns wirklich Nächster wird und wir ihn hören und sehen, seine Leiden zu den unseren machen, uns wirklich über seine Freude freuen,
wenn Nachbar kein leeres Wort ist,
wenn wir den Nachbarn namentlich anreden,
seine Züge kennen und um seine Geschichte wissen,
wenn jeder Mensch Jemand für uns ist,
dann kommt unsere Religion aus den Wolken herab und realisiert die Menschwerdung Jesu ...

✳ ✳ ✳

Die Arbeitsgemeinschaft für Gefährdetenhilfe und Jugendschutz in der Erzdiözese Freiburg e. V. (AGJ) hat in den letzten 25 Jahren ein Hilfssystem für wohnungslose Menschen aufgebaut. Streetworkerarbeit, das Betreiben von Wärmestuben, Aufnahmeheimen und Beratungsstellen sind Beispiele für niederschwellige Hilfe. Niederschwellig bedeutet, dass sich die Einrichtungen an den Bedingungen der Obdachlosen ausrichten und so leicht zugänglich sind. Der Referatsleiter der AGJ befürchtet, dass sich die Situation der Wohnungslosen in Zukunft noch verschlimmern wird. Denn der wirtschaftliche Strukturwandel grenzt immer mehr Gruppen aus dem Arbeitsmarkt aus. Inzwischen bietet die AGJ in 13 Städten der Erzdiözese ihre Hilfe an. Und die Zahl der Eingliederungsplätze soll noch erhöht werden.

Das Paradebeispiel für die Wohnungslosenhilfe der AGJ ist das Sankt-Ursula-Heim in Offenburg. Im Kellergeschoss haben »Berber« die Möglichkeit, in einfachen Betten zu schlafen. Die Tür des Heims ist rund um die Uhr geöffnet. Denn zu jeder Tages- und Nachtzeit suchen Menschen Schutz vor Kälte, ein Dach, das sie und ihre Hunde vor Regen und Schnee schützt. Viele bleiben nur eine Nacht, duschen, waschen ihre Kleider, essen sich satt und gehen dann zurück auf die Straße, um dort wieder »Sitzung« und »Platte« zu machen und in ihren »Penntüten« (Schlafsäcken) zu schlafen.

In Sankt Ursula wird jeder aufgenommen, der Hilfe braucht. Das Heim hat neben 20 Aufnahmeplätzen 40 Wiedereingliederungsplätze für Obdachlose, die nicht mehr auf die Straße zurückkehren wollen. Wenn jemand hier »fest macht«, schenkt man ihm zuerst Vertrauen. Ganz langsam, so die Erfahrung des Leiters Roland Saurer, beginnen sich die Menschen dann zu verändern. Oft sind die Kaputtesten später die stärksten Persönlichkeiten.

Im Ursula-Heim muss sich niemand beraten lassen, muss niemand arbeiten. Doch wer bleiben will, wird polizeilich angemeldet und ist somit auch für potentielle

Gläubiger erreichbar. Viele werden so von ihrer Vergangenheit eingeholt, von der sie glaubten, sie in den Jahren auf der Straße hinter sich gelassen zu haben. Eine der vielen Aufgaben der Sozialarbeiter ist es daher, den Menschen bei der Schuldenregulierung zu helfen. Außerdem erarbeiten sie mit den Obdachlosen neue Lebensperspektiven, helfen ihnen bei der Durchsetzung ihrer Rechtsansprüche und unterstützen sie bei der Wohnungs- und Arbeitssuche.

Die Obdachlosen, die hier Aufnahme finden, wählen aus ihrer Mitte Vertreter, die ihre Interessen vorbringen. Dazu gehören die regelmäßigen Hausversammlungen, in denen die wichtigsten Regeln des Zusammenlebens abgestimmt werden. So wurde Alkohol in geringer Menge auf den Zimmern erlaubt, im Ruhebereich, zu dem die Cafeteria und die Beratungsbüros zählen, jedoch verboten. Selbstbestimmung wird von Roland Saurer und seinem Team großgeschrieben. Freiheiten werden nur eingeschränkt, wenn offensichtlich wird, dass die Bewohner mit ihrer Selbstbestimmung überfordert sind.

Da die Betroffenen selbst Verantwortung übernehmen müssen, erhofft man sich, dass diese Menschen so wieder zu ihrer Lebenskraft und zu einem geregelten Leben finden. Außerdem sieht Saurer in diesem Ansatz ein christliches Grundprinzip: »Wenn Christsein befreiend wirken soll, dann müssen die Wohnungslosen bei uns zu mehr Freiheit finden und nicht von uns in eine Knechtschaft gebracht werden.«

Aber nicht nur die Selbstfindung der Betroffenen ist charakteristisch für das Ursula-Heim, sondern auch die Zusammenarbeit zwischen Helfern und Obdachlosen. So wird die Cafeteria und die Hauswirtschaft von den Bewohnern betreut und der Tag-, Nacht- und Wochenenddienst zu drei Vierteln von Betroffenen erledigt.

Ingo arbeitet in der Waschküche: »Es ist einfach gut, eine Aufgabe zu haben, die einen an feste Zeiten bindet.« Nach langem Suchen hat der 47-Jährige eine Anstellung als Landschaftsgärtner gefunden. Er freut sich auf seine neue Aufgabe und hofft, bald eine Wohnung zu finden.

Wohnungslosigkeit ist nicht nur materielle Ausgrenzung, sondern in härtester Form auch Ausgrenzung vom politischen, wirtschaftlichen und sozialen Leben. Um dem entgegenzuwirken, liegen in der Wärmestube und Cafeteria Tageszeitungen, Zeitschriften und Obdachlosenzeitungen aus. Täglich sind es etwa 150 Menschen, die das Hilfeangebot des Sankt-Ursula-Heimes in Anspruch nehmen. Damit weist es mit Abstand die höchsten Anlaufzahlen aller derartigen Einrichtungen auf. Zu 99 Prozent im Jahr ist das Haus belegt, was die Kostendeckung durch Pflegegelder sichert.

* * *

Im Anschluss an eine meiner Veranstaltungen berichtete mir eine Zuhörerin, ihre Tochter habe auch mit Obdachlosen zu tun. Sie habe ihr Studium für eine gewisse Zeit unterbrochen und arbeite im JUCA in Wien mit Straßenkindern. Wir vereinbarten für ihren nächsten Heimatbesuch ein Treffen, und so erfuhr ich mehr über diese erfolgreiche Einrichtung: JUCA steht für Jugendhaus der Caritas, Blindengasse 44, 1080 Wien. Die Menschen in diesem Hause leben, arbeiten und beten unter

Leitung eines Ordenspriesters, Pater Lutz Hübner. In dieser Lebensgemeinschaft finden Jugendliche von der Straße Aufnahme und Hilfe. Sie besuchen wieder Schulen oder machen eine Ausbildung. Die Gemeinschaft hilft ihnen, wieder Arbeit und Wohnung zu finden. Sie versucht ihnen auch zu helfen, mit Schulden und Schuld fertig zu werden. Daneben gibt es im Haus eine Wärmestube für Obdachlose von der Straße. Mit dem Canisibus – dieser Hilfsbus für Obdachlose wurde nach dem Heiligen Canisius benannt – fahren sie jede Nacht zu den Menschen, die auf der Straße leben. Mit allen gemeinsam feiern sie den Sonntag im Jugendhaus. Seit 1991 kümmern sie sich auch um Straßenkinder in Bukarest.

Der Umgang mit Kindern von der Straße und ihre Eingliederung ist eines der schwierigsten Unterfangen und eigentlich nur möglich in einer Gemeinschaft von Idealisten.

Finanziert wird die JUCA ausschließlich von Spenden und funktionieren kann sie nur durch den persönlichen Einsatz vieler sehr engagierter junger Menschen. Sie sind Christen, die ihr Leben ernst nehmen und eine gewisse Zeit ihres Daseins in den Dienst einer guten Tat stellen wollen. Die Aufgaben, denen sie sich stellen, sind interessant, aber schwierig. Es wird ihnen eine Woche zum Kennenlernen angeboten, in der sie sich mit allen Arbeiten und Problemen vertraut machen. Danach können sie sich entscheiden, ob sie länger bleiben wollen. Sie erhalten nur ein kleines Taschengeld, freie Wohnung und Verpflegung im Haus. Bleiben sie ein Jahr, wird auch ihre Krankenversicherung übernommen. Ihr Einsatz wird offiziell als Praktikum in der Jugendarbeit anerkannt.

Erwartet wird von ihnen Interesse am Leben und Arbeiten in einer christlichen Gemeinschaft und die Einstellung, sich für keine Arbeit zu schade zu sein.

Es ist die besondere Atmosphäre in diesem Haus, die Straßenkindern und Jugendlichen wieder Geborgenheit und Heimat gibt und sie auf dem Weg in ein selbst verantwortetes Leben begleitet. Ich weiß aus eigenen Begegnungen mit Straßenkindern, wie verstört und unzugänglich diese ohne Liebe aufwachsenden jungen Menschen sind. Nur mit bedingungsloser Nächstenliebe kann man diese Aufgabe bewältigen.

Das JUCA und das Wirken seiner Mitarbeiterinnen und Mitarbeiter hat mich so fasziniert, dass ich es seither gerne finanziell unterstütze.

* * *

Mit ›Trott-war‹ weg vom Leben auf der Straße«, lautete 1995 eine Schlagzeile im Reutlinger General-Anzeiger:

Die Zeitungsjungen sind ebenso ungewöhnlich wie das Blatt, das sie anbieten: Reutlinger Obdachlose wollen künftig in der Fußgängerzone das Magazin »Trott-war« verkaufen, das vorwiegend soziale Fragen anschneidet und das Schicksal der zigtausend »Berber« immer wieder zum Schwerpunktthema macht. Das in Stuttgart gestartete Projekt, das jetzt auf Reutlingen ausgedehnt wurde und später auch Tübingen einbeziehen soll, verfolgt zwei Ziele. Einmal soll es Verständnis in der Bevölkerung wecken, zum andern finden Obdachlose mit dem Straßenverkauf eine Aufgabe, die ihnen einen kleinen Erlös ver-

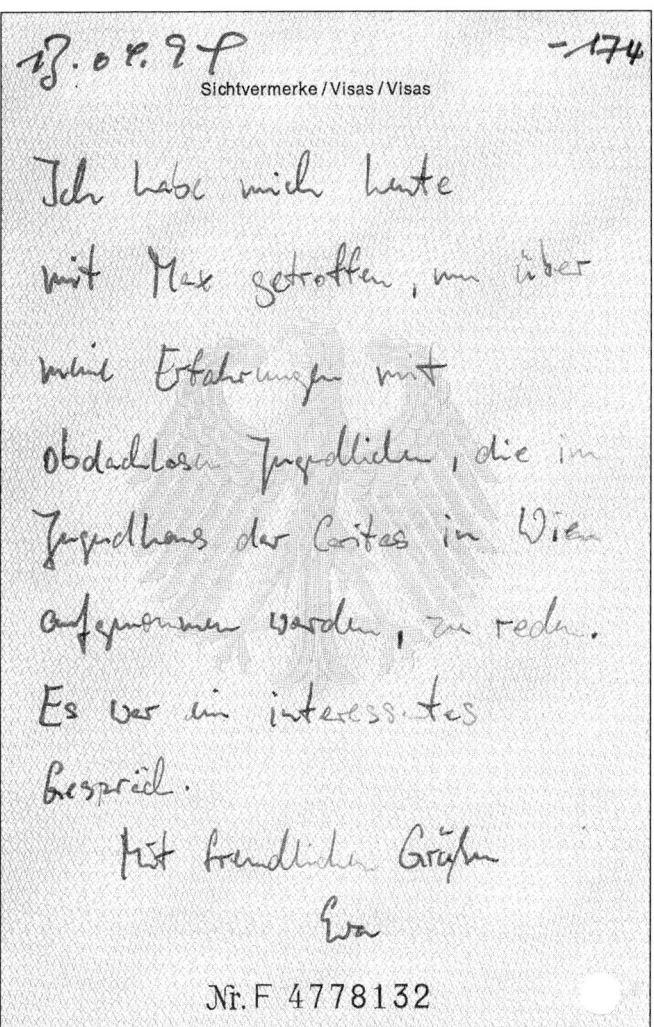

Sichtvermerke / Visas / Visas

18.09.98   –174

Ich habe mich heute
mit Max getroffen, um über
meine Erfahrungen mit
Obdachlosen Jugdlichen, die im
Jugendhaus der Caritas in Wien
aufgenommen werden, zu reden.
Es war ein interessantes
Gespräch.
            Mit freundlichen Grüßen
                        Eva

Nr. F 4778132

*Die Studentin Eva informiert mich über das Juca (Jugendhaus
der Caritas) in Wien.*

spricht. Die Hoffnung der Initiatoren ist, dass die Männer und Frauen so einen ersten Schritt tun, vom Leben auf der Straße wegzukommen ...

Kostet es die »Berber« Überwindung, im roten Kittel Zeitungen zu verkaufen? Nein. Vielmehr sind sie froh, nicht auf das unwürdige Betteln angewiesen zu sein. Ein Verkäufer meint: »Verkaufen ist besser als schnorren.«

»Trott-war«, dessen erste Ausgabe 1994 erschien, wird heute für 1,50 Euro angeboten, 70 Cent pro verkaufter Zeitung bekommt der Verkäufer, der die Zeitung selbst für 80 Cent einkauft. Für die Obdachlosen ist es eine Möglichkeit, ihre »Stütze« aufzubessern.

»Trott-war«-Verkäufer erobern sich Schritt für Schritt ihr Selbstbewusstsein zurück. Nicht selten fassen sie wieder Fuß, suchen und bekommen eine Wohnung und feste Arbeit.

Die »Berber-Zeitung« wurde 1987 als erste Obdachlosen-Zeitung in Wetzlar (Hessen) herausgegeben. Deutschlands ungewöhnlichste Zeitung war handgeschrieben, fotokopiert und ohne »festen Wohnsitz«. Die Gazette ist inzwischen zu einem viel beachteten Sprachrohr der Stadtstreicher in der Bundesrepublik geworden. Das »Organ für die Straße« entstand auch tatsächlich dort. Artikel, so beschrieb der damals 39-jährige Chefredakteur Hans den Produktionsprozess, wurden auf Parkbänken oder in den Fußgängerpassagen geschrieben – als Zeitvertreib während der stundenlangen »Sitzungen«, die zur Finanzierung des Blattes notwendig waren. Die Herstellung der Druckvorlagen besorgte der gelernte

Buchdrucker und Schriftsetzer Hans selbst; schließlich wurden im Schreibwarengeschäft rund 40 Exemplare kopiert. Dann begann der abenteuerliche Vertrieb des Blattes: Kontakt- und Beratungsstellen für Nichtsesshafte in der ganzen Bundesrepublik erhielten die Kopien, um sie weiter zu kopieren und zu verteilen oder an Unterverteiler weiterzuschicken. So wurde eine Auflage von mehreren tausend Exemplaren geschätzt.

Seitdem entstanden etwa 30 Straßen-Zeitungen. Es bleibt nur zu hoffen, dass das Interesse der Käufer nicht zurückgeht und damit die kleine Chance für die Menschen, die davon abhängen, weiter besteht.

* * *

Peter ist dank des außergewöhnlichen Engagements weniger Menschen in Lauterbach im Schwarzwald sesshaft geworden. Der dortige Pfarrer Heinrich Schäfer war bereits »vorbelastet«, hat er doch während seiner Zeit im Mainzer Priesterseminar immer wieder der als »Engel der Mainzer Penner« bekannten Dompfarrhaushälterin Susanne Stein über die Schulter geschaut. Und Pfarrsekretärin Sieglinde Schneider, die im Pfarrhaus beschäftigte Eva-Maria Braun und Caritas-Sozialarbeiterin Brigitte Knaus mit ihren Mitarbeiterinnen hatten seit langem ein besonderes Herz für die »Freunde der Landstraße«. Mindestens zehn von ihnen klingeln jeden Tag an der Pfarrhaustür und bitten um eine Spende. Dabei hat es sich in Obdachlosenkreisen längst herumgesprochen, dass es im Pfarrhaus in Lauterbach schon seit Jahren kein Geld mehr gibt. Es gibt im Pfarrhaus etwas anderes, was die »Freunde der Landstraße« noch mehr schätzen: Sie werden in ihrer menschlichen Würde ernst genommen. Sie werden hereingebeten in einen gemütlichen Wohnflur, wo sie sich aufwärmen können, wo der Pfarrer und seine Mitarbeiterinnen freundliche Worte für sie haben, soweit es ihre Zeit erlaubt. Und sie bekommen Naturalien, meist Konserven, mit denen ein Schrank im Pfarrhaus immer gefüllt ist.

»Wenn sie einmal Vertrauen zu den Menschen gefunden haben, dann können sie eine Nachricht binnen weniger Tage durch ganz Deutschland laufen lassen. Ich stelle mir vor, wie Jesus diese Menschen empfangen hätte«, sagt der Pfarrer. »Er hätte sie zuerst einmal umarmt – aber das schaffe ich nicht. Dennoch wollen wir ihnen das wenige geben, was uns möglich ist, obwohl wir wissen, dass das nicht ausreicht.«

An einem kalten Februartag war Peter am Ende, ein Penner, der als Jugendlicher durch Schicksalsschläge in der Familie, auf der Straße gelandet war. Zögernd fragte er, total verdreckt, im Pfarrhaus an, ob er unter dem Vordach übernachten dürfe. Nach Rücksprache mit ihrem Mann quartierte ihn die Pfarrsekretärin in der Garage ihres Hauses ein. Nach einigen Tagen gelang es sogar, ein Bett für ihn zu organisieren.

»In einem Bett zu schlafen machte mir anfangs Angst, denn ich hatte ja zwanzig Jahre lang nur auf dem flachen Boden kampiert«, erzählt Peter.

Die primitive Übernachtungsgelegenheit reichte aus, dass Peter einen festen Wohnsitz anmelden konnte, und das war die Voraussetzung, um Sozialhilfe zu bekommen. Diese bekommt er nicht bar ausgezahlt, sondern auf ein Konto, das Frau Braun treuhänderisch verwaltet. Während seiner Wanderzeit hatte Peter erheblich Alkohol getrunken. Jetzt ist er schon seit zwölf Monaten trocken, aber die Versuchung ist immer noch groß. Deshalb ist er froh, dass er sein Geld nicht selbst verwalten muss. Inzwischen hat er etwas Geld für die Zukunft angespart.

Keine guten Noten gibt Pfarrer Schäfer den verschiedenen mit der Wiedereingliederung befassten Ämtern:

»Wenn da nicht jemand mitgeht, haben die Penner allein so gut wie keine Chance.«

Alle Bemühungen um ein Zimmer für Peter waren zunächst fehlgeschlagen. Familie Schneider hat ihren Hobbyraum geräumt und ihm vorübergehend ein Zuhause eingerichtet. Eine endgültige Bleibe ist aber in Aussicht. Dass ihr Pfarrer mit allen Durchwanderern in gutem Kontakt ist, findet keineswegs breite Zustimmung in der Gemeinde. Genauso wenig wie das Engagement seiner Mitarbeiterinnen. Auch von seinen Amtskollegen werde er eher belächelt als unterstützt.

»Wenn in jeder Gemeinde auch nur einem Nichtsesshaften ein Zuhause eröffnet werden würde ...«, sinniert er.

✳ ✳ ✳

Wenn Punks ins Kloster gehen«, diese Schlagzeile konnte man 1988 lesen, als sich der Kölner Domvikar Theodor Gatzweiler um obdachlose Jugendliche kümmerte.

»Ohne Theo wären wir heute immer noch auf der Straße«, erklären Achim und Andy.

Wenige Wochen zuvor waren die beiden Jugendlichen noch obdachlos. Dank der Initiative des Domvikars konnten sie ins Kloster der »Gemeinschaft der Seligpreisungen« in Rees am Niederrhein einziehen. Über die Erfahrungen in ihrem neuen Lebensumfeld sprachen die ehemaligen »Domplatten-Punks« im Kölner Domforum. Unter dem Motto »Platte machen – obdachlos in Köln« hatte das Informations- und Begegnungszentrum des Erzbistums zu einer Gesprächsrunde »Talk am Dom« eingeladen. Gemeinsam mit Vertretern der Kirche, sozialen Einrichtungen und der Polizei, führten ehemalige und derzeitige Obdachlose ein offenes Gespräch.

Drei Wochen zuvor hatte der Domvikar die Punks nach der Räumung des Punker-Matratzenlagers am Domforum kennen gelernt. Nach ersten Gesprächen lud der Domvikar die fünfzehnköpfige Gruppe kurzerhand übers Wochenende nach Altenberg ins Kloster ein, wo der Orden »Gemeinschaft der Seligpreisungen« eine Niederlassung hat. Im Anschluss an die Tage im Kloster fuhr der engagierte Priester mit den Punks zum Städtischen Wohnungsamt in Köln und erreichte dort, dass allen – mitsamt ihren Hunden – umgehend eine Unterkunft vermittelt wurde.

Bei Achim und Andy hinterließ das Erlebnis in Altenberg einen nachhaltigen Eindruck. Sie wollten zunächst im Kloster bleiben und lebten in der Gemeinschaft in Rees. Hier nahmen sie mit Begeisterung am klösterlichen Tagesablauf mit festen Gebetszeiten, Rosenkranz-Andachten und Eucharistiefeiern teil. Sogar an einer Wallfahrt nach Medjugoje im ehemaligen Jugoslawien beteiligten sich die beiden Punks. Ausschlaggebend für die

Veränderung war, so berichteten sie, dass sie überhaupt angesprochen wurden. Mittlerweile hat sich auch das äußere Erscheinungsbild von Achim und Andy entscheidend verändert, denn Gatzweiler kümmerte sich um Kleidungsspenden für die beiden. Außerdem ist der Irokesenschnitt der beiden einer »normalen« Frisur gewichen.

Berührungsängste mit der schrillen »Szene« sind Theodor Gatzweiler fremd. Als langjähriger Kaplan und Jugendseelsorger hatte er bereits mit den unterschiedlichsten Gruppen von Kindern und Heranwachsenden zusammengearbeitet. Auch später widmete er sich schwerpunktmäßig der Berufsarbeit mit jungen Menschen.

»Allerdings«, sagte Domvikar Gatzweiler, »hat das Domforum mit seinen Mitarbeitern nicht den Anspruch, durch diese Aktion in der Obdachlosenfrage flächendeckend eine Lösung zu finden. Es geht vielmehr darum, in Zusammenarbeit mit anderen sozialen und städtischen Einrichtungen konkret den Einzelfall zu prüfen und langfristig zu helfen.«

✳ ✳ ✳

Zu den gelungenen Fazenda-Projekten »Gut Neuhof« und »Riewend« habe ich eine besondere Beziehung.

»Gut Neuhof« ist eine Initiative christlicher, franziskanisch inspirierter Menschen, die sich im Verein »Fazenda Gut Neuhof e.V.« zusammengeschlossen haben. Ihre langjährigen Erfahrungen in der sozialen Arbeit unter dem Dach katholischer und evangelischer Kirchengemeinden in Berlin-Kreuzberg ermutigten sie, eine Part-

nerschaft mit Brasilien aufzubauen, um durch Internatio-
nalität neue Impulse zu bekommen.

In Brasilien waren die »Fazendas da Esparanca« (Höfe
der Hoffnung) bereits ein Erfolgsmodell: Mehrere tausend junge Drogenabhängige haben sich in den zehn Einrichtungen von ihrer Sucht befreit. Ihr Leiter, der aus
Deutschland stammende Franziskanerpater Hans Stapel,
beziffert die Erfolgsquote unter denen, die das Programm beendet haben, auf 84 Prozent. Das Konzept zur
Drogenentwöhnung wurde von Mitgliedern christlicher
Basisgruppen entwickelt. 1998 wurde dann die erste
»Fazenda« außerhalb Brasiliens, im früheren »Gut Neuhof« bei Nauen, eröffnet.

»Wir geben den Drogenabhängigen eine Familie«, erklärt Pater Stapel. In Gruppen von 14 Jugendlichen leben
sie zusammen. Dies und das gemeinsame Arbeiten – die
Einrichtungen leben von Ackerbau, Viehzucht und
Handarbeiten – helfe den Ex-Junkies, wieder in ein normales Leben zurückzufinden. Die Drogenabhängigen
werden bewusst nicht als Kranke behandelt, Psycholo-
gen und Ärzte erst dann geholt, wenn sie wirklich gebraucht werden. Das Programm dauert ein Jahr und umfasst drei Phasen, so Stapel:

»Erst tragen wir sie, dann gehen sie selbst, und dann
tragen sie andere«.

Konkret heißt das: Die Bewohner übernehmen am
Ende Verantwortung als Betreuer einer Gruppe. Auch
der christliche Glaube spielt im Alltag der »Fazendas«
eine Rolle. Jeden Morgen beschäftigen sich die Gruppen
mit der Bibel. Pfarrer Georg Schlüter aus Berlin-Kreuz-

berg, einer der drei Leiter der deutschen Einrichtung, sieht darin eine Alternative zu anderen Drogeneinrichtungen, »weil wir auch eine mögliche Antwort auf die Frage nach der Sinngebung haben.«

Um in die »Fazenda« aufgenommen zu werden, muss sich der Drogenabhängige mit einem persönlichen Brief an die Einrichtung wenden mit dem Wunsch, sich aus der Sucht zu befreien. Bei der Therapie entstehen keine Kosten, weil der Hof von dem lebt, was die Bewohner erwirtschaften. Neben einem Leiter arbeiten zwei Zivildienstleistende und vier Handwerker mit den jungen Männern zwischen 15 und 30 Jahren, außerdem leben vier Franziskanerinnen in der »Fazenda«.

Ehemalige brasilianische »Fazenda«-Bewohner leisteten in Deutschland erste Entwicklungshilfe. Sie halfen beim Auf- und Ausbau der Gebäude und in den Gruppen. Ihren Flug bezahlten sie aus eigener Tasche. Der jüngste von ihnen war der 16-jährige Raphael aus Sao Jose dos Campos. Schon mit zwölf wurde er drogenabhängig. Mit 14 Jahren kam er in die »Fazenda« in Guaratinguetá. So wie ihm geholfen wurde, will Raphael anderen helfen, die in einer ähnlichen Situation sind. Ebenso wie der 20 Jahre alte Flavio, der an seiner Sucht fast gestorben wäre. Nachdem er die Fazenda verlassen hatte, arbeitete er als Fliesenleger. Die brasilianischen Helfer haben alle ihren Weg zurück in ein normales Leben geschafft. Sie hoffen nun, dass auch deutsche Junkies in der brandenburgischen Abgeschiedenheit ein Leben frei von Drogen finden.

Marco kommt aus Leipzig und war dort in der Drogenszene zu Hause.

»Das hätte mir vor drei Monaten mal einer sagen sollen, dass ich hier neben einer Schwester in der Kirche sitzen werde, wo ich doch von Gott und Kirche gar nichts wusste. Und dann saß auf meiner anderen Seite ein Brasilianer. Und das neben mir! Und ich hab denen doch das Leben schwer gemacht. Verrückt!«

Es scheint wirklich »ver-rückt«. »Kaputte Typen in einer gedämpften, traurigen Stimmung hatte ich dort erwartet«, sagte eine junge Frau, die zu Besuch zur Fazenda gekommen war. »Und was fand ich? Jugendliche, die zwar eine kaputte Geschichte haben, aber eine Freude und einen Frohsinn über Kleinigkeiten, wie ich es nicht für möglich gehalten habe. Ich muss auf jeden Fall wieder hin!«

Aber ver-rückt wurden nicht nur unsere Erwartungen. Vieles scheint dort ver-rückt zu sein, auch die Zusammensetzung derer, die dort auf der Fazenda leben. Neben den Drogenabhängigen sind es vier Franziskanerinnen, zwei aus dem Kloster Sießen und zwei aus Au am Inn, drei von ihnen sind deutsch, eine ist Brasilianerin. »Ich hab lange überlegt, ob Gott von mir wohl diesen Schritt wollte«, sagte Schwester Hyazintha aus Au, die einzige ältere Schwester auf der Fazenda. »Ich war bei uns im Kloster Nähschwester. Und ich habe alles zurückgelassen, die Ordnung des Klosters, einen festen Tagesablauf, die Gemeinschaft, die mir Halt gab! Wirklich alles. Aber Gott hilft mir bei allem.« Sie ist mittlerweile 70 Jahre alt und lebt mit den drei anderen in einem kleinen Bungalow. Er besteht aus einem Aufenthaltsraum, einer kleinen Küche und zwei Schlafzimmern. »Das reicht uns. Wir haben damit den Raum, um unsere Berufung leben zu können, und sind doch ganz bei den Jugendlichen.«

»Ich frage mich immer wieder, was mich an dieser Erfahrung so packt – wie damals in Brasilien«, sagt Schwester Eliane. »Vielleicht ist's das gelungene Miteinander, in dem ich Gott am Werk spüre, nein sehe.«

* * *

Alle Beispiele haben gezeigt, dass eine kurzfristige Unterbringung in Heimen oder größeren Häusern nicht zur Resozialisierung führt. Der Weg zurück zu einem Leben der Selbstbestimmung und Selbstverantwortung führt zuallererst über eine gesicherte Wohnung, wofür wiederum ein Arbeitsplatz Voraussetzung ist, und die ständige Begleitung und Nächstenliebe vertrauender Menschen. Leider gibt es heutzutage nur wenige Vermieter, die dank langer Kontakte zu Kirchen und Kommunen Wohnraum für Notfälle zur Verfügung stellen.

Rückblick

Am Schluss dieses Buches soll das Resümee meines »Armuts- und Hoffnungsberichtes« stehen:

Es sind über siebzig Jahre der Begegnung mit Handwerksburschen, Bettlern, Land- und Stadtstreichern, Berbern, Pennern, Obdachlosen, Nichtsesshaften oder Wohnungslosen vergangen; und ich blicke nun auf fast vier Jahrzehnte des hautnahen Erlebens der Szene zurück.

Und seit mehr als fünfzig Jahren träume ich davon, dass Licht und ein Rettungsseil in die »Felsspalte« dringt und alle Menschen in Würde leben können.

Die Motivation für meinen »Ausstieg« damals war die Frage, ob meine Mitmenschen gegenüber Obdachlosen und anderen Randgruppen seit dem »Dritten Reich« toleranter geworden sind.

Mit einem klaren Ja oder Nein ist diese Frage nicht zu beantworten, dazu sind die Verhältnisse und die Menschen zu unterschiedlich und zu vielschichtig. Aber verändert hat sich vieles in dieser langen Zeit: Der Wohlstand in unserem Lande ist gestiegen, aber auch die Arbeitslosigkeit. Die Zahl der Armen nahm zu, während sich gleichzeitig der Reichtum der Reichen vergrößerte. Mit zunehmendem Egoismus wurde das Klima in unsrer Gesellschaft kälter.

Doch gibt die Jugend Grund zu hoffen. Sie ist den Vorurteilen meiner Generation entwachsen. Viele junge

Menschen sind tolerant und frei in ihren Ansichten und ihrer Meinungsäußerung.

Sehr beeindruckt haben mich die vielen, Jahr für Jahr neu entstehenden Hilfseinrichtungen in allen größeren Orten. Immer mehr Menschen sind offen für Menschen am Rande der Gesellschaft und stellen sich ehrenamtlich für den »Dienst am Nächsten« zur Verfügung. Bei aller Individualisierung geht, oft in der Stille, eine Welle der Hilfsbereitschaft durch das Land. Und das nicht nur bei medienwirksamen Aufrufen nach weltweit bekannt gewordenen Katastrophen, sondern zur Milderung der Armut in der eigenen Umgebung.

Es gibt tatsächlich Armut in Deutschland. Sie zeigt sich hier anders als in den armen Ländern der Erde. Niemand muss mehr ums nackte Überleben kämpfen. Aber eine steigende Zahl von Menschen ist vom Wohlstand ausgeschlossen. Die vielen freiwilligen Helferinnen und Helfer in Suppenküchen, Vesperkirchen und Diakonieläden wissen schon lange, was in der Öffentlichkeit niemand so recht wahrhaben will: Armut hat viele Gesichter. Ja, es gibt Armut in Deutschland – und sie nimmt stetig zu. Was mit armen Menschen passiert, wird zum Test unserer Verantwortung: Werden arme Menschen versorgt, bekommen sie Nahrung, Kleidung, ein Dach über dem Kopf und was sie sonst zum Leben brauchen? Oder werden sie zu lästigen Versorgungsempfängern herabgestuft und in der Öffentlichkeit totgeschwiegen? Vor allem: Behalten sie ihre Würde?

Im Grundgesetz ist die Unantastbarkeit der Menschenwürde garantiert. Aber Armut tastet die Würde an. Wer nicht mithalten kann, wird an den Rand geschoben.

Unsere Gesellschaft muss sich prüfen lassen: Bleibt die Würde aller Menschen gewahrt, oder wird vor allem die der Armen laufend verletzt? Herrscht bei uns die Gerechtigkeit, dass alle vom allgemeinen Wohlstand profitieren, oder sahnt nur eine kleine Minderheit kräftig ab?

Armut führt in einen Teufelskreis: Einmal arm geworden, gibt es kaum einen Ausweg aus der Misere. Arme Kinder haben schlechtere Bildungschancen und damit im Erwachsenenalter eine geringere Aussicht auf einen guten Beruf, womit die Armut bereits wieder vorprogrammiert ist. Mittlerweile spricht man schon von Armutskarrieren.

Seit 1999 ist es mir aufgrund einer Schwerbehinderung leider nicht mehr möglich, als »Landstreicher Max« unterwegs zu sein. Als Referent und »Fachmann« zum Thema Obdachlosigkeit bin ich weiterhin noch sehr gefragt bei unterschiedlichen Institutionen: in Schulen, bei Senioren, in kirchlichen Einrichtungen und bei Fachleuten der Wohlfahrtsverbände.

Nach wie vor halte ich meinen Einsatz für notwendig und richtig und ich möchte keine Stunde und Situation missen, die ich erlebt habe, auch nicht die tiefsten Erniedrigungen.

Trotz des ernsten Themas und meiner oft bedrückenden Erfahrungen macht es mir Spaß, mit meinen Mitmenschen meine Erfahrungen zu teilen. Es beeindruckt mich immer wieder, wie meine Ausführungen den Zuhörern »unter die Haut« gehen, ihnen das Herz öffnen für die Schicksale der Armen und wie Verständnis, Toleranz und Hilfsbereitschaft wachsen. Direkt und indirekt kann ich damit meinen Freunden »von der Straße« helfen und ich hoffe, dass dieses Buch seinen Teil dazu leistet, wenn ich selbst diese Aufgabe nicht mehr wahrnehmen kann.

Ja, liebe Leserinnen und Leser, ich wünsche mir, dass Ihnen der »Blick aus der Gosse« das Herz ein wenig geöffnet hat für die Menschen »am Rande« Ihres Weges. Sicher waren die Erlebnisse beim Lesen dieses Buch oftmals bedrückend, vielleicht sogar schockierend, aber ich kann mir beim »Nacherleben« einiger meiner Erinnerungen auch manches humorvolle Lächeln auf Ihren Gesichtern vorstellen.

Herzlichst

Ihr Friedrich Ströbele

Quellen

Seite 232–234: Mit Genehmigung des Radius-Verlags entnommen aus: Walter Jens: Die vier Evangelien. Matthäus, Markus, Lukas, Johannes. © 2002 by Radius-Verlag, Olgastraße 114, 70180 Stuttgart

Seite 235–238: Joachim Ritzkowsky: Die Spinne auf der Haut. Leben mit Obdachlosen – Bericht, Analyse, Deutung. Berlin: Alektor-Verlag 2001, S. 12–14, 18

Alle anderen Zitate sind den »Max-Wanderbüchern« entnommen.

Nr. K 1040433